GIOVANNI RUGGERI
MARIO GUARINO

BERLUSCONI
Inchiesta sul Signor Tv

KAOS EDIZIONI

Proprietà letteraria riservata
Copyright © 1994 Kaos Edizioni Milano
Prima edizione febbraio 1994
Seconda edizione febbraio 1994

ISBN 88-7953-034-8

BERLUSCONI

Inchiesta sul Signor Tv

«Il vero potere risiede nelle mani
dei detentori di mass media»

LICIO GELLI

«C'è una grande differenza fra il Berlusconi
che parla e quello che agisce»

INDRO MONTANELLI

Premessa

Questo libro – alla sua seconda edizione, accuratamente appro-
fondito e aggiornato, dopo la travagliata prima edizione del marzo
1987 – non avrebbe mai dovuto uscire, poiché il personaggio che vi
è biografato gli ha dichiarato guerra prima ancora che venisse
edito, e durante e dopo la sua pubblicazione.

Il primo attacco di Berlusconi al presente libro è stato sferrato
quando non era ancora stato edito. Il 25 e 26 settembre 1986, il
quotidiano "Il Mattino" pubblicava un'inchiesta in due puntate
del giornalista Roberto Napoletano intitolata *Chi sarà il padrone
di Berlusconi?*; Napoletano aveva intervistato tra gli altri Marco
Borsa (allora direttore di "Italia Oggi") e Giovanni Ruggeri, quali
"esperti" dell'ambigua materia berlusconiana: i temi trattati spa-
ziavano dal sodalizio del Cavaliere con il Venerabile maestro
piduista Gelli, alle erogazioni creditizie che le banche guidate da
piduisti avevano a suo tempo accordato alla Fininvest, dalla con-
troversa e per più aspetti oscura "avventura edilizia" del primo
Berlusconi, ai suoi spericolati rapporti con il chiacchierato faccendiere Flavio Carboni, dagli ingenti debiti del gruppo Fininvest, al
fiasco di "La Cinq" in Francia, eccetera.

Il Cavaliere reagiva con un'irata lettera al quotidiano, esigendo
la pubblicazione di una chilometrica rettifica, nella quale scriveva: «Tutte le affermazioni che il servizio del "Mattino" avrebbe
materialmente desunto da questa incombente opera (di imminente pubblicazione da parte degli Editori Riuniti [*il riferimento è
al nostro futuro libro, citato nell'articolo, NdA*]) sono assolutamente false», e seguivano le sue contestazioni articolate in 18 punti,
ciascuno dei quali cominciava con «È falso che...».

"Il Mattino" replicava confermando tutte le notizie pubblicate
nell'inchiesta del proprio inviato. A quel punto, Berlusconi quere-

lava il direttore Pasquale Nonno, e l'inviato Roberto Napoletano, nonché «altri che avessero concorso al reato», e cioè anche Giovanni Ruggeri e Mario Guarino (stavamo per l'appunto ultimando la "incombente opera" menzionata dal Cavaliere).

Ma il giudice istruttore del Tribunale di Napoli stabilirà l'infondatezza delle doglianze di Berlusconi, firmando l'ordinanza di archiviazione della sua querela.

L'uscita del nostro libro *Berlusconi. Inchiesta sul signor Tv* era prevista per il successivo ottobre 1986, presso gli Editori Riuniti (con i quali avevamo stipulato regolare contratto); ma l'inchiesta pubblicata dal "Mattino" e le polemiche che ne erano seguite avevano suscitato non meglio precisate "difficoltà tecniche" da parte degli Editori Riuniti – la casa editrice rimandava infatti l'uscita del libro di mese in mese (verrà edito solo nel marzo 1987).

Le ragioni delle "difficoltà tecniche" accampate dagli Editori Riuniti emergeranno alcuni anni dopo, cioè nel settembre 1993, nell'ambito della inchiesta giudiziaria "Mani pulite". Il sostituto procuratore Tiziana Parenti, interrogando Flavio Di Lenardo (imprenditore editoriale, già socio della Ecolibri – società collegata agli Editori Riuniti), apprenderà di «spericolate manovre tentate da Silvio Berlusconi per bloccare la pubblicazione di una biografia dedicata a Sua Emittenza» [1]. Di Lenardo racconta al giudice Parenti di avere appreso dall'avvocato Bruno Peloso (al tempo amministratore delegato degli Editori Riuniti) di un furente Berlusconi, il quale alternava minacce e profferte: «Peloso mi disse che Fedele Confalonieri cercò di evitare in tutti i modi l'uscita del volume perché raccontava l'inizio dell'ascesa di Berlusconi... Il braccio destro del padrone della Fininvest arrivò addirittura a ipotizzare l'acquisto della Editori Riuniti, pur di non vedere quel libro in vendita» [2]; «I tentativi erano accompagnati da offerte di denaro» [3].

Le dichiarazioni di Di Lenardo vengono riprese da tutti i quotidiani; "Avvenire" scrive: «Il libro è il celeberrimo (e ormai introvabile) *Berlusconi. Inchiesta sul signor Tv*, scritto a quattro mani dai giornalisti Giovanni Ruggeri e Mario Guarino. Il fatto, emerso due giorni fa, oggi sembra sia diventato un caso nazionale. Uno dei

[1] "L'Europeo", 20 settembre 1993.

[2] "Il Messaggero", 9 settembre 1993.

[3] "Corriere della Sera", 9 settembre 1993.

due autori, Giovanni Ruggeri, dichiara: "Per impedire l'uscita della biografia presso gli Editori Riuniti, Berlusconi fece di tutto. Un giorno si presentò uno stretto collaboratore di Confalonieri e mi offrì un assegno in bianco in cambio dei diritti del libro"» [4]. Infatti, come abbiamo denunciato più volte pubblicamente (senza ricevere alcuna querela), nel febbraio '87 Fedele Confalonieri ci aveva telefonato presso la Rusconi Editore (dove lavoravamo) chiedendo di incontrarci "per trovare un accordo"; benché noi avessimo respinto l'offerta, ci mandò in ufficio il funzionario della Fininvest Sergio Roncucci, il quale, ostentando un carnet di assegni, ci aveva detto: «Compriamo noi il vostro libro, a scatola chiusa. La cifra la scrivete voi...», e aveva anche ventilato di un possibile incarico a "Tv sorrisi e canzoni"...

Nel corso della sua deposizione al giudice Parenti, Flavio Di Lenardo ha inoltre dichiarato: «Il libro uscì ugualmente, e Berlusconi querelò la società editrice. Però la querela rientrò quando Berlusconi fece un grosso affare in Unione Sovietica, relativo a contratti pubblicitari» [5]. Effettivamente, la Fininvest ha ottenuto l'esclusiva della raccolta pubblicitaria delle imprese occidentali destinata ai palinsesti televisivi sovietici: Di Lenardo ipotizza, in base alle presunte confidenze fattegli da Peloso, che l'affare sia stato propiziato dagli Editori Riuniti (casa editrice controllata dal Pci), e che in cambio Berlusconi abbia tra l'altro rimesso una sua querela.

Fatto è che, finalmente edito nel marzo 1987, *Berlusconi. Inchiesta sul signor Tv* andava esaurito in pochi giorni. Una immediata ristampa (aprile '87) esauriva la tiratura in tre settimane. Benché il successo di vendite fosse comprensibile ed evidente, forte era il sospetto che parte della tiratura fosse stata sottoposta a una sistematica opera di "rastrellamento" da parte di "mani ignote".

Non essendo riuscito a impedirne la pubblicazione, Berlusconi tentava comunque di condannare il libro all'anonimato. Alla sua uscita nelle librerie (20 marzo 1987), subito il gruppo Fininvest diramava un comunicato minacciando azioni legali a carico degli autori ("colpevoli" di attentare alla reputazione di Berlusconi) e contro «gli organi di stampa e d'informazione che in qualunque forma e a qualunque titolo diano risalto al libro in questione». Ma il Consiglio dell'Ordine dei giornalisti della Lombardia respin-

---

[4] "Avvenire", 10 settembre 1993.

[5] "la Repubblica", 9 settembre 1993.

geva «l'intimidazione preventiva e generalizzata della Fininvest», e in un suo comunicato intitolato *L'Ordine sull'intimidazione della Fininvest alla stampa* dichiarava: «Presa conoscenza del comunicato diffuso dalla Fininvest Comunicazioni dopo la pubblicazione del volume-pamphlet dedicato a Silvio Berlusconi dai giornalisti Giovanni Ruggeri e Mario Guarino per i tipi degli Editori Riuniti, l'Ordine dei giornalisti della Lombardia respinge la manifesta inammissibilità dell'intimidazione preventiva e generalizzata rivolta nel comunicato stesso agli organi di stampa e d'informazione che in qualunque forma e a qualunque titolo daranno risalto al libro in questione».

La polemica Fininvest-Ordine dei giornalisti della Lombardia veniva registrata dai quotidiani con accenti critici per le arroganti intimidazioni della Fininvest; scriveva ad esempio "la Repubblica": «Forse i troppi viaggi all'estero gli hanno dato alla testa. Dal tempo in cui Craxi voleva scacciare il corrispondente di "Le Monde" da Roma, non si era vista una cosa più insensata e, in fondo, anche autolesionista»; e "La Notte": «Il contenuto del libro, scritto dai giornalisti Giovanni Ruggeri e Mario Guarino, ha mandato in bestia Sua Emittenza spingendolo all'incauta mossa, giudicata come un inaccettabile tentativo di censura preventiva».

Ma – come è noto – Berlusconi è un tipo tenace, e dunque "aggirava" il comunicato dell'Ordine dei giornalisti contattando personalmente alcuni direttori di giornali. Ad esempio, il compianto Pietro Giorgianni, direttore de "La Notte", il quale ci ha raccontato la seguente telefonata di Sua Emittenza: «Direttore, parlando di quel libro lei si è giocato la mia stima... Io la riduco in povertà», e Giorgianni: «Non può: sono già povero...».

Dopodiché, prende avvio l'offensiva legale. Il 12 maggio 1987, Berlusconi presenta due querele alla Procura della Repubblica presso il Tribunale di Milano, alle quali farà seguire anche la costituzione di parte civile «per il risarcimento dei danni patrimoniali e non patrimoniali tutti». Il potentissimo "Sua Emittenza" (sodale del potentissimo presidente del Consiglio Bettino Craxi) si ritiene diffamato dal contenuto di due interviste che gli autori di *Berlusconi. Inchiesta sul signor Tv* hanno rilasciato, in occasione dell'uscita del libro, a "l'Unità" e a "La Notte".

Per il servizio apparso sul quotidiano del Pci il 28 marzo 1987, la querela berlusconiana coinvolge, oltre agli intervistati, l'estensore dell'articolo Francesco Bucchieri, e – limitatamente alla questione dell'"omesso controllo" – il direttore del quotidiano comunista Giancarlo Bosetti. L'illustre querelante lamenta che nell'intervista sia stata affermata l'esistenza di un procedimento penale a suo carico per reati valutari; inoltre, si duole del passo dell'intervista che tratteggia il suo impero come un "colosso d'argilla" costituito da "scatole cinesi" spesso vuote.

Anche la querela del 28 marzo 1987, relativa all'articolo pubblicato da "La Notte" il 20 marzo, è sporta per «diffamazione aggravata dall'uso del mezzo della stampa e dall'attribuzione di fatti determinati (quello di avere un processo pendente per reati valutari)». Vi si legge: «Sul numero del quotidiano "La Notte" del 20 marzo 1987 appariva in prima pagina e a caratteri cubitali il titolo annunciante un *Libro-bomba su Berlusconi*. Nel sottotitolo si specificava, tra l'altro, essere il libro il risultato di una "lunga indagine che mette a fuoco gli interessi di Berlusconi con le loro luci e le loro ombre". Il tutto, corredato da una foto "a mezzo busto" del sottoscritto e dal rinvio "a pag. 3"». Il testo della querela prosegue citando brani della nostra intervista («"Dal nostro libro saltano fuori cose spiacevoli: fallimenti, società ombra, mafia bianca, Ciancimino, Calvi, Gelli"»); dopodiché il megaeditore craxiano e piduista argomenta: «Il testo dell'intervista è tale da far ritenere che tutto questo ben di Dio [*cioè fallimenti, società ombra, mafia bianca, Ciancimino, Calvi, Gelli, NdA*] sia posto nel libro "a carico" del sottoscritto. Per la verità, non è precisamente così, perché il libro è costruito, dal punto di vista della diffamazione, in maniera più subdola ma più accorta... L'intervista invece è più brutale, sotto il profilo della metodologia diffamatoria: va giù dura e diretta, perché le "cose spiacevoli" non possono non significare un coinvolgimento di Berlusconi nell'elencazione sopra riportata [*e cioè fallimenti, società ombra, mafia bianca, Ciancimino, Calvi, Gelli, NdA*]». Ma la querela sporta dall'ex palazzinaro affiliato alla Loggia P2 riserva un finale "colpo di scena": «...Ed ecco la sorpresa: l'articolista è nientedimeno lo stesso direttore del quotidiano "La Notte" Pietro Giorgianni, che agisce evidentemente in sospetta sincronia con il suo editore, Rusconi; quest'ultimo è già stato querelato dal sottoscritto per un'altra intervista, rilasciata ad un settimanale nello stesso lasso di tempo in cui veniva pubblicato l'articolo di cui sopra. Anche Ruggeri e Guarino sono giornalisti di casa Rusconi».

Berlusconi ritiene dunque che i "rusconiani" abbiano ordito una "strategia della diffamazione" a suo danno, come sostiene nella querela; ma in seguito cambierà idea e rimetterà la querela sporta a carico dell'editore Edilio Rusconi. Rimetterà anche la querela a carico di Pietro Giorgianni, il quale era stato querelato sia come estensore dell'articolo, sia nella sua veste di direttore de "La

Notte" (Giorgianni verrà in seguito invitato a cena nella villa di Arcore, e quando il giornalista lascerà la direzione de "La Notte" gli verrà affidata la direzione del periodico della Silvio Berlusconi editore "Telepiù"); ma il "presunto diffamato" chiede espressamente che l'effetto della remissione della querela a carico di Giorgianni non si estenda agli altri due querelati, e cioè a Ruggeri e Guarino: lui il direttore lo perdona, ma "quei due" li vuole in galera...

Tuttavia, il Tribunale (presieduto da Giorgio Caimmi, giudice relatore Fabio De Pasquale) è di diverso avviso. «La richiesta del querelante», si legge nella sentenza del 27 aprile 1988, «deve giudicarsi quantomeno singolare. A fondare l'effetto estensivo basterebbe infatti il rilievo dell'unicità dei fatti contestati». Il Tribunale dichiara dunque il non luogo a procedere nei confronti *di tutti* i querelati, e condanna Berlusconi al pagamento delle spese processuali.

Stessa sorte subisce, l'anno dopo, la querela relativa all'intervista pubblicata da "l'Unità". Berlusconi la rimette, e con sentenza del 20 novembre 1989 il Tribunale (presidente Paolo Carfì, giudici Fabio De Pasquale e Claudio Gittaredi) gli accolla le spese del procedimento. Secondo alcuni, la querela che stando alla deposizione del Di Lenardo sarebbe stata rimessa quando «Berlusconi fece un grosso affare pubblicitario in Unione Sovietica» sarebbe proprio quest'ultima.

Berlusconi sporge un'altra querela a nostro carico per un'ulteriore intervista pubblicata dal settimanale "Epoca" [6]. Il giornalista Carlo Verdelli aveva trascritto, nel numero di "Epoca" del 26 marzo 1987, il colloquio-intervista che aveva avuto con noi in merito al libro appena pubblicato. Gli argomenti dell'intervista erano stati anticipati dalla edizione de "La Notte" del 20 marzo; Berlusconi era al corrente di questo particolare («quella a "La Notte" è un'intervista... in seconda battuta», puntualizzava infatti nella sua querela); e dunque la "presunta diffamazione" era contenuta in entrambe le testate: e tuttavia, il querelante rimetteva solo la querela a carico de "La Notte", mentre confermava quella a "Epoca". Sarà questa evidente contraddizione, questa giuridicamente inammissibile difformità, a segnare la sconfitta finale del Cavaliere, dopo una battaglia legale durata anni e combattuta in tutti e tre i gradi di giudizio, fino alla Cassazione.

---

[6] Superfluo precisare che il settimanale della Mondadori, al tempo dei fatti in questione, non era ancora entrato a far parte dell'impero berlusconiano.

Berlusconi sporgeva querela per l'articolo di "Epoca" il 12 maggio 1987. Il processo si teneva nell'autunno del 1988 presso il Tribunale penale di Verona, competente per territorio (in quanto "Epoca" si stampava in quella città). Imputati di diffamazione aggravata a mezzo stampa erano i soliti Ruggeri e Guarino, il collega Carlo Verdelli, e per "omesso controllo" il direttore del settimanale Alberto Statera [7].

La vicenda merita di essere seguita attraverso il testo della sentenza datata 16 novembre 1988 del Tribunale penale (presidente Mario Resta, giudici a latere Giovanni Tamburino e Giovanni Pietro Pascucci, estensore): «Si dolse, in particolare, nell'atto di querela, il Berlusconi, di due brani contenuti in detto articolo... In primo luogo ritenne diffamatorio l'articolo laddove, dopo che gli autori avevano spiegato il perché della scelta della casa editrice Editori Riuniti ("Abbiamo scelto la casa editrice del Pci perché ci piaceva una loro collana, *I libri bianchi*, quella che pubblica gli atti di accusa dei giudici impegnati nei processi più importanti: mafia, Sindona, strage di Bologna"), con un ardito accostamento e in risposta alla domanda che sorgeva spontanea di come c'entrasse Berlusconi coi processi, riferiva come testualmente dichiarato dagli autori del libro che "un procedimento penale in corso ce l'aveva anche lui: dal 1983, per reati valutari commessi insieme a Flavio Carboni. È una vicenda poco risaputa ma la si evince, incontrovertibilmente, dalla relazione della Commissione parlamentare sulla P2". In secondo luogo gravemente diffamatoria, a giudizio del querelante, doveva ritenersi la frase successivamente riportata nell'articolo anch'essa come testuale dichiarazione degli autori del libro: "Dal nostro libro su Berlusconi saltano fuori cose spiacevoli: fallimenti, società ombra, mafia bianca, Ciancimino, Calvi, Gelli" [...]».

Si dà il caso che all'inizio della fase dibattimentale noi imputati avessimo subito chiarito che Carlo Verdelli aveva riportato fedelmente le nostre dichiarazioni, e che la notizia del procedimento penale a carico di Berlusconi era poi risultata infondata. Infatti, nel procedimento penale cui ci eravamo riferiti erano imputati il faccendiere Flavio Carboni e il suo braccio destro Emilio Pellicani, e deponendo davanti alla Commissione d'inchiesta sulla Loggia P2, Pellicani aveva chiamato in causa anche Berlusconi: si trattava di una chiamata di correità, tant'è vero che il faccendiere il 19 luglio 1984 aveva promosso causa civile contro Berlusconi esigen-

---

[7] Non appena Berlusconi acquisirà la Mondadori, Statera verrà sollevato dalla direzione di "Epoca".

do la restituzione di 545 milioni che avrebbe speso per suo conto e in suo nome e chiedendo di «essere manlevato da tutte le conseguenze a lui derivanti e da derivare dal procedimento penale pendente davanti alla Procura di Trieste»: questo era quanto noto al momento dell'uscita del nostro libro e dell'intervista a "Epoca". Mentre al Tribunale di Verona era in corso il processo per la querela di Berlusconi, ignoravamo ancora che il 6 ottobre 1988 la Prima sezione civile del Tribunale di Milano, presieduta dal giudice Diego Curtò [8], aveva respinto le richieste di Pellicani (ed è singolare che Berlusconi abbia ritenuto di non informare il Tribunale di Verona della sentenza a lui favorevole e avversa a Pellicani – ma forse più strano ancora è il merito della sentenza...).

Nella prima edizione del nostro libro, a pagina 102, avevamo scritto: «Pellicani sostiene trattarsi di procedimenti per reati valutari che vedrebbero coinvolto, oltre a due società di Carboni, anche Silvio Berlusconi. Se ciò che Pellicani afferma corrispondesse al vero, significherebbe che contro Berlusconi sarebbe in corso (1983) un procedimento penale. Non ci è consentito soffermarci ulteriormente su questo punto e di approfondirlo, poiché scatterebbe il reato di violazione di segreto istruttorio»; al collega Verdelli non potevamo aver dichiarato altro – a scanso di equivoci, lo avevamo pregato di riferirsi alla pagina 102 del libro, ed egli lo aveva puntualmente scritto, sia pure con l'inevitabile imprecisione delle sintesi troppo sommarie.

La prima udienza del processo di Verona si teneva il 27 settembre 1988, ma nel frattempo si erano verificati fatti nuovi. Il procedimento di Trieste pendente in istruttoria a carico del duo Carboni-Pellicani era approdato in aula per il pubblico dibattimento, e quindi era caduto il segreto istruttorio; presa visione delle carte processuali, avevamo potuto constatare che Berlusconi non figurava tra i rinviati a giudizio, circostanza che infatti subito dichiaravamo in apertura del processo di Verona.

La sentenza ce ne darà atto: «Ruggeri ha precisato di aver potuto recentemente accertare l'infondatezza della notizia... Ma di quali altri elementi erano in possesso gli autori del libro su tale informazione? Lo si ricava dalla memoria oggi prodotta a firma del Ruggeri: "Ma dove la prudenza, il senso della misura, la cautela nel trattare siffatta materia vengono da noi esercitati al massimo è a proposito dell'affare Calderugia-Nova Nuraghe. Le due società – di diritto estero – possedevano vaste aree edificabili in Sardegna;

---

[8] Sulle singolari coincidenze intercorse fra il corrotto giudice Diego Curtò e Fininvest-Berlusconi, cfr. pag. 221-22.

Carboni e Berlusconi le acquisirono per destinare i terreni alla realizzazione, in società tra loro, del gigantesco progetto di insediamento turistico noto come Olbia 2... Il cav. Berlusconi ha dichiarato di non aver mai sentito parlare della Calderugia e della Nova Nuraghe. Che smemorato! In sostanza Berlusconi sapeva che i terreni erano di società estere, sapeva che volevano il pagamento 'in nero', sapeva che Carboni-Comincioli avevano ingannato l'Ufficio italiano cambi, e frodato il fisco, ecc. Berlusconi aveva fornito il denaro per i terreni in questione, e questi sono regolarmente finiti a lui con rogito del notaio Zito di Milano dell'aprile 1981. Questi i fatti. Che poi Pellicani gli abbia attribuito una comunicazione giudiziaria è un errore deprecabile, ma non cambia la sostanza dei fatti"».

«Tali elementi», si legge più avanti nella sentenza, «se giustificavano la conclusione del cointeressamento di Berlusconi all'acquisto dei terreni e del suo coinvolgimento nella complicata vicenda giudiziaria, non autorizzavano certo la conclusione di un suo concorso nei reati valutari addebitati al Carboni». Era questa considerazione che determinava la nostra condanna a un milione di lire di multa ciascuno. Per le residue imputazioni venivamo invece assolti per insufficienza di prove. Il collegio giudicante perveniva alla nostra assoluzione "con riserva" in merito alla frase "società ombra, mafia bianca, Ciancimino, Calvi, Gelli", in considerazione del fatto che «sono effettivamente esistiti dei punti di contatto o dei legami del Berlusconi con dette persone e con fatti del genere giungendosi anche a qualificare tali rapporti come non irrilevanti», e inoltre perché quanto da noi affermato «non appare ispirato da motivi contrari ai doveri professionali del giornalista».

Le motivazioni della sentenza del Tribunale di Verona erano un duro colpo per il clan berlusconiano, già contrariato dalla parzialissima e momentanea "vittoria di Pirro". Il mensile "Prima comunicazione" nel febbraio 1989 pubblicava un inserto speciale con il testo completo della sentenza, e segnalava: «Il Tribunale di Verona condanna i quattro giornalisti, ma molta stampa scrive che lo sconfitto è Berlusconi».

Infatti, "L'Espresso" scriveva di «clamorosa sconfitta giudiziaria di Berlusconi a Verona» [9]. "Il manifesto" gli dedica questo colorito articolo: «In galera! Il grido bracardiano è risuonato mercoledì pomeriggio nell'aula di giustizia del Tribunale di Verona, ex caserma asburgica con vista sul carcere. A lanciarlo è l'avvocato Domenico Contestabile, a nome di Silvio Berlusconi e

---

[9] "L'Espresso", 15 gennaio 1989.

all'indirizzo di Carlo Verdelli, Alberto Statera, Giovanni Ruggeri e Mario Guarino. Era la quarta e ultima udienza del processo per diffamazione aggravata [...]. Berlusconi, che alla sua immagine tiene molto, si era presentato in persona alla terza udienza, nonostante tutto quello che ha da fare. Alla giuria aveva raccontato delle lagrime di mammà alla lettura dell'articolo. Il suo avvocato ha raccontato anche delle lagrime dei Berlusconi babies alla lettura del libro, incautamente lasciato da papà in bella evidenza sulla libreria della villa di Arcore. "Il sospetto come strumento della diffamazione", ha tuonato l'avvocato di parte civile, e per questa pratica da "diffamatori di professione" ha chiesto una riparazione pecuniaria di 100 milioni. Il pubblico ministero, da parte sua, ha chiesto 9 mesi di reclusione per Verdelli, 8 per Ruggeri-Guarino, 5 per Statera direttore di "Epoca". Punizione esemplare per chi lede l'immagine di Berlusconi? La giuria, dopo 4 ore e mezza, ha deciso che non era il caso... Una sentenza che certo non può soddisfare Berlusconi» [10].

Anche "l'Unità", in un articolo intitolato *Berlusconi amico di Gelli querela ma i giudici assolvono*, evidenziava come il magnate di Arcore avesse chiesto, tramite il suo avvocato, un risarcimento di 100 milioni a testa, respinto dal Tribunale, e condanne per tutti tra i 5 e i 9 mesi: «Il Tribunale a tarda sera ha invece emesso una sentenza diversa, assolvendo gli imputati proprio sulle contestazioni più gravi, sia pure per insufficienza di prove» [11].

Ai nostri avvocati Corso Bovio, Caterina Malavenda e Paolo Maruzzo (che sono anche colleghi pubblicisti, e ci hanno assistito con competenza e passione), davamo mandato di ricorrere avverso la sentenza del Tribunale di Verona. Il 22 ottobre 1992, la Corte d'Appello di Venezia (presidente Michele Curato, consiglieri Lionello Marini e Umberto Mariani) trasformava l'assoluzione per insufficienza di prove in assoluzione piena, e riduceva a 700 mila lire la multa per avere attribuito a Berlusconi il coinvolgimento in reati valutari in concorso con Carboni.

Dunque, risultava vieppiù legittimo, e con l'autorevolissimo avallo del Tribunale, accostare il nome e le gesta di Silvio Berlusconi al Venerabile maestro piduista Licio Gelli, al mafioso Vito Ciancimino, al bancarottiere piduista Roberto Calvi, e a vicende di fallimenti, società ombra, "mafia bianca". Rimaneva l'infinite-

---

[10] "il manifesto", 18 novembre 1988.

[11] "l'Unità", 17 novembre 1988.

simale neo della multa per una svista non nostra – un minuscolo neo del quale volevamo comunque liberarci.

L'ultimo atto è del 30 marzo 1993. La Corte suprema di Cassazione (presidente Guido Guasco, consiglieri Giuseppe Ciufo, Guido Ietti, Alfonso Malinconico, Carlo Cognetti) accoglieva il nostro ricorso, giusto l'articolo 90 del vecchio Codice di procedura penale: «L'impugnata sentenza dev'essere annullata senza rinvio», sentenziava la Cassazione. Era la vittoria finale e completa. Di tutti e tre i gradi di giudizio, niente è rimasto a nostro carico, neppure la pur modestissima multa.

L'onnipotente Cavaliere, da parte sua, non solo doveva prendere atto della completa sconfitta, ma finiva nei guai per falsa testimonianza – cioè a dire, l'accusatore finiva sul banco degli imputati, ai sensi dell'art. 372 del Codice di procedura penale.

Al Tribunale di Verona, nel corso dell'udienza del 27 settembre 1988, Berlusconi aveva deposto sotto giuramento; interrogato in merito alla sua affiliazione alla Loggia massonica P2, l'aveva temporalmente collocata nell'anno 1981 (invece che nel 1978, come noi avevamo scritto), e aveva affermato – mentendo – di non avere corrisposto al Venerabile maestro Licio Gelli alcuna quota di iscrizione alla Loggia, al momento dell'affiliazione. Al cospetto di queste clamorose menzogne, avevamo inoltrato un esposto alla Pretura di Verona.

Il 22 luglio 1989, il pretore Gabriele Nigro firmava una sentenza istruttoria di «non doversi procedere contro l'imputato [Berlusconi, NdA] perché il fatto non costituisce reato». Avverso la decisione del pretore si appellava il Procuratore generale della Corte d'Appello di Venezia Stefano Dragone.

Il processo d'Appello aveva luogo nel maggio 1990. Dal nostro esposto alla Pretura erano trascorsi venti mesi, nel corso dei quali era stata varata dal Parlamento l'ennesima amnistia (la ventitreesima della storia repubblicana); essa diveniva operante il 12 aprile 1990, e riguardava i reati commessi fino a tutto il 24 ottobre 1989 – per Berlusconi era un provvidenziale salvagente. Quando i magistrati lo avevano convocato a Venezia per rispondere del reato di falsa testimonianza, l'editore piduista aveva dichiarato: «Spero che la prossima amnistia, che si annunzia non rinunziabile, non mi tolga il piacere di vedere confermata la sentenza di proscioglimento [della Pretura, NdA] dalla Sezione istruttoria presso la Corte di Appello di Venezia» [12]. "Amnistia non rinunziabile"? Berlusconi

---

[12] "L'Espresso", 25 febbraio 1990.

farà tutto meno che rinunciarvi, e la Corte d'Appello (presidente G. Battista Stigliano, consiglieri Luigi Nunziante e Luigi Lanza, relatore) non gli toglierà alcun piacere: «Ritiene il Collegio che le dichiarazioni dell'imputato non rispondano a verità... Ne consegue quindi che il Berlusconi, il quale, deponendo davanti al Tribunale di Verona nella sua qualità di teste-parte offesa, ha dichiarato il falso su questioni pertinenti alla causa ed in relazione all'oggetto della prova, ha reso affermazioni non estranee all'accertamento giudiziale e idonee in astratto ad alterare il convincimento del Tribunale stesso e ciò (a prescindere dal mancato utilizzo processuale delle dichiarazioni menzognere medesime da parte del giudicante) ha compiutamente realizzato gli estremi obiettivi e subiettivi del contestato delitto... Il reato attribuito all'imputato va dichiarato estinto per intervenuta amnistia».

Complimenti, Cavaliere!

Giovanni Ruggeri
Mario Guarino

I

APPRENDISTA MURATORE CON CAZZUOLA SVIZZERA

Anni verdi e primi affari

Di stonato c'è soltanto il nome, decisamente comune e perfettamente lombardo: Silvio Berlusconi. Perché la vita di quest'uomo – forse il più potente nell'Italia dei primi anni Novanta – somiglia a quella dei personaggi di certi leggendari film americani, piuttosto che a quella di un rispettabile *self made-man* milanese o brianzolo. Si fosse chiamato Henry Cock o James Burn tutto sarebbe più plausibile, ma chiamarsi Berlusconi no; è forse per questo che è l'imprenditore italiano più "soprannominato" (roba da far invidia al più celebre Gianni Agnelli, semplicemente detto "l'Avvocato").

Eppure, dei personaggi anni Quaranta magistralmente tratteggiati dalla cinematografia americana (ad esempio, in *Quarto Potere* di Orson Welles), i quali divengono celebri, ricchi e potenti superando ogni genere di difficoltà, Berlusconi ha i precisi connotati: cinismo, fantasia, spregiudicatezza, volontà, sete di potere, intraprendenza, ambiguità, tenacia, segretezze, e una robusta dose di indispensabile fortuna. Nei primi anni Settanta, Berlusconi era un perfetto sconosciuto; oggi, vanta una notorietà di dimensione europea.

Silvio Berlusconi nasce il 29 settembre 1936 in una modesta abitazione al n° 60 di via Volturno (una zona periferica di Milano che solo anni dopo conoscerà un'intensa edificazione). Suo padre, Luigi, è un funzionario della Banca Rasini [1]; sua madre, Rosa Bossi, è casalinga – una tipica famiglia della Milano piccolo-borghese, come tutte le altre alle prese con gli impellenti problemi

---

[1] Nel tempo, Luigi Berlusconi farà carriera presso la Banca Rasini, un minuscolo istituto di credito che negli anni Ottanta verrà inquisito per le sue connessioni con la criminalità organizzata e la "mafia dei colletti bianchi".

della guerra. (I coniugi Berlusconi avranno in seguito altri due figli: Antonietta, nata nel 1943, e Paolo, nel 1949.)

Dopo la licenza elementare, il dodicenne Silvio viene affidato ai padri salesiani; lascerà l'istituto religioso ormai diciannovenne, dopo avere conseguito il diploma di maturità classica. (Con uno scarto di alcuni anni, anche Paolo, suo fratello minore, percorrerà le medesime orme nello stesso internato.) L'edificio dei salesiani, in via Copernico 9, a Milano, è un vecchio convitto ristrutturato, costruito nel 1897; ha fama di internato serio, retto da insegnanti religiosi e laici notoriamente inflessibili. Le famiglie della piccola borghesia milanese che non possono consentirsi i collegi svizzeri vi fanno ricorso poiché vi si studia sodo, c'è molta disciplina, e i giovani vengono iniziati alle buone maniere.

Giulio Colombo, ex allievo dei salesiani, compagno di scuola di Silvio Berlusconi, è oggi titolare di un'industria meccanica a Novate Milanese: «Ai miei tempi», ricorda, «i salesiani accettavano soltanto allievi interni. Si tornava a casa a Pasqua, Natale, Capodanno, e naturalmente per le vacanze. La giornata era divisa così: la sveglia alle 7, colazione, messa e poi lezioni; nel pomeriggio, rosario e ancora lezioni. Alle 9 tutti a letto. Dormivamo in grandi camerate spoglie e austere, con dentro 50 e perfino 100 letti. Ai quattro angoli di questi enormi stanzoni c'erano le brandine dei sorveglianti: non si spogliavano mai, e a turno facevano il giro tra i letti. Silvio dormiva accanto a me. Una volta mi disse: "Sai che ci stanno a fare i sorveglianti? Controllano che sotto le lenzuola non ci siano movimenti sospetti"; io non avevo afferrato, e lui proseguì ammiccando malizioso: "Ma sì che hai capito... È peccato, no?"... Lo chiamavamo Mandrake, e non ricordo perché: tutti avevamo dei soprannomi. Nelle ore di ricreazione scendevamo in palestra a giocare a calcio o a pallavolo. Silvio era in squadra con me. Giocava con grinta ed era sempre pronto a far baruffa e a menar le mani. Fra tutti, era quello che prendeva i richiami più frequenti. La punizione peggiore era di venire esclusi dai film che ci proiettavano la domenica. Chi era punito doveva restarsene "in castigo", in camerata, a ripassare il latino. Mandrake non si perse mai uno spettacolo: con la scusa di aiutare l'operatore ad avvolgere le pellicole, guardava dalla cabina di proiezione... Ricordo che durante le preghiere si distraeva. Muoveva le labbra a vuoto, senza parole, e pensava ad altro. Una tecnica che conoscevamo tutti... Dopo di allora non ho più rivisto Berlusconi. Direi che era un ragazzo di un'intelligenza inquieta, uno che non indugiava sulle cose più del necessario e subito passava a altri interessi. Faceva i compiti in un baleno, e poi aiutava i vicini di banco, ma pretendeva in cambio caramelle, oggettini, di preferenza 20 o 50 lire... Se il compito non prendeva almeno la sufficienza, restituiva il compenso... Una volta lo trovai a contare il suo "tesoro" di spiccioli dentro un portamonete che gli avevo dato per avermi risolto un problema di matematica, e lui lamentò che quello era un periodo di magra. Gli "affari" migliori, disse, li aveva fatti con le recite in casa: per vederlo nella parte di protagonista, genitori, parenti e amici avevano dovuto pagare il biglietto di ingresso...» [2].

Una pagella di Silvio Berlusconi in prima liceo registra un 9 in matematica, 9 in filosofia, 7 in latino, 7 in italiano, e una media dell'8 per le restanti materie, con 9 in condotta – niente male, anche considerando la proverbiale severità degli insegnanti.

Il salesiano don Erminio Furlotti, docente di Storia dell'arte, ricorda: «Con noi Silvio è stato otto anni, dalla prima media alla maturità. Io l'ho avuto come allievo negli anni del liceo, ma neppure in seguito ci siamo mai persi di vista: è una nostra caratteristica mantenere i contatti con gli ex allievi. Oltre che all'Opera salesiana, Silvio è rimasto molto legato agli ex compagni di scuola, e almeno una volta l'anno, fino al 1986, faceva con loro una grande cena. Con alcuni ha rapporti di lavoro e di collaborazione, come con Guido Possa, ingegnere, al quale affida progetti edilizi, e come il dottor Adalberto Spinelli, oggi psicologo del gruppo Fininvest. La domenica mattina Berlusconi era solito riunire nella sua villa di Arcore i più stretti collaboratori, e li faceva psicanalizzare. Forse per aiutarli ad affinare il loro ruolo di manager. Oggi non saprei dire se questa usanza vige ancora... Silvio è stato il nostro primo studente esterno. Suo padre aveva difficoltà a pagare la retta per lui e per suo fratello Paolo (più indietro di alcune classi), così, per risparmiare, la sera si riportava a casa il figlio maggiore. Quando gli permettemmo questa facilitazione, Silvio era ormai arrivato all'ultimo anno... In seguito tutti diventarono esterni: gli iscritti erano tanti, non era più materialmente possibile tenerli in convitto... Com'erano i Berlusconi da studenti? Non so niente di Paolo, l'ho conosciuto tardi e mi pare viva all'ombra del fratello. Silvio era un ragazzo sveglio, sicuro di sé, con propensione a mettersi in mostra. Infatti se c'era da scrivere un annuncio o presentare uno spettacolo del doposcuola, questo ruolo toccava a lui... E se la cavava bene, esprimendosi con proprietà e sicurezza. Non mi pare avesse molta passione per lo sport; sì, tirava anche lui quattro calci, ma poi preferiva fare un po' di musica e canticchiare con un

[2] Dichiarazione rilasciata agli Autori.

complessino interno. Per lo studio era come tutti gli altri: andava bene in lettere e filosofia, ed era scarso in greco e latino» [3].

Luigi Berlusconi (deceduto il 28 febbraio '89 all'età di 81 anni) ha avuto modo di smentire l'aneddotica che circonderà il suo ormai famoso figlio Silvio: «Si tratta di fantasie. I giornali ricamano, inventano. Io posso dire che Silvio è stato sempre un ragazzo molto attivo: faceva una cosa e già ne pensava un'altra. Da giovanottello, nel giro dei suoi amici le iniziative le prendeva lui, diventava subito il capo della compagnia. Protagonismo? Voglia di fare, direi, tanta buona volontà, costanza... Se lo si punge nell'orgoglio, addio. Per le vacanze scolastiche veniva a casa. Gli davo 500 lire alla settimana per il cinema e le sue piccole spese. Una volta, durante la cena, gli chiesi come avesse speso la "paghetta": mi guardò sorpreso, poi disse che se volevo il rendiconto piuttosto rinunciava alla mancia – insomma, se la prese come fosse un'indebita interferenza e non volle più un soldo. Feci finta di niente e la settimana dopo gli lasciai 500 lire sulla credenza: rimasero lì. Sua madre gli ricordò che erano per lui, ma Silvio non ne volle sapere. Un caratterino... Aveva 15 anni. In quest'episodio c'è tutto mio figlio: il suo orgoglio, la sua indipendenza, la sua cocciutaggine» [4].

Finito il liceo, Silvio Berlusconi si iscrive alla facoltà di Giurisprudenza dell'Università Statale di Milano. Guadagna qualche soldo facendosi pagare piccole commissioni per la famiglia e vendendo aspirapolvere al vicinato. Giunto al terzo anno di studi, trova lavoro in un'impresa di costruzioni, e ne ricava quanto basta per essere economicamente indipendente.

Nei mesi estivi, si imbarca sulle navi da crociera della compagnia Costa in qualità di intrattenitore (quello che oggi viene chiamato "animatore di bordo"): durante le traversate nel Mediterraneo racconta barzellette, con una paglietta in testa recita *sketch*, e canta canzoni di Nat King Cole e Frank Sinatra...

Il versatile *entertainer* Berlusconi si esibisce anche in alcuni locali della costa romagnola: presenta, suona, e racconta barzellette (soprattutto al locale "Tortuga" di Miramare di Rimini). Già a quei tempi, accanto a lui c'è Fedele Confalonieri, amico e compagno di università, pianista durante le sue performance canore. Poi le loro strade si dividono: Confalonieri trova un ingaggio a Beirut,

[3] *Ibidem.*

[4] *Ibidem.*

in Libano, assieme al batterista Alberto Cicatiello (uno dei futuri responsabili della sorveglianza interna Fininvest); sono i primi anni Sessanta: Confalonieri, Cicatiello e gli altri del complesso ("I Quattro Moschettieri") guadagnano quarantamila lire pro capite a serata. Poi pianista e batterista fanno ritorno in Italia: riunitisi a Berlusconi, i tre danno vita a un nuovo complesso, col quale si esibiscono al Carminati, in piazza Duomo, e al Gardenia di via Forze Armate. Alberto Cicatiello, stessa età di Silvio, ricorda gli anni trascorsi alla batteria: «Eravamo un complesso affiatato, che poi diventò un sestetto: Gianni Grilloni al vibrafono, Riccardo Zinni alla chitarra, Giordano Bargiggia al basso, e poi io, Confalonieri e Silvio. Confalonieri al piano era bravissimo, capace di passare dai brani da night ai classici della canzone e al rock» [5].

Nel 1961 Berlusconi consegue la laurea, con una tesi sugli aspetti giuridici della pubblicità. La scelta non è casuale: un'agenzia pubblicitaria di Milano, la Manzoni, ha messo in palio due milioni di lire per la miglior tesi sull'argomento – Silvio si assicura il premio.
Il giovane laureando discute la tesi *Il contratto di pubblicità per inserzione* col professor Remo Franceschelli, che lo congeda con 110 e lode. Ricorda il cattedratico: «In seguito sono stato suo avvocato, fino a quando non ci siamo trovati in disaccordo su una certa operazione con Rete 10-Italia 1. Se penso a lui da studente, non me lo ricordo proprio: mi si confonde tra i volti dei tanti giovani che frequentavano le mie lezioni» [6].

«Dei miei studi conservo bei ricordi», preciserà lo stesso Berlusconi. «Gli anni da studente mi hanno fatto conoscere molti amici. Le amicizie più durature si fanno a quell'età. Prepararmi agli esami come a una sfida mi ha abituato a pensare in grande. Per riuscire occorre non abbandonare mai la convinzione che è possibile fare qualcosa di grande nella vita» – un compendio di luoghi comuni, che diverranno tipici della ossessione berlusconiana per "l'immagine rassicurante" da offrire di se stesso. Certo è che il giovane neo-laureato è impaziente di mettersi alla prova; evita la "chiamata di leva" – non è dato sapere per quale ragione non sia stato arruolato e abbia evitato il servizio militare (anche suo figlio Pier Silvio, anni dopo, eviterà la "naia").

[5] *Ibidem.*

[6] *Ibidem.*

Dynasty in Brianza

All'inizio degli anni Sessanta, Berlusconi incontra colei che diverrà la sua prima moglie: Carla Elvira Dall'Oglio. Nata a La Spezia il 12 settembre 1940 da Angelina Salvaterra (casalinga) e Laerte Dall'Oglio (dipendente di una ditta di attrezzature subacquee a Genova), due fratelli (Gualco e Giorgio), negli anni Cinquanta la futura signora Berlusconi si era trasferita a Milano al seguito della propria famiglia – i Dall'Oglio erano stati parte del massiccio flusso migratorio verso la metropoli lombarda, alla ricerca di migliori opportunità.

L'incontro tra Berlusconi e la Dall'Oglio è da *telenovela*. Lo scenario non è, come di solito accade ai capitani d'industria, il salotto esclusivo o la crociera: semplicemente, è la strada, anzi la piazza – il piazzale antistante la Stazione centrale di Milano. Il futuro *boss* dell'emittenza televisiva privata incontra Carla Elvira alla fermata del tram: lui dichiarerà di essere rimasto letteralmente folgorato dall'avvenenza, dal portamento e dalla classe della fanciulla. A quell'epoca, l'arte dell'approccio è già parte del vasto repertorio berlusconiano: Silvio si offre di accompagnarla a destinazione, e a quanto è dato sapere la signorina Carla non rimane insensibile alla repentina galanteria dell'estemporaneo superpappagallo [7]. Del resto, Silvio ha innato il culto dell'eleganza (possiede già un guardaroba discretamente fornito: camicie all'inglese, cravatte classiche, giacche doppiopetto con bottoni dorati, retaggio degli abiti di scena di quando intratteneva i turisti sulle navi della compagnia Costa), e una giovane donna di classe come la

---

[7] Verso i 34-35 anni, Berlusconi ingaggerà una strenua lotta contro l'incipiente calvizie. Mike Bongiorno, che ha già sperimentato il trapianto del cuoio capelluto, gli suggerirà un analogo rimedio.

Dall'Oglio ne avverte il fascino all'istante. Tra i due divampa la passione: un fidanzamento-lampo, e il travolgente amore approda al matrimonio nel giro di pochi mesi (Milano, 6 marzo 1965).

Il 10 agosto 1966 nasce la primogenita dei neo-coniugi Berlusconi, Maria Elvira, e tre anni dopo, il 28 aprile 1969, il loro secondo figlio, Pier Silvio. Berlusconi è già in grado di assicurare un certo decoro alla sua giovane famiglia. Desidera che Carla faccia la moglie e la mamma, accudendo i figli e occupandosi della casa di viale San Gimignano 12 (una via periferica, ma con edifici moderni di un certo decoro): il capofamiglia ha ben radicato il culto della famiglia tradizionale, tant'è che nello stesso stabile abitano anche i suoi genitori (Luigi Berlusconi e Rosa Bossi), e sua zia materna Maria (vedova di Attilio Borsani) con la cugina Lidia.

I primi dieci anni di matrimonio sono scanditi dai canonici ritmi di una famiglia media: Berlusconi dedica tutto il suo tempo libero alla moglie e ai figlioli. Un tipo di vita assai diverso da quello frenetico e convulso che caratterizzerà gli anni successivi: se negli anni Sessanta i week-end fuori porta sono frequenti, successivamente si faranno sempre più rari, in parallelo con l'infittirsi della ragnatela affaristica tessuta dall'ambizioso capofamiglia.

La giornata-tipo di Berlusconi negli anni Ottanta sarà semisegreta, e come tale parte della mitologia berlusconiana. Per gran parte dell'anno, la sveglia per il già potente *boss* è alle ore 6: Berlusconi indossa la tuta e pratica il *footing* nel grande parco che circonda la sua villa di Arcore, in Brianza (dove ha fissato la sua residenza); quindi procede alla lettura dei quotidiani, dopodiché, protetto da una scorta armata, si trasferisce nella villa-bunker, dotata di cellule fotoelettriche, di via Rovani 2, a Milano, dove è situato il suo quartier generale [8].

Quando incombono impegni e incontri particolarmente importanti – e ciò accade con progressiva frequenza – Berlusconi pernotta in un'ala della lussuosa villa di via Rovani; in queste occasioni, si susseguono frenetiche riunioni con gli amici-soci, e cioè Fedele

---

[8] La villa-bunker è stata oggetto di un attentato nella notte del 28 novembre 1986: contro il recinto esterno di via Rovani, venne scagliato un ordigno esplosivo che divelse tre metri di recinzione esterna (una robusta lamiera per impedire la vista all'interno del giardino), con alcune vetrate infrante, e danni ad alcune automobili in sosta. L'ordigno, secondo i carabinieri, era stato confezionato da esperti. Provocazione di tifosi? Intimidazione? Avvertimento? L'inchiesta – coordinata dal tenente colonnello Salvatore Fenu del Gruppo Milano – non approderà a risultati apprezzabili.

Confalonieri, Gianni Letta, Giancarlo Foscale, Marcello Dell'Utri (il *boss* della potente divisione pubblicitaria), l'avvocato Vittorio Dotti, il fratello Paolo, mentre le linee telefoniche sono perennemente roventi.

Amante dell'efficientismo fino alla pignoleria, Berlusconi possiede il dono della sintesi; per questo, e non solo nell'ambito delle riunioni di lavoro, detesta giri di parole e prolissità, a meno che la logorrea non costituisca uno strumento attraverso il quale ottenere vantaggi. Per non perdere tempo prezioso, si concede frugali colazioni, naturalmente di lavoro: in genere risotto alla milanese, involtini o carne ai ferri (suoi piatti preferiti), frutta. I suoi pomeriggi sono fitti di contatti con uomini d'affari, politici, dirigenti delle sue emittenti televisive, banchieri. Grande accentratore, Berlusconi non trascura i dettagli, neppure quelli che sembrano insignificanti e che potrebbe delegare ai suoi collaboratori – «Se avesse una punta di tette, Berlusconi si metterebbe a fare anche l'annunciatrice televisiva», dirà di lui Enzo Biagi.

Nella villa-bunker di via Rovani, Berlusconi lavora spesso fino a tarda ora, non peritandosi di telefonare nel cuore della notte a qualche collaboratore. È anche solito convocare lo *staff* dirigenziale nella sua villa di Arcore la domenica mattina, per fare il punto della situazione, per studiare o progettare nuove strategie, per programmare iniziative, ma anche per il solo gusto di ritrovarsi, da autentico *boss*, attorniato dal suo stato maggiore. «Se non lavora, Berlusconi non si diverte», dicono di lui i suoi collaboratori. «Se non sono santi, non resistono con un tipo come me», replica lui, compiaciuto.

Al di là degli affari, ci sono le sempre più rare partite a tennis, oltre al *footing*, attività sportive che pratica soprattutto per l'ossessivo timore di ingrassare (è per questa ragione che ormai da anni non si concede più né superalcolici né sigarette). «Occorre essere in forma giorno e notte», sostiene convinto, «se veramente si vuole sfondare nella vita». È esigente con se stesso, ma altrettanto esigente con collaboratori e dipendenti, che spesso striglia e rimprovera quando qualcosa non gira per il giusto verso: dal dirigente al pubblicitario, dalla *show-girl* al tecnico della Tv, tutti sono tenuti a dare il meglio e il massimo, in modo da non creare intoppi alla grande macchina berlusconiana. «Paga bene», dice qualche suo collaboratore, «ma pretende proprio tutto, quasi l'impossibile».

Benché assorbito dai tanti impegni quotidiani, dalle incombenze relative alle sue innumerevoli società, dai rapporti con i politici, dai problemi di ogni ordine e grado, Berlusconi riesce tuttavia a preservare e a coltivare il suo solo, grande, vero *hobby*: lo smodato debole per le donne vistose e soprattutto procaci. «Va matto per quelle formose», conferma un tecnico degli studi televisivi di Cologno Monzese, dove quotidianamente transitano presentatrici e vallette, attrici e attricette, *pin-up* o *show-girls*, dalle curve variamente estese e non di rado scarsamente vestite. Voci maligne sostengono che è Berlusconi in persona a selezionarle e scritturarle, improvvisandosi pigmalione e talent-scout.

Sarà infatti una procace e semisconosciuta attrice bolognese – Miriam Bartolini, in arte Veronica Lario, nata nel luglio 1956 – a catturare il cuore di "Sua Emittenza", e a segnare la fine del suo matrimonio con Carla Dall'Oglio. L'incontro tra i due avviene al teatro Manzoni, nel 1980, dove la Lario è in scena nel cast della commedia di Fernand Crommelynk *Il magnifico cornuto*, primattore Enrico Maria Salerno; al clou della sua interpretazione, la superdotata Lario denuda i suoi maestosi seni, turbando la platea e lo stesso Berlusconi, presente in sala; al termine della serata, lui si reca nel camerino della prosperosa attrice per presentarle i sensi della sua più calda ammirazione. Come nella più vieta *telenovela* di quelle trasmesse dalle reti Fininvest, la passione divampa – il rampante astro nascente della Tv commerciale rompe il proprio matrimonio, mentre la carriera artistica di Veronica Lario si spegne prematuramente...

«Sono figlia unica», aveva dichiarato Veronica nel corso di una delle sue rare interviste. «Mia madre si chiama Flora, mio padre è morto. Prima di entrare nel mondo dello spettacolo frequentavo il liceo artistico. I miei genitori avevano sempre sognato per me una professione sicura: non certo quella di attrice, bensì di segretaria d'azienda. La prima cosa importante nella mia vita c'è stata nel 1977, quando mi sono fidanzata con un ragazzo della mia città. Lui aveva il pallino del teatro e, oltre agli studi, si era messo a frequentare l'Accademia di Belle arti. Da parte mia, sognavo di diventare scultrice, ma per accontentare il mio fidanzato anch'io mi ero iscritta ai corsi di recitazione che si tenevano presso l'Antoniano di Bologna, retto dai frati. Poi lui ha lasciato perdere i teatri di posa e ha scelto la strada più sicura, diventando farmacista. Io, invece, proseguendo nelle mie esperienze di attrice, sono entrata a far parte del teatro stabile di Trieste. Il primo a credere in me è stato Corrado Pani, con il quale ho lavorato prima in *L'idealista* e poi nello sceneggiato televisivo *Bel-Ami*, trasmesso dalla Rai. In seguito ho recitato con Salerno nella commedia *Il magnifico cornuto*, esordendo al teatro Alfieri di Torino... Problemi di apparire senza veli non ne ho mai avuti, se per esigenze di spettacolo questo non si può evitare. Però c'è nudo gratuito e nudo necessario... Spogliarmi non è affatto la mia massima aspirazione. Ho cominciato con il teatro, non vorrei davvero finire per interpretare film pornografici. Tanto meglio non aver cominciato questa attività, allora. Per il resto, ho altri interessi. Leggo parecchio, sono attenta a tutto quello che succede, ai problemi della società, osservo il comportamento degli altri. Per completare il mio profilo, dico che il mio difetto più grande è di essere piena di dubbi, mentre la mia arma migliore è una volontà d'acciaio» [9].

Nel primo periodo, la *love-story* tra Berlusconi e la Bartolini è nota soltanto nella cerchia dei più stretti collaboratori del *boss*, sempre molto geloso della sua *privacy*, e viene nascosta alla sua legittima consorte Carla e ai loro due figli, Maria e Pier Silvio. La famiglia vive nella grande villa di Arcore, mentre Miriam-Veronica prende clandestinamente alloggio in un appartamento situato nella villa-bunker di via Rovani 2. La segretezza della relazione extraconiugale viene mantenuta anche perché Berlusconi tiene moltissimo alla sua "immagine esterna" di perfetto marito e irreprensibile padre di famiglia, e di uomo autorevole e posato.

Sul finire del 1983, tra soggiorni in via Rovani e week-end trascorsi a Saint Moritz o a Portofino, Miriam Bartolini rimane incinta. L'ipotesi di interruzione volontaria della gravidanza è inconcepibile per Berlusconi, fervente cattolico e strenuo cultore dei sani princìpi della famiglia e della prole.

Per tutto il periodo della gravidanza, la Bartolini si divide tra l'appartamento di via Rovani e saltuari soggiorni nella villa di Portofino. Per eludere eventuali indiscrezioni, nell'imminenza del parto la clandestina compagna del magnate televisivo si trasferisce in gran segreto in una clinica privata di Arlesheim (località svizzera), dove il 30 luglio del 1984 dà alla luce una bambina cui viene imposto il nome Barbara [10]. Giunto ad Arlesheim da Milano,

---

[9] Una delle prime e rare interviste della Lario, rilasciata a Guarino per il settimanale "Gioia".

[10] Un gustoso aneddoto legato al lieto evento racconta che uno strettissimo collaboratore di Berlusconi e suo amico di lunga data, nonché membro del consiglio di amministrazione del "Giornale nuovo", incarica un fattorino di spedire un telegramma di felicitazioni, per salutare il lieto evento, firmato dai consiglieri di amministrazione e dai vertici del quotidiano, alla puerpera signorina Bartolini; nella concitazione, il telegramma viene intestato alla legittima signora Berlusconi, cioè a Carla Dall'Oglio. Solo il provvidenziale intervento, presso l'ufficio centrale delle Poste, di Indro Montanelli, direttore del quotidiano, risolve l'increscioso errore...

Berlusconi riconosce la neonata a tutti gli effetti come propria figlia. L'illustre padrino di Barbara in occasione del battesimo è il presidente del Consiglio in carica Bettino Craxi (amico e sodale politico-affaristico di Berlusconi).

Non è dato sapere quando e come la legittima signora Berlusconi venga messa a conoscenza della "nuova famiglia" formata dal marito. È certo che all'esterno del clan familiare e aziendale nulla trapela, poiché deve essere salvaguardata l'immagine di un Berlusconi buon marito fedele e perfetto padre di famiglia. Così, per circa quattro anni la Bartolini e la figlia Barbara vivono nella gabbia dorata di via Rovani dal lunedì al venerdì. Per volere di Sua Emittenza, accanto alla Bartolini vive la di lei mamma Flora, la quale ha in pratica lasciato la sua casa di Bologna per trasferirsi nell'abitazione della figlia: infatti, una *baby-sitter* "esterna" sarebbe fonte di pericolo per possibili indiscrezioni – nella stessa villa di via Rovani, Berlusconi e i suoi più stretti collaboratori lavorano, intrattengono ospiti, indicono conferenze-stampa, e il pericolo di occhi e orecchie indiscreti incombe insidioso. La villa di via Rovani è un piccolo castello a due dimensioni: in un'ala vi si lavora alacremente per il colosso Fininvest, e nell'altra vi è una famiglia – madre, figlia, nonna materna – che conduce una propria autonoma esistenza; *trait-d'union* fra le due realtà è il padre-padrone Berlusconi, il quale perdona volentieri alla futura suocera la spola di parenti emiliani da lei spesso invitati nell'esclusiva villa.

A metà anni Ottanta, con l'inevitabile separazione coniugale, la nuova famiglia Berlusconi si insedia nella villa di Arcore. Nei momenti in cui il nuovo quadretto familiare può ricomporsi, il re della televisione privata si trasforma in un tenero papà, trovando il tempo di trascorrere con la sua nuova famiglia brevi vacanze, a Portofino o a Saint Moritz, sempre sotto la stretta sorveglianza delle sue guardie del corpo [11].

Dopo la separazione, la signora Dall'Oglio si è trasferita in un appartamento di tre locali e servizi al piano terra di via Alciati 7 (il primo stabile costruito vent'anni prima dal duo Berlusconi-Canali), e alterna lunghi soggiorni in Inghilterra. «Preferisce stare là», dicono alla Five Viaggi (la società di cui la Dall'Oglio prima della separazione dal marito era direttore). «In Inghilterra vive con la figlia Maria... La ragazza studia lingue, ed entrambe conducono un'esistenza tranquilla, lontane dai clamori che accompagnano la figura di Berlusconi in Italia e all'estero». La fine del suo matrimo-

---

[11] Berlusconi vive nel terrore di essere sequestrato; anni fa si è avuta notizia di progetti malavitosi per un suo possibile rapimento.

nio con Berlusconi ha provocato alla Dall'Oglio un esaurimento nervoso. I due figli, a loro volta, hanno disapprovato la nuova relazione paterna con la Bartolini.

L'8 ottobre 1985 i coniugi Berlusconi-Dall'Oglio si ritrovano al Tribunale di Milano per la separazione consensuale. L'appuntamento davanti al magistrato Clemente Papi non è che la ratifica di una relazione ormai conclusa. Il rituale tentativo di conciliazione è una formalità: i coniugi intendono seppellire il passato e dividersi figli e averi. Il lungo verbale che ne scaturisce fissa nei dettagli le condizioni della separazione.

La signora Dall'Oglio ritira i suoi effetti personali e i cosiddetti "beni parafernali" (cioè quelli che non fanno parte della dote) dalla comune residenza di Arcore. Il figlio minore, il sedicenne Pier Silvio, viene affidato al padre, e manterrà la residenza presso di lui; potrà tuttavia visitare sua madre e trascorrere con lei periodi di vacanze estive e invernali in Italia e all'estero, secondo un calendario concordato di volta in volta tra i genitori; Berlusconi si obbliga al mantenimento del figlio anche nei periodi che Pier Silvio trascorrerà con la madre (la figlia Maria Elvira è oramai maggiorenne).

Rimangono di proprietà della Dall'Oglio – che ne è già intestataria – due appartamenti nello stabile di via Alciati 7, e sei negozi situati nel condominio di via Nino Bixio 32, tutti a Milano. A Berlusconi vanno alcune partecipazioni al momento intestate alla moglie: quota di nominali 45 milioni del capitale della Five Viaggi srl di Milano 2; quota di nominali 25 milioni di lire del capitale della società Elinord servizi aerotrasporti Milano. Per garantire alla signora Dall'Oglio un reddito adeguato, Berlusconi le assegna obbligazioni Enel per un valore nominale di lire 3 miliardi e 200 milioni, in scadenza fra i tre e i cinque anni; la signora Dall'Oglio a sua volta s'impegna, in occasione dei rimborsi annui corrispondenti agli ammortamenti parziali dei titoli, a riacquistare obbligazioni della identica specie per l'intero ammontare della somma rimborsata.

La cessione di 3,2 miliardi di titoli Enel da parte di Sua Emittenza alla moglie è attuata col presupposto che in cinque anni la Dall'Oglio ne possa trarre, fra interessi e rimborso del capitale, 5 miliardi e 400 milioni di lire; se alla scadenza del quinquennio la Dall'Oglio non realizzerà tale importo, la differenza verrà integrata dal marito. Inoltre, Berlusconi le accorda un ulteriore miliardo di lire affinché possa provvedere all'acquisto di un appartamento adeguato a divenirne la residenza principale, nonché la somma che sarà necessaria all'acquisto di un'abitazione in Inghilterra quale sua residenza secondaria [12].

In concomitanza con la separazione tra Berlusconi e la Dall'Oglio, in via Rovani 2 la cicogna si annuncia una seconda volta. Ad Arlesheim, in Svizzera, il 7 maggio 1986, Miriam Bartolini darà alla luce la secondogenita Eleonora.

Ovviamente la "clandestinità" della Bartolini, ex Veronica Lario, non può reggere nel tempo, né la vistosa compagna dell'ormai potente Berlusconi intende restare nell'ombra troppo a lungo. Così, ecco la prima apparizione in pubblico della sfavillante coppia: una *soirée* al Circolo della Stampa, a Milano, il 15 novembre 1986, con la partecipazione di centinaia di variegati ospiti (Enzo Biagi, Diego Maradona, gli Spandau Ballet, Enzo Tortora, Stefania Craxi, numerosi attori e *show-girls*, cantanti e assessori), per festeggiare il record di 3 milioni di copie raggiunte dal settimanale "Tv sorrisi e canzoni". È poi la volta del più serioso appuntamento al teatro alla Scala, il successivo 7 dicembre, per la prima del *Nabucco* diretto da Riccardo Muti [13].

Il 18 ottobre 1988, la Bartolini dà alla luce il quinto figlio di Sua Emittenza, Luigi; ma quel giorno Berlusconi non può assistere al lieto evento: è impegnato a deporre al Tribunale di Verona nell'ambito della sua querela contro gli autori del presente libro.

Oggi la Bartolini (nel frattempo divenuta legittima signora Berlusconi) e i tre figli nati dalla loro unione vivono nella settecentesca villa dei Visconti, a Macherio. Il capofamiglia si divide tra Macherio e la villa di Arcore, nella quale vivono i due figli nati dal primo matrimonio. Villa San Martino, a Arcore, è una splendida costruzione circondata da un grande parco, impreziosita da una galleria di dipinti del Settecento e da una vasta biblioteca. Vi è un salone dotato di nove schermi giganti, i quali trasmettono in contemporanea altrettanti programmi televisivi; le maniglie e i rubinetti dei bagni sono placcati in oro; nel parco vi è una grande piscina coperta e una estesa voliera con uccelli rari. Vi è anche una

---

[12] I particolari economici della separazione tra Berlusconi e sua moglie, rivelati dal presente libro nel marzo 1987, suscitarono il malcontento di Miriam Bartolini, che ne era stata tenuta all'oscuro.

[13] Nell'occasione, si verifica il cordiale incontro di Berlusconi e della sua nuova compagna con il neo-presidente socialista della Rai Enrico Manca (il cui nome era risultato negli elenchi della Loggia massonica P2, Loggia alla quale lo stesso Berlusconi era affiliato).

pista per elicotteri [14]. Da qualche anno troneggia nel parco un mausoleo in pietra bianca opera dello scultore Pietro Cascella – Silvio Berlusconi pensa proprio a tutto: perfino alla tomba che ospiterà i suoi resti e quelli dei suoi familiari.

I problemi di natura coniugale non distolgono Berlusconi dalla sua affaristica scalata al potere. «Silvio», confida un suo stretto parente, «ha solo due comandamenti: lavoro e soldi. È abile, determinato e, pur di cogliere le occasioni che gli si presentano, non guarda in faccia nessuno. In questo è spietato» [15].

Ambizioso, spregiudicato, egocentrico, enigmatico, insieme al suo impero Berlusconi costruisce l'immagine pubblica di se stesso – un connubio di roboante retorica fino all'autoesaltazione: «L'unica ricetta che conosco, e che continuo a praticare, è sangue, sudore e lacrime»; «Sono soltanto un imprenditore che ha fatto dei miracoli»; «Vedo tutto d'istinto, come ha detto una volta la mia mamma. Sono una specie di strega»; «Ho sempre dimostrato che avevo ragione io... Io ho sempre vinto»; «I bambini sognano di diventare come me, le nonne mi amano...»; «Sono un uomo di mercato, un uomo di trincea, un uomo concreto»; «Nessuno più di me insegue l'utopia, ma la differenza è che mentre i sogni degli altri restano sogni, io cerco di trasformare i miei sogni in realtà»...

E tuttavia, nei primi anni Ottanta hanno già preso corpo voci e sospetti circa la reale consistenza patrimoniale dell'impero berlusconiano. Nei quartieri alti della finanza, vi è già chi paragona Berlusconi ad altri personaggi (Roberto Calvi, Michele Sindona) alla cui inarrestabile ascesa è seguita una drammatica caduta. Qualcuno già lo definisce «finanziere senza soldi e imprenditore senza mestiere».

---

[14] Della flotta di velivoli, il gioiello è il Gulf Stream 3, un jet intercontinentale dai tanti comfort: poltrone in pelle, bar, legni pregiati, divani-letto, saletta riunioni – un vero e proprio "studio volante".

[15] Dichiarazione rilasciata agli Autori.

Esordi tra Milano e Lugano

Nel 1961, Berlusconi è un anonimo giovane uscito in ritardo dall'università dopo qualche anno di fuoricorso. Ha 25 anni e una laurea in legge: quanto basterebbe, oggi, per includerlo nella schiera dei giovani laureati disoccupati. Ma all'inizio degli anni Sessanta farsi strada è più facile: si è in pieno "boom" economico, e le opportunità di lavoro e carriera non mancano. Del resto, il giovanotto già lavora per un'impresa di costruzioni: è l'assistente del titolare, senza una mansione precisa, ma con incarichi vari.

Chi aiuta il giovane Berlusconi a muovere i primi passi nell'imprenditoria edile è Carlo Rasini, titolare della omonima piccola banca milanese. «Se Silvio avesse voluto», racconta Rasini, «lo avrei preso in banca, ma lui aveva altre idee. Sono convinto che col tempo avrebbe potuto prendere il posto di suo padre, mio procuratore. Luigi Berlusconi era un collaboratore fedelissimo, di una dedizione assoluta, e curava gli affari della banca meglio di quelli della propria famiglia. Prima di dare agli impiegati una matita nuova si faceva restituire il mozzicone di quella vecchia, raccoglieva le *clips* cadute a terra, spegneva le luci superflue. Altri tempi. La banca era una famiglia, con tante belle abitudini che si sono perse. Quando Silvio veniva a trovare il padre, e mi confessava di essere in ritardo con gli esami, io gli tiravo le orecchie. Poi lui tornava, e mi mostrava il libretto universitario con l'ultimo trenta e lode che aveva preso. Da circa un anno-un anno e mezzo lavorava per la Immobiliare costruzioni, però si vedeva che era impaziente di mettersi in proprio: faceva tanti progetti... Presa la laurea, decide che è giunto il suo momento: vuol fare l'imprenditore, e smania, scalpita per bruciare le tappe. Ha adocchiato un terreno in via Alciati, una zona di Milano in forte sviluppo edilizio, e cerca un socio disposto ad acquistarlo... Io e suo padre lo presentiamo a Pietro Canali, costruttore edile e cliente della banca. Ci vogliono soldi: io gli accordo una fideiussione, e l'iniziativa di via Alciati può partire» [16].

Combina tutto lui, Berlusconi. Per prima cosa fonda, insieme con Pietro Canali, una società per gestire l'affare, la Cantieri riuniti milanesi srl, quindi perfeziona l'acquisto del terreno. Il solo terreno costa 190 milioni [*circa 4 miliardi di lire attuali, NdA*], e per farvi fronte, non disponendo della somma, vengono depositate alla Banca Rasini le quote della improvvisata Cantieri riuniti milanesi ottenendo la consistente fideiussione.

Nella società, Berlusconi impegna 10 milioni di lire [*oltre 200 milioni odierni, NdA*], che anni dopo sosterrà fossero suoi "risparmi" guadagnati con l'orchestrina, i proventi di accompagnatore nelle crociere, il ricavo delle vendite di elettrodomestici cui si era dedicato per un certo periodo – una tesi poco credibile, ma funzionale alla suggestiva immagine di giovane parsimonioso e col fiuto per gli affari: in realtà, quei 10 milioni provengono dalle tasche di papà Berlusconi, che nella Cantieri riuniti milanesi porta la sua esperienza di procuratore di banca.

Circa l'attribuzione delle quote societarie, Silvio Berlusconi racconterà: «Canali avrebbe voluto darmi una piccola partecipazione in questa società. Io però avevo trovato il terreno adatto, ottenuto le dilazioni di pagamento, curato la pratica per la licenza edilizia, e conseguito la fideiussione. Mi sembrava giusto avere di più. Così un giorno mi armai di coraggio e andai da lui: "Per via Alciati mi sembrerebbe equo fare 50 e 50". Canali mi guardò come fossi matto e mi rispose che anche lui doveva essere matto a mettersi in società alla pari con un ragazzino. Ma aggiunse che se riuscivo a essere così sfrontato, era probabile che ci sapessi davvero fare. E accettò» [17].

Pietro Canali ha rievocato così quel lontano sodalizio con il giovane Berlusconi: «Tra una laurea in legge e un immobile da costruire c'è una bella differenza, ma Silvio non aveva bisogno di cominciare dall'asilo: capiva le cose al volo come pochi, e aveva una facilità di apprendere strabiliante... La sua forza? Arrivare cinque minuti prima degli altri, e in più il dono di saper convincere la gente. Bisognava vederlo con quanta facilità riusciva a vendere gli appartamenti» [18].

[16] *Ibidem*.

[17] "Capital", aprile 1981.

[18] Dichiarazione rilasciata agli Autori.

La fideiussione della Banca Rasini risolve solo il problema dell'acquisto del terreno; occorre il denaro per edificare. Ma la domanda di abitazioni è forte, e le imprese edilizie arrivano a vendere gli appartamenti "in pianta", cioè sulla carta: un anticipo al compromesso, il resto ad avanzamento lavori – una pratica che Berlusconi fa propria. Il primo appartamento lo vende alla madre di Fedele Confalonieri (amico e compagno di scuola, il quale in seguito diverrà il numero due del suo gruppo); Berlusconi accompagna la signora Confalonieri sul prato di via Alciati, le mostra la pianta del futuro appartamento, e conclude l'affare. Oltre a cercare clienti nella cerchia degli amici e conoscenti, l'intraprendente Silvio tenta di trasformare gli acquirenti in venditori: «Vuole il rivestimento del bagno in ceramica fino al soffitto invece che al metro e sessanta? Benissimo, glielo faccio senza aumenti di prezzo se mi porta un cliente che compra un altro appartamento».

Secondo Canali, «Berlusconi mostrava molto meno della sua età, e con quell'aspetto da ragazzino pareva che facesse le cose per gioco. Al cantiere si era accampato in una baracca destinata a ufficio vendite, residuo di un altro mio cantiere. Sul pavimento aveva steso una moquette recuperata tra gli avanzi degli stand alla Fiera di Milano. Era luglio, e lui dipingeva la baracca a torso nudo per prendere il sole. Non c'era ancora alcun cartello, e quando il primo cliente sconosciuto arrivò e gli chiese: "Qui si vende?", Silvio per poco non svenne. Imbarazzatissimo, rispose che andava a chiamare il geometra. Invece si pettinò, si vestì, si mise una cravatta, e ritornò dal cliente. Questi notò la somiglianza con l'imbianchino di prima, allora Berlusconi inventò che si trattava di un parente: "Sa, in famiglia ci aiutiamo l'un l'altro". Ora è facile per lui, ma a quei tempi bisognava che ce la mettesse tutta».

Conclusa l'operazione di via Alciati, la società Cantieri riuniti milanesi cessa l'attività. Verrà riesumata molti anni dopo – precisamente il 2 marzo 1978, quando Berlusconi la trasformerà in società per azioni.

L'edificazione dell'immobile di via Alciati avviene nel corso di una congiuntura particolare per l'Italia. È il periodo di Enrico Mattei, il quale attraverso la presidenza dell'Eni condiziona lo sviluppo del Paese; è il periodo del primo centrosinistra, della nazionalizzazione dell'energia elettrica, dell'edilizia selvaggia, delle relazioni industriali in fase di acuta tensione.

I primi anni Sessanta sono quelli cruciali di Berlusconi, il quale tra il 1961 e il 1963 passa dal ruolo di esordiente a quello di "palazzinaro rampante" di primo piano. È anche il periodo più oscuro della sua biografia: non sarà mai dato conoscere né come né dove operi, in quale ambito, e né quali rapporti allacci. «È uno che ha cominciato con le case», si dirà, ma questa laconica genericità non arriva a dissipare il "buco nero" che precede la sua irruzione sulla ribalta dell'imprenditoria edilizia, forte della disponibilità di ingenti capitali di provenienza misteriosa.

Nel 1963, infatti, Berlusconi si trova improvvisamente alle prese con un progetto ambiziosissimo – un progetto che per essere realizzato presuppone un impegno imprenditoriale, organizzativo e finanziario enorme: la costruzione a Brugherio, a nord di Milano, di un intero quartiere residenziale per quattromila abitanti.

Il momento è tuttavia propizio. L'edificazione selvaggia dilaga incontrollata – di tutela dell'ambiente non se ne sente parlare, di piani regolatori e leggi di salvaguardia del territorio non si scorgono neppure timide avvisaglie. Chiunque possegga un terreno agricolo anela di cederlo a un costruttore, poiché il cambio di destinazione del suolo ne decuplica il valore. Questo tipo di rendita selvaggia è una delle molle che alimentano la speculazione edilizia – l'altra, è il prezzo costantemente rivalutato del mattone, che l'inflazione gonfia di mese in mese. Nell'Italia dei primi anni Sessanta, la "febbre del mattone" determina una specie di Far West, con legioni di improvvisati capomastri folgorati dalla vocazione del costruttore.

Berlusconi è parte attiva del Far West edilizio, nell'ambito del quale, tuttavia, lui non edifica, bensì appalta. «È interessante notare», scriverà Giuseppe Turani, «come quello che più tardi si presenterà come un "costruttore di città", all'inizio intervenga nell'edilizia non costruendo assolutamente nulla: compra le aree, ottiene i permessi, fa la pubblicità e vende, ma il mestiere del muratore lo lascia ad altri. A quell'epoca è talmente "niente" che preferisce delegare questo lavoro a imprese specializzate. La sua fortuna, insomma, è paradossalmente quella di essere nella Milano degli anni Sessanta-Settanta un finanziere senza soldi» [19].

A fianco di Berlusconi e del suo ambiziosissimo progetto vi sono ancora Rasini e Canali, tale Piccitto (commercialista), e i costruttori milanesi Enrico e Giovanni Botta. Enrico Botta è deceduto nel 1985; suo fratello Giovanni, ultraottantenne, ricorda così l'avventura di Brugherio: «Per costruire Brugherio avevamo costituito una società, la Edilnord. Berlusconi ne era l'amministratore, io e mio fratello, come altri soci, mettevamo l'opera, tiravamo su le

[19] "L'Espresso", 16 settembre 1984.

case. C'erano un po' di finanziamenti della Banca Rasini, e per il resto non so. Dei soldi è meglio non parlare: non sta bene curiosare su chi c'è dietro le società. Berlusconi era giovanissimo, ma pareva nato nell'edilizia e si capiva che avrebbe fatto tanta strada. Si incaricava dei permessi, appaltava i lavori, chiamava i progettisti e diceva: "Questa casa la voglio così", e così doveva essere. Uno con le idee chiare, sempre in movimento, bravissimo nel trattare con tutti: autorità, operai, clienti. Se ha guadagnato con Brugherio? Non fatemi queste domande. Non posso rispondere. Chiedetelo a lui e vedrete come si arrabbia. Oh, lo conosco bene, Silvio. Ho lavorato con lui un paio d'anni, finché abbiamo finito Brugherio, e ho continuato a vederlo anche dopo. Qui a Milano avevo l'ufficio in via Leopardi, a due passi da lui, e ogni tanto andavo a trovarlo. Fino ad alcuni anni fa ci facevamo spesso quattro chiacchiere... Sono convinto che prima o poi arriverà al Quirinale... Sicuro, quello diventerà presidente della Repubblica» [20].

La Banca Rasini, Canali, i fratelli Botta, danno un certo apporto all'enorme progetto berlusconiano per Brugherio; ma l'appoggio determinante, il contributo realmente portante, è di una misteriosa finanziaria svizzera. Infatti, viene costituita la Edilnord sas di Silvio Berlusconi e C. La "sas" ("società in accomandita semplice") prevede soci che conferiscono capitali, e soci d'opera: Berlusconi è "socio d'opera", cioè si limita ad apportare alla società il proprio impegno (per le sue prestazioni viene compensato con l'1 per cento degli utili), mentre il socio "accomandante", chi cioè fornisce i capitali finanziando l'attività, è la Finanzierungesellschaft für Residenzen Ag – domiciliata a Lugano e legalmente rappresentata dall'avvocato svizzero Renzo Rezzonico [21].

È vano domandarsi chi si nasconda dietro l'anonima finanziaria elvetica – tanto quanto è impossibile stabilire la provenienza dei cospicui capitali forniti al "Signor Nessuno" Silvio Berlusconi dalla Finanzierungesellschaft für Residenzen. D'altra parte, funzionari dell'Antiriciclaggio di Milano, qualche anno dopo, avranno modo di occuparsi di anonimi capitali provenienti dalla Svizzera, e della miriade di "srl" in letargo in Lombardia: «All'improvviso

---

[20] Dichiarazione rilasciata agli Autori nel 1986.

[21] L'avvocato d'affari Renzo Rezzonico, ormai in pensione, si dedica oggi alla cura del giardino della sua villetta su una collina nei pressi di Lugano. Se la Svizzera è leggendaria per la discrezione negli affari, Rezzonico è il segreto fatto persona: agli Autori non ha voluto dire neppure se fosse mai stato al ristorante con l'ex socio Silvio Berlusconi...

[*queste società a responsabilità limitata, NdA*] si svegliano, e deliberano aumenti sproporzionati di capitale, ad esempio da 20 milioni a 2 miliardi. La cosa puzza. Se poi l'aumento viene sottoscritto con denaro giacente nella Confederazione elvetica, allora c'è la quasi certezza che si tratta di soldi della mafia, ricavati soprattutto dal traffico di droga» [22].

Fatto è che l'edificazione del centro residenziale di Brugherio da parte della Edilnord sas non si rivelerà l'affare sperato. Sarà infatti solo grazie ai massicci acquisti di appartamenti da parte del Fondo previdenza dei dirigenti commerciali (Berlusconi in persona riuscirà a coinvolgerli in extremis con stratagemmi divenuti leggendari), che l'iniziativa non si trasformerà in un fiasco. Carlo Rasini, che aveva manifestato il suo pessimismo («Qui manca tutto: scuole, negozi, cinema. La gente non ci verrà»), potrà così tirare un sospiro di sollievo.

Quando la realizzazione del quartiere residenziale di Brugherio sta per essere ultimata, si profila una crisi che rende più difficili le condizioni operative nel settore edilizio, innescando rilevanti processi che condizioneranno lo sviluppo urbanistico. A metà anni Sessanta, costruire diviene assai più oneroso; le restrizioni del credito e i tassi sempre più elevati, il rincaro dei terreni, l'obbligo di contribuire alle grandi opere di urbanizzazione (strade, fognature, rete idrica, ecc.), determinano un'impennata dei costi di edificazione. Al tempo stesso, cessano alcune agevolazioni fiscali, e nuove leggi tentano di regolamentare limitando, sia pure parzialmente, lo sfruttamento selvaggio delle aree [23].

Come avranno modo di sottolineare gli esperti che seguono il fenomeno [24], si tratta della virtuale conclusione di un ciclo. Capimastri intraprendenti e apprendisti costruttori devono accantona-

---

[22] Fonte degli Autori. Rocco Chinnici (consigliere istruttore a Palermo) e il vicequestore Ninnì Cassarà avevano appurato come insospettabili società legate alla mafia avessero la loro cassaforte nel Canton Ticino. Per aver tentato di scoprirne le modalità operative verranno uccisi in due diversi attentati a Palermo, il 29 luglio 1983 e il 6 agosto 1985. Giuseppe Fava, assassinato anch'egli in un agguato, a Catania, riteneva che la pista ticinese fosse essenziale per certo potere economico-politico e la mafia: ne parlerà a più riprese sul settimanale catanese "I siciliani", e l'articolo intitolato *Delitto Cassarà. Una pista porta in Svizzera*, gli sarà fatale.

[23] Il fenomeno è efficacemente descritto da Alessandro Tutino in *Aspetti del territorio, politica urbanistica e problema della casa*, Ed. Arsenale, 1976.

[24] Cfr. A. Barp [a cura di], *Il secondo ciclo edilizio*, Franco Angeli, 1977.

re le loro velleità, lasciando il settore nelle mani dei grandi imprenditori immobiliari. Si apre l'era dei megaprogetti, dei grandi complessi edificati dove prima vi erano solo prati.

A quel punto, Berlusconi procede di conseguenza: si libera dei soci italiani (Canali, Botta, Piccitto), e forte dei misteriosi e ingenti finanziamenti provenienti da Lugano si appresta al grande salto di Milano 2.

II

OMBRE DI "MAFIA BIANCA"

Capitali svizzeri e società romane a Segrate

Milano 2 (situata nel comune di Segrate, poco oltre l'estrema periferia della metropoli lombarda) è la "città satellite" che consacra Berlusconi alla ribalta dell'imprenditoria nazionale.

L'area, di 712 mila metri quadrati, apparteneva al conte Leonardo Bonzi, il quale già nel 1962 e nel 1965 aveva stipulato convenzioni col Comune di Segrate: in cambio dell'impegno a provvedere alle opere di urbanizzazione (strade, servizi, ecc.), l'ente pubblico autorizzava l'edificazione di abitazioni per 2 milioni e mezzo di metri cubi. Bonzi, tuttavia, non aveva velleità edilizie: aveva chiesto e ottenuto i permessi al solo scopo di valorizzare il terreno e venderlo al miglior prezzo; aveva così edificato sull'area soltanto cinque "villette civetta".

Il 26 settembre 1968, il conte Bonzi vende tutto alla Edilnord sas di Berlusconi per la somma di oltre 3 miliardi di lire, circa 4.250 lire al metro quadro. La transazione è preceduta da inquietanti retroscena: mentre i Bonzi erano in trattative con vari interlocutori interessati, le "villette civetta" erano state oggetto di atti vandalici accompagnati da intimidazioni e minacce, sì che i Bonzi si erano affrettati a concludere l'affare con la Edilnord, lasciando cadere altre offerte.

Insieme all'area, la Edilnord rileva dal conte Bonzi anche le convenzioni col Comune di Segrate, il quale Comune, in data 12 maggio 1969, concede alla Edilnord la prima licenza edilizia. Tuttavia, la lottizzazione è in aperto contrasto con il Piano intercomunale milanese, e la Giunta provinciale amministrativa vi si oppone con il veto. Il Consiglio comunale è allora costretto a ridimensionare l'area edificabile; la Edilnord, che già aveva avviato i lavori, minaccia di chiudere il cantiere.

A quel punto comincia un gioco delle parti: il Comune di Segrate finge di imporre la sua volontà alla Edilnord, ma la regìa è di

Berlusconi e dei suoi progettisti (se le opere di urbanizzazione non fossero già parte caratterizzante del modello residenziale progettato, è dubbio che il Comune riuscirebbe a ottenerle di tale ampiezza); il balletto si protrae nel tempo per una ragione precisa e concreta: il 1º aprile 1972 decade la Giunta provinciale amministrativa, organo burocratico, e le sue competenze passano alla Commissione regionale di controllo, che è di formazione politica.

Con i politici, per Berlusconi l'intesa è facile, e lo dimostrano i fatti: il 29 marzo 1972, il Comune di Segrate (guidato dal sindaco Renato Turri, esponente del Partito socialista italiano) approva una nuova convenzione a vantaggio della Edilnord, e poco dopo la Commissione regionale la ratifica in un lampo. La realizzazione di Milano 2 può così procedere celermente – verrà completata entro il 1979.

Il sistema della convenzione, precisano gli esperti [1], era stato introdotto sperimentalmente nei primi anni Sessanta, ma aveva poi trovato applicazione generalizzata. In altri termini, si era rivelato un ottimo strumento di "patteggiamento" tra gli interessi dei privati e quelli economico-clientelari della classe politica. Col tempo, le decisioni vengono assunte sempre meno in ambito locale: gli organi tecnici e amministrativi vengono progressivamente esautorati, e le autentiche trattative si spostano nei consessi politici dominati dalle federazioni di partito.

Secondo alcuni, Berlusconi avrebbe progettato la "città satellite" di Segrate prendendo a modello alcuni moderni complessi residenziali olandesi; altri sostengono che avrebbe invece imbarcato i suoi progettisti su un aereo della Skandinavian e li avrebbe condotti a visitare Tapiola, una delle prime città satellite del Nord Europa; d'altra parte, nel "Piano di rinascita democratica" della Loggia P2 (alla quale Berlusconi è affiliato) si parlerà di edilizia abitativa secondo il sistema dei comprensori sul modello svedese.

Certo è che l'iniziativa nasce dal presupposto che i ceti emergenti della metropoli lombarda vogliano abbandonare i condominî nei palazzi milanesi, aspirando ad abitare un'isola verde, esclusiva, ordinata e efficiente, a metà tra la catena degli alberghi Hilton e i villaggi Mediterranée, alle porte della città. Questa nuova borghesia delle professioni, formata da tecnocrati e manager, ancor più che al lusso (comunque assicurato), punta ai servizi: l'abitazione dev'essere parte del circuito "jet-carta di credito-club d'affari-beni

---

[1] Cfr. V. Mazzarelli, *Le convenzioni urbanistiche*, Il Mulino, 1979.

in *leasing*" che ne contraddistingue il modo di vivere [2]. E il "palazzinaro di lusso" Berlusconi è puntuale e inappuntabile: poiché
Milano 2 sorge sulla linea di decollo degli aerei in partenza dal
vicino aeroporto di Linate, e il decollo dei velivoli provoca una scia
sonora che disturba la quiete della cittadella, dopo un'intensa
opera "diplomatica" durata due anni, nel 1973 le rotte più mole-
ste vengono deviate...

La "città satellite" berlusconiana nasce con strascichi giudiziari:
sospettando irregolarità nell'approvazione del piano regolatore,
nel 1974 la magistratura avvia un'indagine sul conto di alcuni
esponenti della Edilnord. Il pretore che conduce l'inchiesta archi-
vierà la pratica, vanificando il rischio che le licenze vengano revocate. Del resto, come si vedrà negli anni successivi, abusi edilizi,
corruttele e concussioni sono state la costante dell'edilizia di Milano e dintorni [3].

Chi finanzia l'operazione Milano 2 del "costruttore" Berlusconi?
Ufficialmente, si tratta anzitutto – e ancora una volta – di misteriosi capitali svizzeri (come nel caso della operazione di Brugherio), ma non solo.

Secondo una vecchia regola "prudenziale" mai trascurata dai
palazzinari, conclusa una operazione è opportuno chiudere la società che l'ha attuata, voltando pagina. E infatti, la Edilnord sas
di Silvio Berlusconi e C., curati i residui interessi di Brugherio, si
avvia alla liquidazione con effetto 1° gennaio 1972; il bilancio fi-

---

[2] Milano 2 è anche uno *status symbol* che contraddistingue chi vi risiede: 10 mila
abitanti suddivisi in 2.500 appartamenti; in cifre, significa 40 metri quadrati di verde per abitante (contro i tre e mezzo di Milano), 5 mila alberi, un lago artificiale che
può dare l'illusione di un angolo di Svizzera. Ma Milano 2 è una città-modello o un
ghetto di lusso? Alcune inchieste giornalistiche hanno dato risposte controverse.

[3] Sono note, ad esempio, le disavventure giudiziarie milanesi del potente costruttore Salvatore Ligresti. Un altro noto costruttore, Antonio D'Adamo, nel novembre
1993 è finito in carcere e ha confessato di avere pagato una tangente di 250 milioni
alla giunta comunale di Segrate – ambiente che gli era molto familiare fin dagli anni
Settanta, quando vi operava quale direttore della Edilnord di Berlusconi. (Nel dare
la notizia dell'arresto, "la Repubblica" del 12 novembre 1993 scrive che all'ing.
D'Adamo sono risultate inutili «le indubbie doti di navigatore, la conoscenza con il
giudice Antonio Di Pietro, e le amicizie tentacolari in quello che era l'universo
socialista e craxiano».) D'altra parte, la cosiddetta "Duomo connection" non sarà
solo una sporca vicenda di tangenti e concessioni sospette, ma anche la conferma
delle infiltrazioni mafiose nell'edilizia e nell'imprenditoria milanese, denunciate
dallo stesso ministero dell'Interno, con decine di inchieste e imputati di gravi reati
che vanno dall'associazione mafiosa, al traffico di droga, al riciclaggio di denaro
sporco.

nale di liquidazione è risibile: gli utili degli ultimi anni ammontano complessivamente a poco più di 4 milioni di lire, che uniti al capitale sociale e al fondo accantonamento imposte portano a 13,2 milioni, depositati presso la Banca Rasini.

Nel frattempo, entra in scena una nuova società, la Edilnord centri residenziali sas di Lidia Borsani e C., costituita il 29 settembre 1968 proprio per attuare l'iniziativa di Milano 2. La Borsani, nata a Milano il 9 luglio 1937, è una cugina di Berlusconi, e funge in questo caso da suo prestanome: della società, lei è socia accomandataria, con diritto a percepire per l'opera prestata 600 mila lire sugli utili d'esercizio. Il socio accomandante, cioè quello che versa il capitale iniziale (50 mila franchi svizzeri) e i successivi aumenti, è l'Aktiengesellschaft für Immobilienanlagen in Residenzzentren Ag di Lugano, rappresentata ancora una volta dall'amministratore unico Renzo Rezzonico, cittadino svizzero. Come nel caso della Finanzierungesellschaft für Residenzen Ag, che aveva fornito a Berlusconi i capitali per edificare il centro di Brugherio, è vano domandarsi a chi faccia capo la nuova, misteriosa finanziaria, e quale sia la provenienza dei capitali di cui essa dispone (capitali depositati presso la International Bank di Zurigo).

Il 15 giugno 1970, la Borsani si dimette, e le subentra sua madre Maria Bossi vedova Borsani (impiegata), socia d'opera senza quota; la società diviene Edilnord centri residenziali sas di Maria Borsani e C., e la variazione viene apportata «a tutte le intestazioni e partite ovunque esistenti presso privati e pubblici registri, comprese quelle catastali e ipotecarie relative agli immobili di proprietà della società siti nel Comune di Segrate».

Il 22 maggio 1974 il capitale sociale della società viene portato a 600 milioni di lire, e il 22 luglio 1975 a 2 miliardi, «interamente sottoscritti e versati dal socio svizzero». Dopo ulteriori mutamenti dei soci d'opera, il 6 dicembre 1977 accomandatario diventa il commercialista Umberto Previti, il quale subito dopo viene incaricato di liquidare la società a far data dal 1° gennaio 1978. La messa in liquidazione verrà motivata in ragione del fatto che «la società ha esaurito i suoi scopi sociali avendo portato a compimento la realizzazione di Milano 2 e che non sono prevedibili ulteriori iniziative sia in relazione all'andamento del mercato edilizio sia della situazione economica e sociale del Paese» [4].

---

[4] Benché l'Italia attraversi effettivamente una difficile fase socio-politica – i cosiddetti "anni di piombo" (il presidente della Democrazia cristiana Aldo Moro viene sequestrato e ucciso nella primavera del 1978) – non si comprende quale collegamento vi possa essere tra la pratica terroristica e l'edilizia...

Fatto è che, come di norma per i palazzinari, la Edilnord centri residenziali viene posta in liquidazione, e in sua vece sale alla ribalta una nuova società, la Milano 2 spa.

Nel frattempo, è stata costituita la società di costruzioni Italcantieri srl, braccio esecutivo dei progetti edilizi berlusconiani e canale collettore dei misteriosi e ingenti finanziamenti provenienti dalla Svizzera. La Italcantieri nasce il 2 febbraio 1973 a Milano come "srl"; la costituiscono Renato Pironi (praticante notaio) e Elda Brovelli (casalinga), in rappresentanza rispettivamente della Cofigen sa di Lugano e della Eti ag Holding di Chiasso – il capitale sociale è dunque interamente svizzero.

Nel consiglio di amministrazione della Italcantieri, il rappresentante di Berlusconi è Luigi Foscale; quando la società muta la propria ragione sociale da "srl" in "spa", il 18 luglio 1975, portando il capitale sociale a mezzo miliardo, Foscale si dimette e gli subentra Silvio Berlusconi, che subito assume la presidenza societaria. In seguito, il capitale verrà portato a 2 miliardi di lire, e l'Italcantieri emetterà un prestito obbligazionario per altri 2 miliardi.

I misteriosi capitali delle società Edilnord e Italcantieri – lo si è visto – provengono dalla Svizzera. Berlusconi è in stretti rapporti, come si è visto, con la Banca Rasini, istituto di credito con un solo sportello, nel quale suo padre Luigi Berlusconi è procuratore e uomo di fiducia dei titolari fratelli Rasini. Si dà il caso che negli anni Settanta e fino ai primi anni Ottanta, la Rasini sia la banca di fiducia della cosiddetta "mafia finanziaria" (o "mafia dei colletti bianchi").

La scoperta risale al 14 febbraio 1983, quando, nel corso di un *blitz* delle forze dell'ordine indicato nelle cronache giornalistiche come "La notte di San Valentino", vengono arrestati imprenditori, albergatori e personaggi insospettabili, con imputazioni quali spaccio di stupefacenti, sequestri di persona, riciclaggio di denaro sporco, gestione di bische clandestine. Ne scaturiscono complesse vicende giudiziarie che si concluderanno nel febbraio 1990. Dopo una raffica di condanne in primo grado, attenuate in appello, il 21 marzo 1989 la Cassazione dispone il rinvio a nuovo giudizio, tra gli altri, di Luigi Monti e Antonio Virgilio per costituzione di associazione a delinquere; il 2 febbraio 1990, la Corte d'Appello di Milano ridurrà la pena a Monti da 8 a 3 anni di reclusione (di cui 2 condonati), e concederà a Virgilio, per motivi di salute, di venire giudicato a parte; degli altri coimputati, condannerà Romano Conte a 2 anni e Ugo Martello a 6 anni di reclusione.

All'epoca dei fatti, risultano correntisti della Banca Rasini Salvatore Enea (del giro dei mafiosi "colletti bianchi", il quale in breve tempo effettua versamenti per 828 milioni), Monti, Virgilio, e altri personaggi minori. Nella sentenza-ordinanza di rinvio a giudizio firmata dal giudice istruttore Felice Isnardi si legge: «Il rapporto Criminalpol 13-4-81 poneva in evidenza il complesso intreccio di società immobiliari, per lo più costituite in forma di srl, facenti capo ad Antonio Virgilio e a Luigi Monti... Il rapporto esprimeva il convincimento che tutte le suddette società fossero da ritenersi quali canali di immissione o di "riciclaggio" di masse di liquidità monetaria di dubbia provenienza».

Sul conto corrente n° 6861 acceso da Antonio Virgilio presso la Banca Rasini, transitano fra il 28 febbraio 1980 e il 31 maggio 1982 operazioni per circa 50 miliardi di lire. Inoltre, nel periodo febbraio 1981-novembre 1982, la Rasini sconta a Virgilio 135 effetti per oltre un miliardo di lire; parte della somma (esattamente 360 milioni) proveniva da una gioielleria di piazza di Spagna a Roma, "riconosciuta", secondo la requisitoria del pubblico ministero nel troncone romano del procedimento contro la "mafia dei colletti bianchi", «essere strumento di riciclaggio in favore di Giuseppe Bono [*notissimo boss mafioso, NdA*]».

Anche sul conto corrente n° 6410 presso la Banca Rasini transitano notevoli e "ingiustificati" importi: il conto è intestato a Luigi Monti, socio di Virgilio in tutta una serie di società, ma anche in operazioni che portano alla loro incriminazione.

La Banca Rasini – un solo sportello, presso la sede unica di Milano – risulta perfino connivente del losco giro di denaro scoperto in seguito al citato *blitz* del 14 febbraio 1983: Antonio Vecchione, direttore generale della banca, viene infatti rinviato a giudizio dal giudice istruttore Isnardi per «violazione dei doveri inerenti al pubblico servizio nell'esercizio del credito»: il solerte dirigente della banca (che a partire dai primi anni Ottanta occupa il posto che era stato di Luigi Berlusconi), è accusato di avere fornito a Virgilio e Monti assegni circolari su scoperti di conto corrente a saldo di certe operazioni (assegni circolari "fittizi" che una volta esibiti tornavano nella banca, dove venivano annullati), con l'aggravante del danno patrimoniale di notevole entità (2 miliardi e 600 milioni) per le parti lese. Ignazio Torre, funzionario della Rasini, ascoltato in veste di testimone dichiara che su incarico del direttore generale Vecchione aveva predisposto degli assegni circolari, li aveva recapitati nello studio di un notaio dov'era in corso un rogito (gli assegni coprivano il prezzo della compravendita), e subito dopo li aveva riportati in banca; in un'altra occasione (stavolta dal notaio Degli Esposti di Milano), è ancora il funzionario Torre che fa la spola con assegni circolari fittizi. Anche il commercialista milanese Ernesto Agostoni (condannato il 25 febbraio del 1988 a 4 anni e mezzo di reclusione per il *crack* della Concordia Assicurazioni) rivela che «in sede di rogito un funzionario della Banca Rasini aveva portato degli assegni circolari che non gli erano stati consegnati e pertanto non aveva ricevuto il prezzo della vendita».

La flagrante connivenza della Rasini con Monti e Virgilio rientra nel novero dei più vasti rapporti che la banca intrattiene con esponenti della "mafia dei colletti bianchi", e con personaggi a essa mafia attigui, come il costruttore Silvio Bonetti (anch'egli condannato per il *crack* della Concordia a 9 anni di reclusione). Il comune tornaconto è tale che a un certo punto il malavitoso "giro" manifesta alla Rasini la «disponibilità a trattare l'acquisto del pacchetto azionario di controllo della banca dal 51 al 73 per cento sulla base di una valutazione dell'intero pacchetto di lire 40 miliardi» – l'operazione non andrà in porto perché la Rasini diffida dell'offerta...

In data 15 settembre 1977 (cioè poco prima che venga posta in liquidazione), la Edilnord cede alla nuova società Milano 2 spa un «appezzamento di terreno edificabile nel Comune di Segrate libero da ipoteche a eccezione del tratto segnato A-B-C-D e gravato da ipoteca iscritta a Milano il 9 gennaio 1976 a favore del Credito fondiario del Monte dei Paschi di Siena». E il successivo 30 gennaio 1978 (quando già la Edilnord è in liquidazione) il liquidatore vende a Milano 2 spa tutto il già costruito della città satellite – 23 blocchi di abitazioni.

Queste operazioni consentono di individuare la provenienza dell'altra parte dei capitali utilizzati da Berlusconi per l'edificazione di Milano 2. Infatti, il 16 settembre 1974 era stata costituita a Roma la società Immobiliare San Martino spa: amministratore unico Marcello Dell'Utri, e soci fondatori Servizio Italia fiduciaria spa (capitale 400 milioni), e Società azionaria fiduciaria spa (capitale 10 milioni), entrambe facenti capo alla Banca Nazionale del Lavoro, le quali sottoscrivono il capitale sociale di 1 milione nella misura del 95 per cento la prima e del 5 per cento la seconda. Il 15 settembre 1977 la Immobiliare San Martino spa si trasforma in Milano 2 spa, il capitale viene portato a 500 milioni, e la sede sociale trasferita a Segrate. In una lettera agli azionisti, si rileva con soddisfazione il fatto che «numerosi istituti di credito hanno dato la possibilità di acquistare terreno a Segrate per costruire 150 appartamenti e l'acquisto di 350 appartamenti con box in corso di ultimazione del valore di 14 miliardi»; gli utili d'esercizio sono indicati in 16 milioni, contro un'esposizione verso banche di 6 miliardi e 400 milioni che si ritiene di fronteggiare attraverso la vendita degli appartamenti; la lettera si conclude con un saluto a Dell'Utri (il quale lascia l'incarico di amministratore unico in quanto col nuovo assetto societario si insedia un consiglio di amministrazione), e alla «controllante Fininvest».

Il 19 luglio 1978, il capitale della Milano 2 spa viene portato a 2 miliardi. Il bilancio dell'anno si chiude con 88 milioni di utile, mentre i debiti verso le banche sono saliti a 7 miliardi e 200 milioni.

Nel corso del 1979, la Milano 2 spa accorda in tre riprese iscrizioni ipotecarie per una cifra superiore ai 13 miliardi di lire. La prima operazione, di 4 miliardi e 160 milioni erogati dal Credito fondiario di Roma, è al tasso d'interesse del 14,80 per cento, durata 20 anni; la seconda e la terza, per l'importo residuo, è alle stesse condizioni, ma il mutuo è erogato dall'Istituto bancario San Paolo di Torino.

Si tratta di una costituenda ragnatela di società in perenne e repentina trasformazione, alimentata da un fiume di anonimo denaro proveniente dalla Svizzera, da fiduciarie romane, tra prestanome e ingenti fidi bancari. Miliardi e miliardi vengono impiegati per spese di costituzione, trasformazioni societarie, registrazioni, trasferimenti di sede, aumenti di capitale... L'esposizione bancaria è ormai ingente – non vi è proporzione alcuna tra mezzi propri e debiti contratti.

La "controllante Fininvest" nasce l'8 giugno 1978 a Roma come Finanziaria d'Investimento srl, con 20 milioni di capitale. I soci fondatori sono i medesimi che hanno costituito la Immobiliare San Martino divenuta poi Milano 2 spa: Servizio Italia e Società azionaria fiduciaria, con 10 milioni ciascuna. L'oggetto sociale è «la promozione di qualsiasi iniziativa intesa a sviluppare e potenziare imprese commerciali, finanziarie, agricole, immobiliari, mediante finanziamenti». Per il primo triennio è nominato amministratore unico Umberto Previti. Il capitale sociale viene portato dapprima a 50 milioni (30 giugno 1978), quindi a 18 miliardi (7 dicembre 1978), sottoscritto da Servizio Italia e dalla Società azionaria fiduciaria al 50 per cento ciascuna.

Il 26 gennaio 1979 viene deliberata la fusione per incorporazione nella Fininvest Roma srl della Fininvest Finanziaria d'Investimenti spa di Milano (con 2 miliardi di capitale). Dalla nota di trascrizione del 5 giugno 1979 al Tribunale di Roma si rileva: «Il prof. Previti prende atto della situazione patrimoniale della incorporata al 5-5-1979 e dichiara che i debiti di essa sono ridotti a complessivi 20 miliardi 920 milioni, di cui 17 miliardi e mezzo verso la incorporante e 3 miliardi 420 milioni verso la collegata Edilnord servizi spa che ha espressamente consentito alla fusione». Praticamente, la Fininvest milanese è una scatola vuota, ma con la fusione si avvia a divenire la cassaforte di tutte le società del gruppo.

La Fininvest romana non ha alcun dipendente, e l'insediamento degli uffici viene rimandato a dopo l'esecuzione delle operazioni di fusione per incorporazione della Fininvest spa di Milano, il cui apparato formerà il punto di partenza delle aziende fuse. Nel luglio 1979 viene deciso il trasferimento della sede a Milano, e in luogo dell'amministratore unico viene nominato un consiglio di amministrazione formato da Silvio Berlusconi, presidente, e dai consiglieri Paolo Berlusconi e Giancarlo Foscale, rispettivamente fratello e cugino del primo. Il capitale sociale viene infine portato a 52 miliardi.

Curiosamente, la holding berlusconiana Fininvest è in questo primo periodo una "società a responsabilità limitata"; il motivo è dovuto al fatto che il 6 aprile 1977 il ministero del Tesoro ne aveva bocciato uno dei primi aumenti di capitale, e la forma "srl" viene appunto adottata allo scopo di aggirare l'ostacolo, come confermerà lo stesso consiglio di amministrazione nella relazione al bilancio del 1980: «Le dimensioni raggiunte dalla società pongono il problema della trasformazione in spa, ma si preferisce rinviare considerati i vincoli connessi a questa forma societaria nel caso di aumenti del capitale. È infatti probabile che la società, visto l'alto costo dei finanziamenti bancari e il loro non facile reperimento, necessiti tra breve di più elevati mezzi finanziari propri, da cui l'opportunità di utilizzare i finanziamenti già effettuati per un aumento del capitale sociale, operazione più rapidamente attuabile in società srl che non in società spa».

Chi sono i proprietari della Fininvest? Le quote sono intestate al Servizio Italia e alla Società azionaria fiduciaria, «due fiduciarie della Banca Nazionale del Lavoro» [5]: ma chi opera al riparo dello schermo delle due fiduciarie?

---

[5] "Il Mondo", 20 novembre 1981.

Ambigue società di mattoni e debiti

Tra le società berlusconiane che nascono a Roma ed emigrano a Milano, vi è la Immobiliare Idra srl. Anch'essa nasce nella romana via Salita San Nicola da Tolentino 1/B, nel 1977, con capitale di un milione, elevato a 900 milioni in data 11 ottobre 1978.

Il 2 ottobre del 1980 la società «acquista una villa con parco, di notevole valore e prestigio, sita in Arcore (Milano), al prezzo storico di mezzo miliardo». La villa, splendida ex dimora dei Casati Stampa, circondata da un grande parco, ha un valore di mercato di gran lunga superiore al mezzo miliardo. La società Idra la darà in garanzia alla Cassa di Risparmio delle Provincie Lombarde a fronte di una fideiussione per 7 miliardi e 300 milioni accordata alla Cantieri riuniti milanesi del gruppo Fininvest.

Berlusconi trasferirà nella villa di Arcore la propria residenza privata. Chiederà anche di potervi installare gli impianti dell'emittente televisiva Canale 5, ma il Consiglio comunale gli negherà l'autorizzazione [6].

La selva di società che Berlusconi direttamente e indirettamente costituisce nel primo periodo, in parte è destinata a convogliare il flusso dei finanziamenti, e in parte gestisce l'operatività nel settore edilizio.

Mentre in un primo momento Berlusconi affronta il progetto di Milano 2 con la stessa strategia operativa impiegata per il Centro di Brugherio (che consiste nel semplice appalto delle costruzioni a grosse società edili, le quali a loro volta subappaltano i lavori a minuscole imprese e a squadre di cottimisti), nel 1975 si registra una svolta. Berlusconi smette i panni del sostanziale "intermedia-

[6] Cfr. "Il Giorno", 16 luglio 1984.

rio-procacciatore d'affari", e indossa quelli dell'imprenditore-co-struttore che affronta l'intero ciclo produttivo: dal reperimento delle aree, al progetto, alle convenzioni con gli enti locali, all'edificazione, alla vendita, alla diretta gestione dei servizi residenziali.

Infatti, il 18 luglio 1976 la Italcantieri srl viene trasformata in "società per azioni"; il 10 novembre 1976 viene costituito l'Istifi, Istituto italiano di finanziamento e investimento spa; il 4 aprile 1977 la Edilnord progetti spa; l'8 novembre 1977 la Società italiana gestioni spa; il 12 marzo 1978 la Cantieri riuniti milanesi spa. Inoltre, vengono costituite due nuove finanziarie: la Compagnia italiana finanziaria immobiliare srl, e la Società finanziaria edilizia srl.

Nasce perfino una società con il compito di gestire le attrezzature alberghiere dei centri residenziali berlusconiani, la Sogear spa; in origine, si trattava di una licenza di latteria e panetteria a Segrate, intestata alla solita cugina Lidia Borsani; la licenza, il 2 settembre 1975, viene trasformata per cessione in Sogear (ma la denuncia verrà fatta soltanto dieci anni dopo, il 25 luglio 1985).

La nuova fase imprenditoriale, attraverso piccole società autonome, porta il gruppo berlusconiano a spaziare in settori che esulano dall'ambito edilizio strettamente inteso, come ad esempio la gestione dello Sporting club di Milano 2, e di parcheggi e ristoranti che sorgono nel complesso residenziale. La stessa Telemilano nasce all'interno di Milano 2 come televisione condominiale via cavo – niente più di un lussuoso *optional* "di servizio" per i suoi facoltosi abitanti. L'intervento nell'editoria attraverso l'Efin (Editoriale finanziaria srl, costituita il 15 luglio 1976) e l'ingresso nella compagine azionaria del "Giornale nuovo" di Indro Montanelli, così lontano dall'originaria "matrice edilizia" del gruppo Fininvest, è tuttavia parte integrante di una precisa strategia: quella delineata nel "Piano di rinascita democratica" elaborato dalla Loggia P2, alla quale infatti Berlusconi risulterà affiliato.

La proliferazione delle società berlusconiane si infittisce nella seconda metà degli anni Settanta, fino a divenire un'intricata ragnatela. Nel solco tracciato dal bancarottiere Michele Sindona, del resto, l'industria e la finanza italiane si sono sempre caratterizzate per l'ampio ricorso a società di comodo, partecipazioni incrociate, marchingegni azionari, espedienti truffaldini ai limiti del Codice; "giochi di prestigio" e "scatole cinesi" volti a coprire inconfessabili segreti, a eludere il fisco, e a foraggiare il sistema dei partiti di governo e i loro esponenti – testimonierà l'ex governatore della Banca d'Italia Guido Carli: «I principali industriali privati hanno distribuito soldi ai partiti, attraverso gli anni, affinché le leggi che avrebbero limitato la loro libertà di azione non si facessero» [7].

Dopo l'esordio col Centro di Brugherio, a nord di Milano, seguito da Milano 2, a est della città, Berlusconi progetta Milano 3 spostandosi a sud dell'area metropolitana.

Il Parco sud è infatti il nuovo territorio di conquista e di spartizione tra le grandi società immobiliari, all'insegna di speculazioni e lottizzazioni delle aree che porteranno tra l'altro alle dimissioni della giunta comunale guidata dal sindaco socialista craxiano Carlo Tognoli (novembre 1986).

«Nel piano intercomunale milanese la maggior parte delle aree sud del comprensorio è vincolata a verde agricolo o attrezzato, e sono inoltre indicati i limiti di espansione massima dei centri esistenti. Nel volgere di pochi anni il progetto viene scardinato nelle sue componenti fondamentali; le aree migliori, per accessibilità e dotazione di servizi, vengono accaparrate dai più grossi nomi del capitale immobiliare e finanziario italiano»: è quanto si afferma in uno studio della Facoltà di Architettura di Milano che ha visti impegnati a lungo numerosi ricercatori; gli architetti Alessandro Balducci e Mario Piazza ne hanno tratto una pubblicazione fondamentale per conoscere le vicende edilizie di cui Berlusconi è stato co-protagonista: *Dal Parco sud al cemento armato. Politica urbanistica e strategie immobiliari nell'area milanese* [8].

«Berlusconi», scrivono Balducci e Piazza, «ha da tempo messo le mani sui pregiati terreni di Basiglio, un comunello a sud di Milano che conta, nel 1971, circa 450 anime. Rifacendo praticamente il piano di fabbricazione del paese, Berlusconi propone un piano di lottizzazione per 10 mila abitanti, Milano 3, una nuova città di cui il vecchio borgo diventerà una piccola, insignificante frazione... È sempre Silvio Berlusconi, uno dei principali attori del nuovo sviluppo del sud di Milano, che si fa carico della ricollocazione di oltre 150 operatori del commercio all'ingrosso dei settori non alimentari realizzando il centro commerciale "Il Girasole" a Lacchiarella».

Il copione di queste nuove iniziative berlusconiane è in tutto analogo, quanto alle convenzioni e alle pratiche di lottizzazione, a quello già sperimentato in occasione di Milano 2. Come a Segrate,

---

[7] Cit. in P. Ottone, *Il gioco dei potenti*, Longanesi, 1985.

[8] "Quaderni di intervento nelle autonomie locali", Collana delle Acli, 1981.

dove aveva rilevato i terreni del conte Bonzi, anche a Basiglio
Berlusconi riesce a ottenere da altri le aree per edificare Milano
3, assumendo, alla fine del 1974, il controllo della Immobiliare
Romano Paltano spa, società proprietaria dei terreni di pertinenza delle cascine Muggiano e Romano Paltano.

L'Immobiliare Paltano, fondata a Milano nel 1949 con 12 milioni
di capitale, fin dal 1952 aveva trasferito la propria sede sociale a
Ciriè (Torino). Berlusconi ne assume il controllo sul finire del
1974, nominandone amministratore unico Marcello Dell'Utri. Nel
1975 la sede sociale della Paltano viene riportata a Milano (via
Sacchi 3), e viene modificato lo scopo sociale: «La società ha per
oggetto l'acquisto, la costruzione, la vendita, l'amministrazione,
la gestione di beni immobili» – cioè il nuovo centro residenziale
che prenderà il nome di Milano 3.

Nel successivo 1976, il capitale sociale della Immobiliare Paltano viene portato da 12 a 500 milioni, e il Monte dei Paschi di Siena rilascia una fideiussione di 3 miliardi a favore del Comune di
Basiglio per garantire l'esecuzione delle opere di urbanizzazione
promesse dalla società. Il 25 maggio 1977 il capitale sociale sale a
un miliardo, e da quel momento la Immobiliare Paltano risulta
ufficialmente controllata dalla Fininvest.

Il 12 marzo 1978, la ragione sociale della Immobiliare Paltano
viene trasformata in Cantieri riuniti milanesi spa, e la sede viene
trasferita nella milanese via Rovani 2, quartier generale di Berlusconi; il capitale sociale raddoppia a 2 miliardi, con il solo 40 per
cento delle azioni di proprietà della Fininvest.

In parallelo col dipanarsi della ragnatela societaria, procede la
lottizzazione di Milano 3 su una superficie di 1 milione 746 mila
metri quadrati. «La vicenda», scrivono Balducci e Piazza, «inizia
attorno al 1968, quando il Comune, allora retto da un'amministrazione di sinistra, adotta un programma di fabbricazione che come
altri piani di questo periodo si presenta largamente sovradimen-
sionato. Il programma di fabbricazione di Basiglio, redatto dal-
l'ing. Giovanardi (già progettista del piano di fabbricazione di
Segrate), prevede infatti una capacità insediativa di ben 25 mila
abitanti».

In conseguenza dell'opposizione dei tecnici del Piano intercomunale milanese, il Comune di Basiglio è indotto a ridurre il
programma di fabbricazione a 10.480 abitanti. L'area interessata si
presenta – secondo la suggestiva immagine di Balducci e Piazza –
«come due ali di una enorme farfalla, il cui corpo è costituito
dall'insediamento rurale di Romano Paltano». E tuttavia il nuovo
programma di fabbricazione rende edificabili solo parzialmente i

terreni dell'Immobiliare Paltano, la qual cosa contrasta con i progetti berlusconiani.

In seguito alle elezioni amministrative del 1970, al Comune di Basiglio si insedia una giunta democristiana, con la quale Berlusconi riprende le trattative. In data 22 giugno 1973, il Consiglio comunale delibera una lottizzazione che la Regione respinge perché non conforme al programma di fabbricazione. Il 25 maggio 1974, il Comune redige una variante, che viene adottata il 1° luglio. Stavolta i tecnici del Piano intercomunale milanese non si oppongono più come in precedenza; anzi, l'architetto socialista Silvano Larini – componente dello staff tecnico – sostiene che sotto il profilo giuridico e urbanistico l'operazione è perfettamente legittima; l'affarista Larini, del resto, è già all'epoca "autorevolissimo esperto" di questioni urbanistiche, appalti e partiti politici, e sarà proprio lui il tramite fra Berlusconi e Craxi [9].

Se per Milano 2 è stato necessario mutare perfino la rotta degli aerei, per Milano 3 occorre spostare aree fabbricabili, deviare strade, superare l'opposizione della Regione. Avvalendosi della fonte Balducci-Piazza, Giuseppe Turani riassumerà così lo sviluppo della vicenda: «Il Comune di Basiglio approva il tutto, in via definitiva, il 15 aprile 1975. Quello stesso giorno, però, la Regione approva la legge 51, che pone precisi limiti all'espansione dei singoli comuni: sulla base della legge 51, Milano 3 non potrebbe essere costruita. Per di più la Commissione regionale urbanistica ha dato parere contrario. Come uscirne? Il 6 maggio 1975 la Giunta regionale delibera l'approvazione della lottizzazione. È l'assessore regionale Parigi (Psi) a imporre praticamente alla Giunta l'approvazione della lottizzazione, due giorni prima che entri in vigore la legge urbanistica regionale che avrebbe bloccato chissà per quanto tempo il progetto di Berlusconi» [10].

Mario Piazza commenta: «La vicenda relativa all'approvazione di Milano 3 da parte dell'amministrazione comunale e degli organi di controllo convalida pienamente i giudizi dati sull'attività e sulla qualità dei rapporti politici di Berlusconi nel caso di Milano 2. La ripetizione di questo modello di rapporti prova che non si tratta di

---

[9] Nel 1993, dopo un lungo periodo di latitanza, Larini finirà in carcere nell'ambito dell'inchiesta giudiziaria detta "Mani pulite". Confesserà di essere stato per lunghi anni il collettore di tangenti pagate da imprenditori e da lui consegnate nell'ufficio milanese del segretario socialista Bettino Craxi. Larini confermerà di essere stato l'organizzatore del primo incontro tra Berlusconi e Craxi.

[10] "L'Espresso", 16 settembre 1984.

coincidenze di tipo episodico fra operatore e partiti, ma di una struttura consolidata che permette a Berlusconi di affermare e portare avanti con i massimi vantaggi le sue iniziative».

A questo punto la Immobiliare Paltano può trionfalmente scrivere nella sua relazione al bilancio del 1975: «È stato approvato dalle competenti autorità il planivolumetrico convenzionato per la realizzazione sul terreno della società di un centro residenziale di notevoli dimensioni. Sono iniziati i primi lavori di urbanizzazione consistenti in piantumazioni diverse».

Ottenuta l'autorizzazione della Regione, viene appaltata alla Italcantieri spa (gruppo Fininvest) la costruzione del primo edificio prototipo. Questa fase di sperimentazione si protrae fino all'aprile 1979, quando comincia l'edificazione vera e propria di Milano 3 con l'appalto – sempre alla Italcantieri spa – di 14 edifici per complessivi 250 mila metri cubi. La società artefice dell'iniziativa, la ex Immobiliare Romano Paltano divenuta Cantieri riuniti milanesi, è poco più di una scatola vuota. «A riprova del ruolo praticamente formale svolto dalla società», rilevano Balducci e Piazza, «è il fatto che alla fine del 1978 la Cantieri riuniti milanesi avesse alle sue dipendenze solo 7 fra dirigenti e impiegati». Infatti, da quando si forma il gruppo societario che fa capo alla Fininvest, è la Edilnord progetti la società che si occupa concretamente dell'attuazione dell'iniziativa: essa dispone di un ufficio di progettazione con 160 dipendenti, e di una sezione urbanistica che cura i rapporti con gli organi pubblici per la definizione delle autorizzazioni.

Edificata materialmente a partire dal 1979, quando è nella fase conclusiva la costruzione di Milano 2, Milano 3 non ne ripeterà il successo. Le caratteristiche dell'insediamento sono diverse: è più lontano dal centro metropolitano, si presenta meno curato, e sebbene gli appartamenti vengano venduti a un prezzo analogo a quello del complesso residenziale di Segrate, sono privi del tocco di esclusività di Milano 2 [11]. Perdipiù, la nuova borghesia che ha propiziato il successo di Milano 2 non è più propensa a investire come negli anni precedenti.

Sul finire degli anni Settanta, il mercato immobiliare accusa progressive difficoltà. Gli affari facili, i rapidi profitti delle grandi

---

[11] Milano 3, con una capacità insediativa di circa 10 mila abitanti, ha nella parte residenziale blocchi a più piani di appartamenti, abitazioni cosiddette "a schiera", e ville; vi sono poi una parte commerciale con le infrastrutture, e un'area a parco. Come a Milano 2, vi sorgono edifici scolastici, impianti sportivi, servizi diversi, e i percorsi pedonali sono separati da quelli per le automobili.

immobiliari, sono un pallido ricordo. E tuttavia, il "costruttore" Silvio Berlusconi comincia a definirsi pubblicamente «l'uomo più ricco d'Italia» [12]. Ma Giulia Maria Crespi, esponente della vecchia aristocrazia imprenditoriale, già proprietaria del "Corriere della Sera", al nome di Berlusconi Silvio dirà: «Ma insomma, chi è questo sconosciuto?».

La crisi che investe il mercato immobiliare porta alla progressiva paralisi dell'edilizia abitativa. I costruttori sono in gravi difficoltà – investitori tradizionali, banche, società di assicurazioni, volgono altrove la loro attenzione. Berlusconi non accarezza più progetti residenziali; mentre è impegnato a edificare Milano 3, le sue nuove iniziative sono limitate al terziario: il centro commerciale "Il Girasole" a Lacchiarella (15 chilometri a sud di Milano), l'acquisto degli immobili appartenenti alla Bica (negozi e uffici), e il progetto di insediamento turistico a Olbia, in Sardegna.

Nel Comune di Lacchiarella vi è un'estesa area agricola, di proprietà della Immobiliare Coriasco spa, che il Piano di fabbricazione comunale ha destinato a sviluppo industriale e terziario.

Come da collaudato copione, Berlusconi si assicura i terreni assumendo il controllo della Immobiliare Coriasco (ancora nel 1980 la società risulterà tra le partecipazioni del gruppo Berlusconi). L'operazione è piuttosto complessa: dopo una permuta di suoli tra le società della Fininvest, intestataria dei terreni sui quali sorgerà il centro commerciale "Il Girasole" diviene la Saci srl (Società attrezzature commerciali e industriali), ennesima società del gruppo.

L'idea di un grande centro per il commercio all'ingrosso in prossimità di Milano non è nuova; molti anni prima se ne erano interessati vari enti, ed era stata appositamente costituita la Società finanziaria per il commercio spa – ma il progetto era rimasto inattuato. Berlusconi decide di realizzarlo, affidandone la progettazione esecutiva alla Edilnord progetti spa e la promozione alla Saci srl. La lottizzazione, la stipula delle convenzioni e il rilascio delle licenze sono, al solito, assai laboriose: Berlusconi deve vedersela con il Comune di Lacchiarella, il comprensorio dei comuni variamente interessati, la Regione Lombardia... Ma nel 1979, la convenzione tra il Comune di Lacchiarella e la berlusconiana Saci è cosa fatta.

---

[12] In un'intervista al "Wall Street Journal", citata da Giancarlo Galli su "Famiglia Cristiana", n° 51, 1985.

Nel maggio 1980, l'iniziativa viene presentata ufficialmente attraverso un'apposita conferenza-stampa cui partecipano, oltre a Berlusconi, il presidente della Giunta regionale Giuseppe Guzzetti, il presidente della Confcommercio Giuseppe Orlando, e il sindaco di Lacchiarella Federico Giambelli. Si apprende così che "Il Girasole" sorgerà su un'area di 650 mila metri quadrati, e che non sarà un semplice agglomerato di magazzini ma una "città commerciale" con relativi servizi e attrezzature. L'inizio dei lavori di costruzione viene dato per imminente; la conclusione, entro il settembre 1983; costo preventivato: 100 miliardi.

L'ultimazione del centro commerciale slitterà negli anni, ritardata anche «da qualche falda acquifera emersa a un'altezza maggiore del previsto» [13]. Il costo finale, secondo il "Corriere della Sera" del 20 ottobre 1986, salirà fino a 400 miliardi. Ma il dato più rilevante è che i commercianti all'ingrosso mostrano scarso interesse per "Il Girasole": un sondaggio effettuato nel 1978 dall'Unione commercianti della provincia di Milano (circa 4 mila grossisti non alimentari) aveva registrato circa 200 pre-adesioni, a fronte di posti disponibili per 250 acquirenti, «ma c'è stato un ripensamento, e Berlusconi è rimasto senza clienti» [14].

A lenire la difficile situazione del "Girasole", gravata da un 60 per cento di invenduto, interviene nell'ottobre 1986 un provvidenziale accordo con la Fiera di Milano, la quale vi dirotta alcune sue manifestazioni pagando un canone d'affitto annuo di 6 miliardi e mezzo – il contratto ha la durata rinnovabile di sei anni, e frutterà alle casse berlusconiane 39 miliardi di lire.

L'accordo Berlusconi-Ente Fiera di Milano suscita polemiche e sospetti. All'affare erano infatti interessati altri due costruttori, Giuseppe Cabassi e Salvatore Ligresti. Il primo già da anni offriva all'Ente Fiera una parte delle aree del suo complesso di Milanofiori, mentre il secondo progettava di creare al Portello (dove un tempo sorgeva l'Alfa Romeo) strutture atte a ospitare la Fiera di Milano; ma a entrambi il presidente della Fiera, Mario Boselli,

---

[13] "Il Mondo", 20 novembre 1981.

[14] "L'Espresso", 4 dicembre 1983. Una conferma delle difficoltà verrà dal fratello di Berlusconi, Paolo, direttore generale della Fininvest: in un'intervista al "Giornale nuovo" (quotidiano controllato dal gruppo) del 1º luglio 1984, dichiara che i commercianti possono avvalersi, per l'acquisto di magazzini a Lacchiarella, di finanziamenti agevolati in forza della legge 517, come pure contratti di *leasing* e di locazione. Tuttavia ciò non è sufficiente, e la speranza della Fininvest è rivolta altrove, dove «sta aumentando l'interesse dei grossisti non milanesi».

aveva preferito Berlusconi – e questo nonostante il fatto che contro l'accordo [*con Berlusconi, NdA*], come scrive "L'Espresso" del 12 ottobre 1986, si siano «schierati anche Leonida Castelli, presidente del Comitato fiere industria, e almeno dieci categorie di industriali e commercianti che contestano la scelta del "Girasole" per motivi logistici».

La Cassa previdenza dei dirigenti della Montedison, proprietaria della società Bica ("Beni immobili civili agricoli"), è costretta ad alienarne il patrimonio (due aziende agricole, e immobili a Milano, Genova e Firenze) per onorare un ingente debito contratto con l'Istituto nazionale di Previdenza dei Dirigenti d'azienda italiani.

È Berlusconi ad acquistare la Bica, per la somma di 61 miliardi – lo conferma lo stesso acquirente il 25 settembre 1981, precisando di avere già versato 46 miliardi, e di essersi impegnato a corrispondere il saldo entro l'anno. Ma il denaro utilizzato da Berlusconi per l'operazione proviene da Centrobanca (l'istituto nazionale delle banche popolari, di cui la Popolare di Novara è la maggiore azionista), la quale «accorda a Berlusconi un finanziamento di 45 miliardi a 18 mesi a tassi di mercato» [15]: per "tassi di mercato", si intende un interesse superiore al 20 per cento. Nel solo 1982, dunque, il finanziamento di Centrobanca costa a Berlusconi oltre 4 miliardi, cui si aggiungono ulteriori interessi passivi per 8,4 miliardi di lire.

In realtà, non è il solo Berlusconi ad acquistare la Bica. «Un particolare interessante di questa operazione è che il patrimonio della Bica è stato acquistato da due società. La Fininvest praticamente si tiene gli immobili con destinazione a uffici e negozi, mentre tutti gli altri immobili a destinazione cosiddetta residenziale (leggi abitazioni) vengono acquistati da un'altra società specializzata in vendite frazionate... Berlusconi nel dare l'annuncio dell'operazione vuole ribadire l'immagine di un imprenditore ancora dinamico nelle iniziative e soprattutto con immediata disponibilità di liquido. Forse perché erano corse voci di intoppi nell'attuazione del suo ultimo grande progetto a Lacchiarella» [16].

L'intervento di Berlusconi nell'edilizia turistica e il suo sbarco in Sardegna è simboleggiato dalla squadra di calcio dell'Olbia, che

---

[15] "Il Mondo", 20 novembre 1981.

[16] "la Repubblica", 26 settembre 1981.

milita in serie D, e sulle cui magliette (nel periodo '82-84) campeggia lo stemma di Canale 5 in cambio di contributi per 60 milioni l'anno; una sponsorizzazione promozionale con lo scopo di ben disporre le autorità locali in vista delle trattative per le licenze – e del resto, nel 1981 la Giunta comunale di Olbia quasi al completo si imbarca sull'aereo personale di Berlusconi per recarsi in visita a Milano 2...

All'inizio, il progetto berlusconiano è ammantato di segretezza; si sa soltanto che «Silvio Berlusconi si prepara a sbarcare in Sardegna tenendo in tasca un progetto da 700 miliardi di investimenti in edilizia turistica» [17]. Poi si scopre che «la proposta di intervento di Berlusconi è localizzata su 685 ettari a circa 7 chilometri a sud di Olbia, a un tiro di schioppo dall'aeroporto, su una zona in parte inutilizzata per la presenza di stagni e paludi. Proprio sugli stagni l'Edilnord ha collocato un porto turistico per duemila imbarcazioni e un villaggio marino con cinquemila abitazioni e altrettanti attracchi per barche di medie e piccole dimensioni. L'idea è semplice: la barca pronta sulla porta di casa... Ma una delle difficoltà che l'Edilnord potrebbe trovare è nella disponibilità delle aree interessate dagli insediamenti: dei 685 ettari, ben 153, e precisamente le superfici su cui dovrebbero sorgere porto turistico e villaggio marino, sono del demanio regionale (78 ettari) e del demanio marittimo (75 ettari). L'intera proposta e la fattibilità economica dell'operazione sono legate all'ottenimento delle concessioni e alla loro durata» [18].

Il progetto berlusconiano, dapprima chiamato "Olbia 2" e poi ribattezzato "Costa Turchese", suscita contrasti tra le autorità dell'isola. Il sindaco di Olbia, il socialista Antonio Cacciu, manco a dirlo ne è entusiasta; molte perplessità vi sono invece alla Regione, e l'assessore al Turismo, il democristiano Battista Misoni, protesta che «un'altra ondata speculativa rischia di sommergere di cemento la costa», minacciando le dimissioni. A nord di Olbia vi è la Costa Smeralda con gli insediamenti dell'Aga Khan (di proprietà delle 12 Établissements financiere di Vaduz); a sud della città dovrebbe sorgere la Costa Turchese: ciò significa 18 milioni di metri cubi di cemento, con disastrosi effetti da turismo di massa – sovraffollamento, inquinamento, ecc.

Intanto, Berlusconi comincia ad assicurarsi i terreni: «Nel 1980

[17] "la Repubblica", 12 marzo 1982.

[18] "Il Mondo", 4 maggio 1982.

ha speso circa 11 miliardi» [19]. In effetti il suo Istifi (Istituto italiano di finanziamento e investimento spa) accorda alla Società generale commerciale srl 11 miliardi per l'acquisto di aree a Olbia. Per le transazioni, Berlusconi si muove d'intesa con il plurinquisito faccendiere Flavio Carboni – un personaggio che a Olbia suscita qualche imbarazzo: «Nessuno ignorava che in prima fila a trattare l'affare Olbia 2 si era presentato quel tale Flavio Carboni, conosciuto per alcune spericolate operazioni turistico-immobiliari costellate di assegni a vuoto» [20].

Nella sua edizione del 5 dicembre 1984, il quotidiano "Il Giornale d'Italia" pubblica la notizia che il Consiglio comunale di Olbia ha approvato un piano di fabbricazione per complessivi 4 milioni di metri cubi, di cui 1 milione e duemila riguardano il progetto Costa Turchese di Berlusconi. Rimangono da definire la lottizzazione, le convenzioni, le concessioni, ma Berlusconi è sicuro del fatto suo, al punto che stanzia, a favore di una società del suo gruppo, la Compagnia italiana finanziaria immobiliare, ulteriori 44,2 miliardi destinati all'acquisto di terreni in Sardegna... Solo in un secondo tempo emergeranno più evidenti e circostanziati gli ambigui e loschi percorsi dell'avventura berlusconiana in Sardegna al seguito del faccendiere Flavio Carboni, con contorno di esponenti della malavitosa Banda della Magliana, tra criminalità organizzata, massoni, bancarottieri e mafiosi.

Le operazioni in terra di Sardegna rappresentano la virtuale conclusione dell'avventura edilizia di Berlusconi "costruttore immobiliare". Il bilancio finale non è dei più esaltanti – la pratica edilizia berlusconiana ha ricalcato le orme tracciate da altri noti "palazzinari", i quali «non costruiscono più quello che avevano progettato, e non vendono tutto quello che hanno già costruito. Così, in questa lunga sosta del mercato immobiliare, sono costretti a ricercare altre fonti di sostegno per non vedersi crollare addosso i loro castelli di mattoni e di debiti» [21].

[19] "L'Espresso", 4 dicembre 1983.

[20] "Corriere della Sera", 11 gennaio 1983.

[21] "L'Espresso", 4 dicembre 1983.

III

SODALE DI CRAXI, "FRATELLO" DI GELLI

Il *tycoon* craxiano della P2

Così come i suoi esordi sulla scena immobiliare, anche i primi passi di Berlusconi verso la costruzione del suo futuro impero televisivo sono coperti di misteriose (e meno misteriose) ambiguità.

Nei primi anni Settanta dilaga in Italia una "febbre televisiva" che segue il *boom* delle emittenti radiofoniche private; c'è odore di *business*, e nei più disparati angoli della Penisola piccoli industriali e imprenditori dei più svariati settori allestiscono le prime emittenti televisive locali.

Per la "città satellite" Milano 2, la Siemens ha messo a punto una grande antenna centralizzata allo scopo di eliminare l'antiestetica fungaia di antenne dai tetti delle eleganti palazzine del complesso residenziale. Dalla stessa Siemens, Berlusconi acquista un impianto di regìa televisiva: intende installare una "Tv condominiale" quale ulteriore, prestigioso "servizio" destinato ai facoltosi abitanti di Milano 2. Alle figure emergenti del terziario avanzato, professionisti e *yuppies* trasferitisi nei confortevoli condominî di Milano 2, Berlusconi offre un *optional* aggiuntivo: una Tv privata, Telemilano.

La formale costituzione di Telemilano avviene il 16 aprile 1973 presso il notaio Adele Ricevuti, via privata Borromei 1 B/4, a Milano. Anche in questo caso, Berlusconi ricorre a prestanome: primi intestatari dell'emittente (la cui sede è in via Telesio 23) sono infatti Giacomo Properzi (funzionario di banca) e Franco Giannelli (pubblicitario, che ne è anche l'amministratore unico); il capitale sociale è di 900 mila lire, portato due anni dopo a 5 milioni, e il 14 giugno 1977 a 500 milioni.

Il 24 settembre 1974, l'emittente Telemilano cavo comincia le sue trasmissioni nel quartiere: alle dodici e alle diciannove, un notiziario di informazioni e servizi utili ai residenti nel quartiere; talvolta, in orario serale, viene mandato in onda qualche film. Si tratta di un lungo periodo di traccheggio: in effetti, Telemilano non svolge alcuna attività, come confermano i bilanci di fine anno: quello al 31 dicembre 1977 ripete ancora «Nessuna attività produttiva».

Tuttavia, all'improvviso, dopo quattro anni di sonnolenza, nel 1977 Telemilano si risveglia: viene trasformata da via cavo in via etere, e attrezzata con impianti di studio avuti a noleggio da una società di Roma per circa 76 milioni. Nata come società a responsabilità limitata, Telemilano diviene una "spa", e del suo consiglio di amministrazione fanno parte i commercialisti che ruotano tra le società berlusconiane: Franco Marzorati, Luigi Porinelli, Armando Minna, Angelo De Martini. Negli studi ricavati nel magazzino di un albergo di Milano 2, comincia l'avventura di quello che diverrà il più grande polo televisivo privato italiano.

Socio di Berlusconi nell'avventura televisiva diviene, qualche tempo dopo, un esperto di frequenze Tv, il monzese Adriano Galliani, titolare dell'Elettronica industriale; è l'incontro di due metà: Berlusconi dispone di mezzi finanziari, Galliani di esperienza nel settore. L'acquisto di attrezzature di bassa frequenza, cioè quelle di studio (come telecamere, mixer, video-registratori e trasmittenti) costa all'incirca un miliardo e mezzo; una somma analoga viene spesa per l'acquisto di una trentina di ripetitori, appena sufficienti per coprire una regione come la Lombardia. Vengono inoltre acquistati i canali 38 e 58. «Con la società Pirelli», si legge in un documento di Telemilano, «vengono stipulati contratti di affitto triennali per gli studi televisivi e per l'installazione dell'antenna di trasmissione sul grattacielo Pirelli. La direzione artistica è stata affidata a Mike Bongiorno. La stazione televisiva sta trasmettendo in via sperimentale film e telefilm. Il termine di tale periodo è previsto per il 30 settembre 1978».

Berlusconi è già affiliato alla Loggia massonica P2 (data ufficiale: 26 gennaio 1978), e nell'ancora segreto programma piduista ("Piano di rinascita democratica" [1], messo a punto tra il '75 e il '76 dalla Loggia massonica "coperta") era infatti prevista «l'immediata costituzione della Tv via cavo» che avrebbe poi dovuto essere «impiantata a catena in modo da controllare la pubblica opinione media nel vivo del Paese».

La Corte costituzionale, con sentenza n° 202 del 28 luglio 1976, ha ammesso la legittimità delle trasmissioni in ambito locale da parte delle Tv private, e il 17 giugno 1980 la stessa Corte accorda la

---

[1] Il "Piano" è riportato in L. Gelli, *La Verità*, Demetra, 1989, pagg. 78-98.

possibilità di trasmettere via etere, ma solo sulle bande di frequenza assegnate dal ministero delle Poste. Alcune forze politiche – prima fra tutte il Partito comunista italiano – chiedono a gran voce una legge di regolamentazione del settore, onde evitare che si arrivi (come infatti si arriverà) alla "giungla dell'etere", al "Far West televisivo".

L'irruzione di Berlusconi sulla scena delle Tv private avviene all'ombra della Loggia P2, ma anche sotto l'interessata ala protettrice del segretario del Psi Bettino Craxi, suo intimo amico fin dai primi anni Settanta. «Berlusconi e la sua televisione commerciale nascono quasi contemporaneamente a Craxi segretario del Psi», confermerà Fedele Confalonieri. «Siamo alla metà degli anni Settanta, e quella loro amicizia è l'incontro di due uomini che reagiscono insieme all'ideologia dell'epoca [*marcatamente influenzata dal Pci, NdA*]. Per Craxi come per Berlusconi l'America non è più un peccato, la ricchezza meritata è giusta, è giusto il successo» [2] – ricchezza e successo che in effetti arrideranno ai due per tutti gli anni Ottanta, forti del loro spregiudicato sodalizio politico-affaristico.

Tra il giugno e il luglio 1979, Berlusconi acquista da Goffredo Lombardo, amministratore della Titanus (una delle più note società cinematografiche italiane), circa trecento pellicole realizzate in Italia negli ultimi quarant'anni, pagandole circa 2 miliardi e mezzo di lire; stipula quindi ulteriori contratti con altre case produttrici, italiane ed estere, acquistando cortometraggi, telefilm, *serials*. Tutto il materiale acquistato viene poi utilizzato per quella che in tutta evidenza sembra essere la puntuale attuazione del progetto piduista: contattate numerose emittenti televisive di altre località, Berlusconi offre loro la cessione di film, documentari e *serials*, a condizione che esse entrino a far parte di un circuito di televisioni controllato dallo stesso Berlusconi – infatti, il "Piano" della P2 prevede l'istituzione di una "agenzia" per il coordinamento della "catena" delle Tv locali.

«Coloro che stanno investendo consistenti capitali nelle antenne libere», dichiara Umberto Boserman, direttore di Gbr, seguitissima televisione romana, «cercano di guadagnare il controllo di un congruo numero di emittenti per poter conseguire maggiori economie di scala» [3]; ma Luigi Bozer, direttore dell'emittente romana

[2] "L'Europeo", 25 agosto 1989.

[3] "Il Mondo", 14 settembre 1979.

Tvr Voxson, è più avvertito: «Si è arrivati perfino all'offerta gratuita di ottime pellicole, che però contengono già inserzioni pubblicitarie procurate dallo stesso distributore. C'è il rischio, quindi, che le emittenti perdano molta autonomia economica e anche un po' di quella politica. Dei film, infatti, le televisioni private non possono fare a meno, sono ancora la vera materia prima. Davanti a un regime di quasi monopolio nella distribuzione dei film perdiamo qualsiasi potere contrattuale».

Per l'acquisto del materiale filmico da impiegare per allestire la "catena televisiva" tratteggiata dalla Loggia P2, Berlusconi nel 1979 sborsa, secondo la relazione al bilancio della capogruppo Fininvest, circa 5 miliardi di lire, e altri 5 miliardi sono previsti quale analogo investimento per l'anno successivo; inoltre – sempre secondo lo stesso documento ufficiale – nel 1979 la società sostiene 900 milioni di lire di investimenti e circa 3 miliardi di spese correnti. Sono cifre che pochi imprenditori possono permettersi in un settore nuovo e dunque gravido di incognite, anche perché del tutto privo di una qualsivoglia regolamentazione legislativa.

In pratica, le emittenti dislocate nelle varie zone d'Italia che accettano di entrare a far parte del *pool* berlusconiano possono pagare a prezzi ridottissimi il materiale filmico fornitogli dal neo-*tycoon* piduista, trasmettendo in cambio la pubblicità gestita da Rete Italia (società appositamente creata) attraverso una propria emanazione, la nascente Publitalia 80. L'obiettivo berlusconiano è duplice: da un lato assicurarsi il "controllo politico" della catena di emittenti aderenti, e dall'altro gestire il *business* pubblicitario determinato dalla possibilità di moltiplicare il "messaggio" degli inserzionisti, eludendo surrettiziamente il monopolio nazionale Rai. Il primo obiettivo è coronato da un immediato successo: nell'orbita berlusconiana finiscono numerose emittenti, attratte dalla prospettiva di poter trasmettere film con interpreti noti e di disporre di molte pellicole da inserire nei loro esangui palinsesti.

Nella seconda metà degli anni Settanta, il settore televisivo è in grande espansione, al punto che vi si cimentano anche importanti editori come Mondadori e Rusconi (rispettivamente con Rete Quattro e Antenna Nord); nel 1975, si calcola vi siano in Italia 350 emittenti, con circa 15 mila dipendenti. Ma il selvaggio proliferare di emittenti televisive preoccupa gli editori della carta stampata, i quali vedono progressivamente insidiati i propri introiti pubblicitari. Il fenomeno impensierisce anche produttori, registi, associazioni di attori, proprietari di sale cinematografiche, i quali si ritengono danneggiati dalla massiccia programmazione di pellicole sui teleschermi: il pubblico comincia a disertare i cinema... Altri negativi "effetti collaterali" sono il dilagare della riproduzione illegale in videocassetta dei film di maggior successo, e la sistematica diffusione di deleteri programmi infarciti di violenza senza alcuna tutela per il pubblico dei minori.

In un settore caotico, nel quale gli improvvisatori la fanno da padroni, il dinamismo e la spregiudicatezza di Berlusconi, e soprattutto la sua straordinaria disponibilità di denaro, hanno ben presto il sopravvento. Il suo nome è già noto e controverso: sul conto dell'imprenditore massone che continua a disporre di ingenti capitali pur essendo estraneo alle dinastie della grande imprenditoria lombarda, voci, dubbi, insinuazioni si rincorrono, traducendosi in una progressiva notorietà nell'ambito della quale le "ombre" e gli interrogativi che la caratterizzano assumono contorni perfino suggestivi. Per parte sua, l'ex "costruttore" finanziato da oscure fiduciarie svizzere, alle prese con la nuova avventura televisiva, dichiara: «Me ne occupo personalmente perché, come tutto ciò che si comincia, la televisione ha bisogno di molte cure. C'è da inventare quasi tutto, uomini compresi. C'è da rischiare con giudizio perché ancora non si conoscono le regole del gioco. Sono comunque convinto che la televisione privata svolgerà nel Paese un ruolo importante nel campo dell'informazione, della cultura, dello spettacolo. Ma l'effetto più notevole sarà quello di dare una grossa spinta al sistema produttivo. In parole povere, chi oggi vende un bicchiere, con la televisione potrà venderne cinque. Si produrranno quindi cinque bicchieri, ci sarà più lavoro, tutta l'economia sarà tonificata» [4], e dopo la demagogia applicata all'economia dichiara anche che metterà la sua televisione a disposizione di uomini politici della destra democristiana e anticomunista [5], riecheggiando la linea politica dell'ancora segretissimo "Piano" messo a punto dalla Loggia massonica P2.

Certo è che nel 1977 Berlusconi si colloca al settimo posto nella graduatoria fiscale dei contribuenti milanesi, con un imponibile dichiarato di 304 milioni di lire, davanti a vari esponenti del Gotha finanziario: Anna Bonomi Bolchini, i petrolieri Angelo Moratti e Attilio Monti, il banchiere Roberto Calvi, il presidente della Montedison Eugenio Cefis, Andrea Rizzoli... Del resto, è appena stato insignito della onorificenza di "Cavaliere del lavoro", insieme a industriali del calibro di Gianni Agnelli e Leopoldo Pirelli, ma

[4] "Panorama", 31 marzo 1980.

[5] Cfr. intervista a "la Repubblica", 15 luglio 1977.

anche del più affine palazzinaro andreottiano Gaetano Caltagirone.

L'adeguato cantore delle ambigue magnificenze berlusconiane è il grottesco giornalista piduista Roberto Gervaso, il quale, forte del suo connaturato sprezzo per il senso del ridicolo, nel 1977 si profonde in deliranti ritratti del "fratello di Loggia" del seguente tenore: «Milanese, quarant'anni, laureato in legge, Cavaliere del lavoro, Silvio Berlusconi è un *self-made man*, e del *self-made man* ha le astuzie, le ubbie, gli slanci, le diffidenze. Non è partito dall'ago, ma quasi. E ora progetta e costruisce città. *Caseur* icastico e sanguigno, è un lottatore nato, a suo agio in qualunque lizza. Anche la stampa di sinistra, non certo tenera con gli imprenditori, lo tratta con rispetto, lo pizzica con garbo. Molti lo considerano l'"uomo nuovo" dell'imprenditoria italiana. Un famoso banchiere ha detto di lui: "Possiede l'umanità di Borghi, la fantasia di Mattei, la grinta di Monti". Certo, è uno che non si ferma mai, e mai fa fermare chi ha la ventura, o la sventura, di stargli accanto. Dove voglia arrivare, lo ignoro. E, forse, lo ignora anche lui. Se, comunque, la nostra industria ha ancora dei capitani, Berlusconi è fra questi. Se fosse nato nel Rinascimento, forse sarebbe divenuto un Colleoni o uno Sforza. E, invece di costruire città, le avrebbe conquistate» [6]. E nel 1980, il servile Gervaso sarà ancora più prono ai piedi del già potente "fratello massone": «Come sia diventato ciò che è diventato, uno degli uomini più potenti di Milano, quindi d'Italia, se lo chiedono in molti, soprattutto chi non lo conosce. Ma, per capirlo, basta star con lui un paio d'ore, guardarlo, ascoltarlo, studiarlo. È una specie di magnete, caricato a dinamite, esplosivo in ogni direzione: finanza, edilizia, televisione, carta stampata. Troppo modesto per parlare di sé in terza persona come De Gaulle, ma non abbastanza per rinunciare al plurale maiestatico, Cavaliere del lavoro a quarant'anni, ha bruciato le tappe senza bruciarsi. Ama celiare su tutto, soprattutto su se stesso, ma, sotto sotto, non dubita di essere il più capace, il più indefesso, il più lungimirante. Niente gli sfugge, e niente deve sfuggirgli. Ma niente anche gli va bene, perché ogni cosa potrebbe, e dovrebbe, esser fatta meglio. E riesce, nonostante tutto, a cattivarsi chiunque abbia l'avventura, o la sventura, di lavorargli accanto. Dove voglia arrivare, Dio solo lo sa. Dio solo e lui, Silvio Berlusconi» [7].

[6] R. Gervaso, *Il dito nell'occhio*, Rusconi, 1977, pag. 38.

[7] R. Gervaso, *La mosca al naso*, Rizzoli, 1980, pag. 132.

Nella primavera del 1977, il rampante *tycoon* piduista entra a far parte del consiglio di amministrazione del deficitario "Giornale nuovo" di Indro Montanelli, acquistando una quota del 12 per cento della società che edita il quotidiano.

L'avventura del "Giornale nuovo" aveva preso le mosse il 17 ottobre 1973, allorquando Montanelli si era dimesso dal "Corriere della Sera" perché riteneva la linea politica del quotidiano di via Solferino (diretto da Piero Ottone) troppo "sbilanciata a sinistra" e perfino "filocomunista". Il 27 febbraio 1974 era nata la Società europea di edizioni spa (costituita in cooperativa dallo stesso Montanelli e da altri giornalisti di orientamento conservatore e anticomunista), e il successivo 25 giugno aveva fatto il suo esordio nelle edicole "Il Giornale nuovo", quotidiano diretto da Montanelli e fortemente connotato in senso moderato. In occasione delle elezioni politiche anticipate del giugno 1976, il nuovo quotidiano aveva rivolto ai suoi lettori il celebre invito «Turatevi il naso e votate Dc» per contrastare "l'avanzata del Pci" – una scelta politica consona alle analisi politiche piduiste: una Dc impresentabile, e tuttavia il solo possibile baluardo capace di contrastare l'incipiente "pericolo comunista". Del resto, la presenza del "Giornale nuovo" nel panorama editoriale italiano rimarrà sempre e solo motivata da ragioni esclusivamente politiche, poiché sotto l'aspetto economico il quotidiano risulterà perennemente (e pesantemente) deficitario [8].

Nel corso di un'intervista del maggio 1979 [9], poco prima che la sua presenza nel "Giornale nuovo" salga al 37,5 per cento, Giorgio Bocca gli domanda: «Signor Berlusconi, io la conosco per uno che fabbrica città. Mi vuol dire perché da qualche tempo compie incursioni nella informazione? E come fa ad essere azionista (12

---

[8] Il deficit del "Giornale nuovo" risulterà crescere in misura esponenziale di anno in anno: 48 milioni nel 1980, 689 nel 1981, 749 nel 1982; analogamente negli anni successivi, con un'impennata nel 1987 a 1 miliardo e 694 milioni. Già nel 1979 la partecipazione di Silvio Berlusconi nel quotidiano sale al 37,5 per cento, e nel consiglio di amministrazione entrano i suoi parenti e amici: suo padre Luigi Berlusconi, suo fratello Paolo, suo cugino Giancarlo Foscale, e il suo vecchio amico Fedele Confalonieri; in seguito, si assicura la maggioranza sia nella proprietà della testata, sia nella Efin, la holding del suo settore editoriale. Il capitale sociale della Efin (2 miliardi) nel 1983 viene infatti suddiviso tra la Fininvest (49 per cento) e Silvio Berlusconi in persona (51 per cento); nel novembre 1986, l'Efin cambia denominazione e diventa Silvio Berlusconi editore spa.

[9] Cfr. G. Bocca, *No grazie, la politica un tipo come me lo usa e lo butta via*, in "la Repubblica", 17 maggio 1979.

per cento) del "Giornale nuovo" di Montanelli e al tempo stesso padrino del "Corriere della Sera"?»[10], e Berlusconi risponde: «Otto anni fa, un mattino sono nel mio ufficio, apro "Il Giorno" e ci trovo un articolo di Giorgio Bocca: parla di Milano 2, di questo Berlusconi mai sentito nominare, che deve aver fatto i soldi non si sa bene come [...]. Rimango lì seduto a pensare: ecco, uno può lavorare onestamente, caparbiamente per vent'anni, venir su dalla gavetta, meritare la stima dei banchieri veri alla Rasini, fare dell'urbanistica nuova, mettere su un'azienda sana, ma se non è conosciuto dai signori giornalisti lo trattano come uno che fa il gioco delle tre carte». E Bocca: «Così lei risolve il problema comperando i giornali e fondando una televisione, Telemilano. Sembra un film di Orson Welles...»; Berlusconi replica: «No, ho semplicemente capito che in questa società, con i mass media, non si può vivere nascosti, nello splendido isolamento che piaceva ai manager lombardi fra le due guerre. Bisogna avere un'immagine, renderla nota. E poi, diciamo pure le cose come stanno: occorrono strumenti di difesa». Nel corso dell'intervista, Bocca accenna anche alla "influenza" di Berlusconi sul "Corriere della Sera": «Lei è ascoltato nell'azienda del "Corriere". Mi sa spiegare perché ogni settimana o quasi Via Solferino annuncia una nuova impresa? Non sarebbe il caso, prima, di ridurre il deficit?», e l'intervistato: «Mi consenta di rispondere con un'immagine automobilistica: ai dirigenti attuali del "Corriere" piace soprattutto premere l'acceleratore. Anche a me piace, però ho l'avvertenza di tenermi al fianco alcuni frenatori»[11].

Gli "alcuni frenatori" che il neo-editore piduista ha l'avvertenza di tenersi al fianco non lo hanno evidentemente indotto a "frenare" rispetto all'ingresso in una società editoriale, la montanelliana Società europea di edizioni spa, deficitaria, anche perché l'operazione non è affatto "imprenditoriale", bensì politica, come confermerà Berlusconi molti anni dopo: «Nella seconda metà degli anni Settanta, quando il Pci di Berlinguer iniziava la sua lunga marcia nella consociazione politica con la Dc, forte anche allora di succes-

---

[10] Tramite il Banco Ambrosiano, la Loggia di Gelli controlla ormai la Rizzoli e il "Corriere della Sera"; tra i suoi collaboratori-opinionisti, il "Corsera" annovera anche il piduista Berlusconi.

[11] Come risulta evidente, benché ufficialmente ne sia un semplice "opinionista", il piduista Berlusconi disserta delle iniziative imprenditoriali della Rizzoli come se ne fosse l'editore. Né Bocca ritiene di domandargli ragione di tale sua singolarissima "influenza" sul più importante quotidiano d'Italia.

si elettorali e di una quantità di applausi opportunisti, entrammo nell'editrice del "Giornale" di Montanelli» [12].

Certo è che l'acquisizione del "Giornale nuovo" è in sintonia con i programmi piduisti di infiltrazione e conquista dei mass media, e che il quotidiano montanelliano controllato da Berlusconi si rivelerà piuttosto sensibile agli interessi massonici: infatti, quando il 18 marzo 1985 la Commissione parlamentare d'inchiesta sulla P2 renderà pubblici gli elenchi di affiliati alla massoneria, il "Giornale nuovo" insorgerà con virulenza, criticando aspramente la decisione della Commissione in tre diversi articoli firmati da Montanelli, Paglia e Perna. E del resto, all'indomani dello scoppio dello "scandalo P2" (marzo 1981), in risposta a Montanelli che in un minimizzatorio "fondo" del quotidiano lo aveva definito "un semplice magliaro", il Venerabile maestro Licio Gelli (latitante perché inseguito da numerosi mandati di cattura) gli replicherà così: «Vorrei che Montanelli mi dicesse se anche all'epoca in cui mi fece ripetutamente sollecitare per avere un incontro con me mi ritenesse un millantatore e un magliaro... O forse mi ha definito così perché al primo appuntamento all'Hotel Excelsior di Roma giunsi con un ritardo di un paio di minuti, tanto che il portiere, preoccupatissimo, si affrettò, al mio arrivo, di farmi presente che il dottor Montanelli mi stava aspettando nel corridoio. Non lo conoscevo: ricordo che gli feci le mie scuse per quel leggerissimo ritardo e lui, dopo aver espresso il piacere di fare la mia conoscenza, entrò subito nel vivo, dicendomi che "Il Giornale nuovo" era nato in alternativa al "Corriere della Sera" quando questa testata si era spostata troppo a sinistra. Mi aggiunse che in quel momento, poiché il "Corriere" era tornato sulle vecchie posizioni, presumibilmente, secondo lui, a seguito di mio intervento, "Il Giornale nuovo" si trovava in una situazione critica. Gli detti assicurazione che non avevo in alcun modo interferito negli indirizzi del "Corriere". E lui mi illustrò le difficoltà del suo giornale e mi pregò di fargli avere un finanziamento da qualche istituto di credito. Come è nel mio stile, provvidi immediatamente e disinteressatamente, presentandolo al Banco Ambrosiano [*banca controllata dalla P2, NdA*] che, se non erro, gli accordò un'apertura di credito. In una successiva occasione, gli ottenni un incontro a colazione con il presidente, Roberto Calvi [*affiliato alla P2, NdA*]» [13].

---

[12] Lettera di Berlusconi al "Corriere della Sera", 10 dicembre 1993.

[13] "Panorama", 24 maggio 1982.

La sostanziale acquisizione del "Giornale nuovo" riserva a Berlusconi qualche piccolo "problema collaterale", come accade nell'estate del 1980, allorquando il neo-editore segretamente affiliato alla Loggia segreta P2 affronta una nuova tappa della sua avventura imprenditoriale – una vicenda di palazzinari andreottiani falliti, di ingenti finanziamenti bancari, di scabrosi contatti col potere politico, all'ombra della P2.

«Chi lo ha visto in questi giorni [*luglio 1980, NdA*] sostiene che non è mai stato così teso. Silvio Berlusconi, uno degli imprenditori rampanti della nuova generazione, impegnato sul fronte delle televisioni private e dei quotidiani (controlla in pratica il "Giornale" diretto da Indro Montanelli), sa che questo potrebbe essere il colpo grosso della sua carriera. Oggetto dell'attenzione di Berlusconi è l'ingente patrimonio immobiliare lasciato in Italia dai fratelli Gaetano, Francesco e Camillo Caltagirone, perseguiti per bancarotta e debitori nei confronti di varie banche di centinaia di miliardi. I Caltagirone e le loro società sono stati dichiarati falliti e tutto è in mano alla magistratura, ma le banche (con in testa l'Italcasse) sperano ancora di concludere un compromesso extragiudiziale dal quale ricavare qualcosa in più che dal fallimento. Il patrimonio immobiliare è di circa un milione di metri quadri, anche se molti immobili sono da ultimare. Chi se lo aggiudica può farci sopra un guadagno di molti miliardi e Berlusconi oggi avrebbe particolarmente bisogno di sostanziosi guadagni, impegnato com'è su molti fronti. Fra l'altro anche il suo inserimento nel "Giornale" non è privo di difficoltà perché proprio di recente ha dovuto far rientrare una lettera di dimissioni presentata contro di lui da Montanelli: il più famoso giornalista d'Italia ha protestato contro l'interferenza di Berlusconi in una serie di articoli dedicati al banchiere Roberto Calvi e che il giovane azionista del "Giornale" aveva cercato di bloccare per non inimicarsi l'appoggio del Banco Ambrosiano; poi tutto si è risolto [14] con il compromesso che a scrivere il secondo articolo è stato Montanelli. Per molti questa mossa di Berlusconi è stato il segno del nervosismo nel quale vive queste giornate d'estate. Fino a poco tempo fa, infatti, era convinto di potersi aggiudicare l'affare Caltagirone senza difficoltà. Grazie a vari legami, si era assicurato l'appoggio del presidente dell'Italcasse Remo Cacciafesta, molto vicino (anche se non solo) al

---

[14] In un appunto datato 7 luglio 1980 e rinvenuto tra le carte sequestrate al Venerabile maestro a Castiglion Fibocchi, Gelli registrava il contrasto fra Montanelli e Berlusconi, e annotava: «Ora stiamo cercando di rimediare perché la cosa è assai grave in quanto sappiamo che Montanelli è legato all'Avvocato di Torino».

presidente del Senato Amintore Fanfani, che in più circostanze ha dimostrato grande simpatia per Berlusconi. Cacciafesta è arrivato all'Italcasse dopo una sorta di compromesso tra Fanfani e Giulio Andreotti, interessato a veder chiuso l'affare Caltagirone. Occupandosi di questa vicenda, Berlusconi, dunque, oltre che molti miliardi, potrebbe conquistare la riconoscenza dei due leader Dc. Ma quando era ormai in dirittura d'arrivo è arrivata alle banche l'offerta di un temibile concorrente: il gruppo svizzero Interprogramme, che fra l'altro gestisce il fondo d'investimento Europrogramme. Per Berlusconi l'Interprogramme è pericolosa soprattutto per un motivo: è in grado di disporre di decine di miliardi in contanti (50 li ha già depositati presso le varie banche creditrici dei Caltagirone), mentre lui è comunque obbligato a far ricorso al credito di altre banche per rimborsare quelle implicate nell'affare Caltagirone. Quando al consiglio Italcasse pochi giorni fa sembrava che il presidente Cacciafesta potesse avviare a soluzione il problema con l'offerta di Berlusconi, i consiglieri hanno richiesto invece un ulteriore approfondimento delle offerte, dando mandato al direttore generale dell'Italcasse, Luciano Maccari, di presentare alla seduta del 30 luglio le varie proposte più dettagliate. In particolare l'Italcasse oltre ai miliardi che incasserebbe per i propri crediti (circa 70 nelle due offerte) chiede che non vengano poste condizioni circa le altre questioni e in particolare riguardo ai debiti col fisco delle società dei Caltagirone, al valore degli immobili, agli accordi con le altre banche creditrici e agli altri creditori non bancari, alla possibilità di proroghe delle licenze di costruzione nel frattempo scadute. Ed è per questo che Berlusconi si è affrettato, venerdì 25 luglio, a legare le proprie proposte a quelle dell'Europrogramme, mutando sostanzialmente i termini del suo impegno in un primo momento rivolto solo alla ultimazione dei lavori negli immobili incompiuti (per un totale di circa 220 miliardi). "E adesso", dicono all'Italcasse, "abbiamo due offerte sostanzialmente identiche nello schema anche se un proponente ha i soldi liquidi, e l'altro no; esse debbono essere ancora meglio dettagliate e da esse debbono sparire gli elementi di dubbio o di coinvolgimento futuro dell'Istituto. Chi sarà in grado di farlo avrà partita vinta"» [15].

Nell'estate 1978 Berlusconi ha l'occasione di vestire i panni del mecenate: il Teatro Manzoni di Milano è in crisi e sta per chiudere

[15] "Il Mondo", 1 agosto 1980.

i battenti, e lui decide di intervenire. «Nella decisione di entrare all'80 per cento come socio», spiegherà, «hanno agito molto i sentimenti, anche se il raziocinio ha fornito la scusa. Quando ero studente dell'Accademia dei filodrammatici venivo al Manzoni, cui mi legano ricordi di belle serate... Qui, a mio parere, c'è un *feeling*, un'atmosfera particolare... Per questo l'appello dei vecchi soci e del sindaco è divenuto per me imperativo categorico».

In realtà, il mecenatismo acquisitorio, piuttosto che dalle struggenti rimembranze giovanili, è mosso dalle "sollecitazioni" del sindaco craxiano Carlo Tognoli e quindi dei "socialisti" milanesi, nonché dall'opportunità di fare del Teatro Manzoni il "fiore all'occhiello" della Fininvest nel cuore della città. Luigi Foscale, presidente della società Il Teatro Manzoni srl, lo ammetterà esplicitamente: «È il balcone del gruppo sulla via Manzoni. Io devo fare i salti mortali per essere all'altezza della nostra immagine. Mi è stato affidato un capitale-teatro e lo devo muovere. Il capitale è l'immagine, la risonanza, il successo, la dignità culturale che ci viene di riflesso» [16].

Del Teatro Manzoni, Foscale è direttore, impresario, maschera e addetto ai biglietti: «Berlusconi ha voluto affidarmi questa baracca perché sono suo zio e lui preferisce tenere le cose in famiglia. Dovevo restarci un anno, e invece sono rimasto fregato. È vero che ho la passione del teatro (una cosa così, come la si può avere per il calcio), ma ho anche passato i settant'anni. Sono andato in pensione come ex dirigente Fiat, poi ho lavorato per le società di Silvio, mio nipote. Insomma, speravo di riposarmi un po'...». Fin dall'inizio, Berlusconi si è attivato per dare vita a un Club degli amici del Teatro Manzoni col quale dividere gli oneri di gestione, ma l'impresa risulta subito vana. «Era un Club nato morto», commenta Foscale, il quale precisa che il Teatro Manzoni si muove su un doppio binario, producendo in proprio e ospitando compagnie esterne: le compagnie che vengono ospitate si trattengono il 75-77 per cento degli incassi, e «col restante 25-23 per cento dobbiamo provvedere al personale, alle pulizie, alle tasse, alle luci e all'affitto. I muri non sono della Fininvest, ma di una società immobiliare estranea».

Sul finire degli anni Settanta, il grande fervore organizzativo di Berlusconi sul versante televisivo si concretizza nella costituzione di alcune nuove società. Il 3 ottobre 1979 viene fondata la conces-

---

[16] Dichiarazione rilasciata agli Autori.

sionaria di pubblicità Publitalia 80 spa, capitale sociale 3 miliardi di lire, consigliere delegato Marcello Dell'Utri. In precedenza, il 3 settembre, era stata costituita la Cofint, Compagnia finanziaria televisiva spa, capitale sociale 4 miliardi di lire, sede sociale nella milanese via Rovani 2 (il quartier generale berlusconiano).

Il 12 novembre 1979, l'editore piduista registra la società Canale 5 music srl, capitale sociale di soli 20 milioni di lire. Il primo amministratore unico di Canale 5 risulta essere tale Antonio Melchiorre, classe 1922, nativo di Chieti, residente a Milano – è un ex generale dell'Aeronautica in pensione: «Come sono diventato amministratore unico di Canale 5? Semplice: sono stato un prestanome, niente di più. Un mio amico, il commercialista Giovanni Dal Santo, mi ha chiesto se ero disposto a figurare come dirigente di quella società. Avute le più ampie assicurazioni, mi sono recato dal notaio Roveda a firmare come amministratore unico. Dopo un anno, nel corso del quale Canale 5 non ha assolutamente operato, mi sono dimesso, lasciando la società in altre mani. Non ho mai conosciuto Berlusconi, non sono mai andato nei suoi studi televisivi... Di quella lontana esperienza mi sono ricordato nel 1987, quando l'amico Dal Santo, recatosi a Roma per conto di Berlusconi, era stato colpito da ictus cerebrale: la signora Dal Santo mi ha detto che Berlusconi, all'epoca, aveva affittato un aereo privato per andare a Roma a trovare suo marito in clinica... Per il resto non so che dire... Delle chiacchierate fortune di Berlusconi so quello che dicono tutti: che è stato aiutato da Craxi» [17].

A Melchiorre, nel marzo 1981, subentrano altri prestanome: il dottor Achille Conti, milanese, e il ragionier Marco Rossetti, di Sesto San Giovanni; dopodiché, amministratore unico diviene Giovannino Ciusa, nato a Macomer nel 1915 e domiciliato a San Donato Milanese, il quale nell'ottobre 1989 dichiarerà: «Non ho niente da dire, non sono mica il responsabile dell'emittente... Io lavoro a Palazzo Borromini, a Milano 2, e da anni sono addetto all'Ufficio posta e commesse per conto della Fininvest...» [18].

Nel 1980 nascono due ulteriori società inerenti il settore televisivo: la Video Time spa, capitale 7 miliardi, e la Video Time finanziaria spa, capitale 100 miliardi, capolista del settore. Si tratta di un nuovo, massiccio sforzo finanziario, mentre alcune attività edilizie del gruppo si stanno rivelando deficitarie.

[17] Dichiarazione rilasciata agli Autori.

[18] *Ibidem*.

Dopodiché Berlusconi acquista il 51 per cento di Tele Torino International (emittente che fa capo per il 20 per cento alla Fiat), e successivamente altre quote della nuova holding diretta da Luca Cordero di Montezemolo (manager del gruppo Agnelli). È il luglio 1980: il disegno piduista del consorzio televisivo sta trovando puntuale attuazione.

Un convegno che si tiene presso la sede dell'Unione industriali di Torino e dedicato alla situazione e alle prospettive delle televisioni private, vede la presenza di un Berlusconi forte di dieci emittenti di sua proprietà (o che comunque controlla), e di dieci emittenti affiliate – tra le prime c'è ovviamente Canale 5, la più importante d'Italia. Nel corso del convegno, l'editore piduista ammette di avere investito nel settore qualcosa come 40 miliardi di lire, anche perché ha rastrellato negli Stati Uniti e in Gran Bretagna circa seimila ore di film e telefilm, in pratica saccheggiando materiale di ogni genere; dichiara inoltre che intende vendere sul mercato italiano soprattutto programmi leggeri, di disimpegno, che facciano da supporto agli spot pubblicitari.

Nell'aprile del 1980, il settimanale rizzoliano "Domenica del Corriere" avvia un'inchiesta giornalistica dedicata ai «"Numeri Uno" dell'Italia anni Ottanta»; il primo dei "Numeri Uno" è «Il Signor Milano 2», definito nella titolazione «il creatore della prima "città senza automobili"», e «l'"uomo nuovo" dell'imprenditoria italiana che a soli 43 anni controlla cento società».

Il testo dell'articolo-intervista richiama la parossistica apologia mussoliniana durante il Ventennio. Berlusconi sarebbe il capofila di coloro che «"si sono fatti da sé", e per di più negli anni della recessione economica, gli anni più difficili della storia del nostro Paese, un periodo nel quale nessuno sembra più credere alla fiaba dell'uomo che viene dal nulla. Eppure i protagonisti di queste fiabe esistono. Il primo... è Silvio Berlusconi». Definito «presidente di una finanziaria che ha partecipazioni in oltre cento società che operano nei settori immobiliari, dell'editoria, delle telecomunicazioni, dell'elettronica, dei servizi aerei, della ristorazione e del tempo libero», e dopo l'elencazione di una sequela di ulteriori "prestigiosissime" cariche imprenditoriali, l'articolo precisa: «Ma Berlusconi non è soltanto un capitano d'industria: è un protagonista anche nel mondo della cultura e dell'informazione: detiene il 37,5 per cento della editrice de "Il Giornale nuovo" diretto da Montanelli, controlla il primo "consorzio" televisivo indipendente comprendente undici emittenti private [...]. È presidente della società del Teatro Manzoni di Milano, è membro del consiglio direttivo della società permanente di Belle Arti. La sua biblioteca privata conta più di diecimila volumi. Recentemente ha scritto una dotta prefazione a una preziosa edizione di *Utopia* di Thomas Moore» – dunque, non solo un fiabesco imprenditore, ma anche un dotto "uomo di cultura". «A soli 25 anni», prosegue l'articolo, «fondò la sua prima società, la Cantieri riuniti milanesi. Da allora le società sono diventate più di cento. Per chiunque cento motivi di preoccupazione. Per lui un divertimento». Dopo la descrizione di una giornata-tipo del Numero Uno (quattordici ore quotidiane di mirabolanti prodezze psico-fisico-manageriali, si entra nel vivo dell'intervista: «Dottor Berlusconi, qual è il segreto del successo?», domanda ieratico l'intervistatore; e l'intervistato risponde ironico: «Sono d'accordo con lei, è un segreto» [19].

E "il segreto" del successo di Berlusconi, nella primavera del 1980, è in buona parte custodito dalla massonica Loggia segreta Propaganda 2 alla quale è segretamente affiliato e della quale è l'imprenditore di punta; "il segreto" del successo dell'"uomo che viene dal nulla" è custodito nei forzieri di alcune finanziarie svizzere. "Segreto" è ancora, nel 1980, il controllo piduista della Rizzoli, casa editrice del periodico "Domenica del Corriere"; così come "segreta" è ancora l'affiliazione del direttore della "Domenica del Corriere", Paolo Mosca, alla Loggia di Gelli. D'altronde, la segretezza è il presupposto principe della Loggia P2, e un imperativo assoluto per i suoi affiliati – infatti, in un documento che il Venerabile maestro invia all'affiliato Berlusconi il 26 luglio 1980 e che s'intitola, appunto, "Sintesi delle norme", vi si legge: «Il silenzio è d'oro, massima che assurge a particolare valore se riferita ad un organismo [*la Loggia P2, NdA*] caratterizzato dalla più assoluta riservatezza... nessuno di essi [*gli affiliati alla P2, NdA*] dovrà accennare o far comprendere ad altri – anche se dovesse avere la più assoluta certezza della loro appartenenza all'Istituzione – di farne parte egli stesso... Può anche accadergli di sentirsi dire che corrono voci sulla sua appartenenza all'Istituzione: in questo caso dovrà replicare – con la massima disinvoltura e con tutta indifferenza – che egli stesso era a conoscenza di queste dicerie, ma che, proprio perché le apprezzava al loro giusto valore, non si era mai preso il disturbo di smentirle, non soltanto per la loro palese infondatezza, ma, soprattutto, perché erano da considerarsi puri e semplici pettegolezzi impregnati della più crassa assurdità».

---

[19] L'articolo-celebrazione è firmato da tale Gianfranco Lenzi. Quattro anni dopo l'intervista, Lenzi verrà a trovarsi ai vertici del dipartimento stampa di Rete Quattro, l'emittente televisiva che Berlusconi ha rilevato dalla Mondadori.

Il socialismo berlusconiano

Le prime, pubbliche prese di posizione politiche di Berlusconi risalgono al luglio del 1977, quando dichiara: «Il Pci [deve stare] all'opposizione. Per andare al governo non bastano solo le attestazioni di fede democratica. Oggi [la base del Pci] è ancora affascinata dal modello sovietico e sogna pane e cipolle per tutti... La vera alternativa è nella Dc, [ma] una Dc che si trasformi in modo da permettere al Psi di tornare al governo... La Dc sta cambiando, soprattutto in Lombardia e a Milano, dove un uomo di grande valore come Mazzotta ha conquistato la federazione Dc, coagulando la sinistra anticomunista della Base e di Forze nuove, la Coldiretti, Comunione e liberazione. Altre forze si ritrovano attorno a uomini come l'on. Usellini [...], come Mario Segni, come il ministro Pandolfi» [20].

Il rampante imprenditore piduista manifesta dunque un orientamento politico in tutto identico agli assunti del "Piano di rinascita" della Loggia massonica di Gelli: avversa il partito di Berlinguer, che ritiene "un pericolo" per la democrazia, e si schiera apertamente con gli esponenti della destra democristiana; né manca di sottolineare – come stabilito nel "Piano" piduista – l'opportunità di "recuperare" al governo il riottoso Psi (l'anno prima, a metà

---

[20] Cfr. M. Pirani, "la Repubblica", 15 luglio 1977. Il 21 novembre 1977, come ricorda Giampaolo Pansa, Berlusconi si incontra con Amintore Fanfani: «Cresci [*Giampaolo Cresci, addetto stampa di Fanfani, e affiliato alla Loggia P2, NdA*] rotolava da un cronista all'altro... "Dopo parlerete col Professore, dopo!... Adesso ha una visita importante!". Eccola, questa visita. Ed eccolo il visitatore: un tal Berlusconi Silvio, noto ma non troppo, di professione costruttore... Me lo trovai di fronte... tutto fremente d'incontrar Fanfani... Berlusconi sparì verso l'incontro col Professore, sempre preceduto dal cerimonioso Cresci... Perché il Berlusca cercava Fanfani? Voleva esser benedetto, politicamente s'intende? Cercava riconoscimenti altolocati?»; cfr. G. Pansa, *L'intrigo*, Sperling & Kupfer, 1990, pagg. 5-6.

luglio 1977, l'amico Bettino Craxi, al Comitato centrale del Psi, è stato eletto segretario del partito in sostituzione del "filocomunista" De Martino). Ma per Berlusconi la teorica posizione ideologica di centro-destra è già pragmatica adesione all'imminente epopea del socialismo craxiano – del resto, nel corso delle sue avventure edilizie, Berlusconi ha avuto modo di allacciare proficui rapporti con alcuni esponenti del Psi lombardo: il sindaco di Segrate Renato Turri, l'assessore regionale all'urbanistica Parigi, e soprattutto il "regista" del Piano intercomunale milanese, Silvano Larini, attraverso il quale è entrato in contatto con Craxi.

A cavallo tra il 1976 e il 1978, la triade Gelli-Berlusconi-Craxi muove la scalata al potere in modo connivente e contestuale. Il Venerabile maestro tesse nell'ombra la sua occulta tela corruttiva infiltrandola nel corpo della Repubblica. L'"apprendista muratore" Silvio Berlusconi è posto a capo della Fininvest e si prepara a dare attuazione alla parte del "Piano" piduista relativa ai mass media. Nel luglio '76, Bettino Craxi conquista a sorpresa la segreteria del Psi (il suo nome è esplicitamente indicato nel "Piano" della P2 quale possibile referente della Loggia gelliana): riesce a conquistare la *leadership* socialista grazie al determinante appoggio della corrente guidata dal demartiniano Enrico Manca (il cui nome risulterà negli elenchi piduisti).

All'interno della triade Gelli-Berlusconi-Craxi, le "sinergie" tanto care alla retorica imprenditoriale berlusconiana saranno innumerevoli, non solo nell'ambito della direttrice Gelli-Berlusconi e Craxi-Berlusconi, ma anche – a chiusura del "triangolo" politico-massonico-affaristico – sul versante Gelli-Craxi. Infatti, l'influenza della Loggia piduista sul Psi si rivelerà decisiva per la *leadership* craxiana, specialmente quale occulta regìa dei massicci finanziamenti al partito da parte del banchiere piduista Roberto Calvi, e dei "conti cifrati" accesi in terra elvetica nell'ambito della corruttela che ha accompagnato e caratterizzato l'epopea craxiana (primo fra tutti, il celeberrimo "Conto Protezione" [21]). Non a caso, nel settembre 1979 Craxi propone la cosiddetta "Grande Riforma", cioè la Repubblica presidenziale, radicale modifica costituzionale indicata nel "Piano di rinascita" piduista quale approdo finale. Non a caso, quando il bancarottiere piduista Roberto Calvi, in

---

[21] "Conto cifrato" acceso presso la Ubs di Lugano da Silvano Larini, in realtà nella disponibilità di Craxi, le cui coordinate – numero, domiciliazione, e reale beneficiario – verranno rinvenute in un appunto sequestrato a Licio Gelli.

carcere, rivela di aver versato al Psi sul "Conto Protezione" 16 milioni di dollari, il 10 luglio 1981 parlando alla Camera l'ineffabile Craxi attacca la magistratura per l'arresto del banchiere piduista («abusi compiuti in nome della legge») e per lo scandalo suscitato dalla scoperta della Loggia P2 («una campagna che ha cominciato a puzzare di maccartismo»).

Il sodalizio Berlusconi-Craxi – ferreo legame di interessi politico-affaristici tra il rampante imprenditore piduista e lo spregiudicato segretario del Psi – segnerà la ribalta del Potere per tutti gli anni Ottanta.

«I due si frequentavano da prima ancora che Craxi diventasse segretario del Psi... Si incontravano spessissimo, frequentando le rispettive abitazioni... C'è sempre stata tra loro grande familiarità e confidenza. Craxi ha permesso a Berlusconi l'apertura di molte porte. C'è stato ad esempio un periodo in cui l'imprenditore faticava ad assolvere ai suoi gravosi impegni finanziari: con l'appoggio del segretario socialista, ben introdotto nelle banche, tutto è diventato più facile» [22]. A propiziare il loro incontro era stato, nei primi anni Settanta, il faccendiere del Psi Silvano Larini, il quale finirà in carcere nell'ambito dell'inchiesta "Mani pulite" in seguito al suo ruolo di collettore di tangenti in nome e per conto di Bettino Craxi.

La scalata di Craxi al potere, fino alla presidenza del Consiglio (agosto 1983), è parallela e connessa all'occupazione dell'etere pubblico da parte di Berlusconi. Il potere craxiano si sostenterà per anni, oltre che di corruzione e concussione, dei mezzi di comunicazione berlusconiani, e l'editore piduista si avvarrà per anni della sponda politica "socialista" e del sodalizio di potere con Craxi per muovere il suo attacco al monopolio Rai-Tv e al pluralismo della stampa [23], egemonizzando il nevralgico mercato pubblicitario.

---

[22] Dichiarazione rilasciata agli Autori da un ex collaboratore di Berlusconi.

[23] Sintomatico esempio del sodalizio politico-affaristico Craxi-Berlusconi è un episodio che riguarda il giornalista Giampaolo Pansa. Nel settembre 1983, il presidente del Consiglio Craxi convoca Pansa a Palazzo Chigi: «Il presidente del Consiglio mi lasciò di sasso. [Voleva parlare] di me. Anzi, del mio futuro professionale. E mi propose un nuovo datore di lavoro: Berlusconi. Disse: "Non capisco perché, ma Silvio s'è invaghito di te [...]. Insomma, gli sei piaciuto. E mi ha chiesto di parlarti. Ti vuole offrire un posto come capo delle *news* televisive. O, se il posto non ti va, la condirezione del 'Giornale' di Montanelli...". Ascoltai con imbarazzo. Ero anche un poco orripilato. [...] Ma come?, mi dicevo, il capo del governo mi convoca a Palazzo

Tra il 1983 e il 1986, il governo Craxi rifiuta di procedere al rinnovo del decaduto Consiglio di amministrazione della Rai (in pratica congelandone l'attività); e quando, nell'ottobre '86, il nuovo Consiglio viene finalmente insediato, alla presidenza della Tv di Stato Craxi impone Enrico Manca, il cui nome risultava negli elenchi della Loggia P2, e la cui ambigua e accomodante strategia verso il "concorrente privato" Fininvest darà adito a ricorrenti polemiche. Risulta evidente il disegno craxiano (in sintonia col "Piano" piduista) di indebolire la Tv pubblica, favorendo il monopolio televisivo privato dell'amico-complice Berlusconi. «Al Psi riconosciamo di avere per primo manifestato una significativa apertura verso le Tv private», dichiarerà con gratitudine un esponente della Fininvest [24].

Quando, il 16 ottobre 1984, i pretori di Roma, Torino e Pescara dispongono l'"oscuramento" dei tre illegali *networks* berlusconiani (Canale 5, Italia 1, Rete Quattro), il presidente del Consiglio Craxi nel volgere di sole 48 ore, quasi si trattasse di un "affare privato", mette a punto il cosiddetto "decreto Berlusconi", e il giorno 20 il governo vara il decreto-legge che rende "transitoriamente legali" i *networks* dell'editore piduista-craxiano, consentendone la ripresa delle trasmissioni, cioè a dire l'abusiva occupazione di fatto dell'etere pubblico. E quando, il successivo 28 novembre, il "decreto Berlusconi" viene giudicato incostituzionale e respinto dalla Camera, il governo Craxi con un colpo di mano lo reitera (6 dicembre) attraverso un secondo, analogo decreto (il "decreto Berlusconi-bis" verrà poi approvato dai due rami del Parlamento, evitando così la crisi di governo minacciata da Craxi).

Nel corso degli anni Ottanta, e fino al 1992, a ogni tornata elettorale gli spot pubblicitari di Craxi e del Partito socialista dilagano sui *networks* dell'amico Berlusconi: «Una delle più struggenti testimonianze della devozione di Silvio Berlusconi per Bettino Craxi è la comparsata che l'uomo di Arcore fece nella primavera del 1992 in un chilometrico spot confezionato dalla regista Sally Hunter per

Chigi per chiedermi di passare a un altro editore, e fa la piazza al Berlusconi? Roba dell'altro mondo! [...] Craxi s'adombrò: "Non ti va di lavorare per la televisione? Ma la tivù è il mezzo dell'avvenire, conterà sempre di più, mentre i giornali sono roba per vecchi, i giovani non li leggono. E poi, guarda, Berlusconi è sulla rampa di lancio, diventerà sempre più forte. Il futuro sta lì!"»; cfr. G. Pansa, *op. cit.*, pagg. 28-29.

[24] Dichiarazione del responsabile relazioni pubbliche Fininvest Vittorio Moccagatta, in "Europeo", 17 marzo 1984.

la campagna elettorale del leader socialista. Il Berlusca si fece intervistare insieme con una scelta pattuglia di fedelissimi: i parenti stretti (il padre Vittorio Craxi e la figlia Stefania), il pittore Antonio Recalcati, l'ex casco d'oro Caterina Caselli, l'allora sindaco di Milano Giampiero Borghini, l'allenatore di basket Sandro Gamba. Berlusconi, immortalato vicino a un pianoforte, parlò per 33 secondi, con espressione estatica, del governo Craxi (1983-1987). Disse: "Ma c'è un altro aspetto che mi sembra importante, ed è quello della grande credibilità politica di quel governo. La grande credibilità politica sul piano internazionale, che è – per chi da imprenditore opera sui mercati – qualcosa che è necessario per poter svolgere un'azione positiva in ambienti anche politici sempre molto difficili per noi italiani, e qualche volta addirittura ostili"» [25]. In più occasioni, da presidente del Consiglio, Craxi affida le sue esternazioni a Canale 5, ignorando la Tv di Stato.

Il sodalizio politico-affaristico tra il segretario del Psi e l'editore piduista, così plateale da evocare certe realtà proprie dei regimi totalitari sudamericani, si estende anche alla stampa. Con l'acquisizione del "Giornale nuovo" da parte di Berlusconi, il quotidiano di Montanelli diviene filo-craxiano. Ma le mire del Psi sono rivolte al prestigioso "Corriere della Sera", devastato dall'infiltrazione della Loggia P2 e alla ricerca di un nuovo assetto proprietario. Nell'autunno del 1983 si forma una "cordata" di imprenditori interessati a rilevare la proprietà del "Corriere della Sera": ne fanno parte il costruttore Giuseppe Cabassi (filosocialista), Silvio Berlusconi («Berlusconi riscuote la fiducia del Psi in vista di un nuovo assetto proprietario del "Corsera"» [26]), e l'industriale catanese Mario Rendo, il quale è socio di Berlusconi nella Società tipografica siciliana spa (un miliardo di capitale, la società ha quale principale attività la stampa in facsimile dei quotidiani "Il Giornale nuovo", "Corriere della Sera", "La Stampa" e "La Gazzetta dello Sport") [27].

[25] "L'Espresso", 7 gennaio 1994.

[26] "L'Europeo", 29 ottobre 1983.

[27] Mario Rendo, socio di Berlusconi, finirà in carcere (insieme ad altri 28 imprenditori) con l'accusa di truffa, falsa fatturazione, frode fiscale, falso in bilancio e associazione a delinquere (imputazioni dalle quali verrà assolto); il prefetto di Palermo Carlo Alberto Dalla Chiesa sospetterà Mario Rendo di collusioni con la mafia, e agli atti del Tribunale di Palermo risulta che il gruppo Rendo «sceglieva i propri subappaltatori e fornitori secondo le designazioni e i voleri dei capi della mafia».

La stessa scalata di Berlusconi alla Mondadori (1989-90) nel tentativo di costituire un monopolio multimediale della comunicazione, acquisendo inoltre il controllo del più diffuso quotidiano italiano, "la Repubblica", inviso al potere craxiano, sarà un'operazione tentata (e parzialmente conseguita) con la benedizione di Bettino Craxi, nuova tappa verso la piena attuazione del "Piano" piduista volto al totale controllo dei mass media.

All'inizio degli anni Novanta, con la caduta di Craxi sotto una grandine di "avvisi di garanzia" da parte della magistratura, si ha la fine del sodalizio di potere Craxi-Berlusconi. L'inchiesta giudiziaria detta "Mani pulite" rivela l'immane sottobosco di corruttele-concussioni-tangenti di cui si è nutrita l'era craxiana, e solo l'immunità parlamentare salva l'ormai ex segretario del Psi dalle patrie galere.

Nell'autunno del 1993, allorquando la Camera respinge una delle innumerevoli richieste di "autorizzazione a procedere" avanzate dalla magistratura a carico di un Craxi gravemente e documentatamente indiziato di corruzioni, concussioni, e di violazioni della legge sul finanziamento ai partiti, l'amico Berlusconi gli esprime pubblicamente la propria solidale soddisfazione [28]: un toccante gesto amicale, o piuttosto una prudenziale rassicurazione rivolta all'ex potente, detentore di molti dei segreti di Sua Emittenza?

---

[28] In merito all'episodio, G. Bocca scrive, rivolgendosi a Berlusconi: «Non riesco a capire perché hai sentito il bisogno di correre al Raphael per complimentarti con il compagno Craxi dopo una assoluzione parlamentare che ha scandalizzato il Paese», e l'intervistato risponde: «Ma dài, ero per caso a Roma, la mia casa è vicino al Raphael [...] ma non avevo niente da nascondere, Craxi mi ha dato un grande aiuto nei momenti decisivi e io non posso dimenticarlo» (in G. Bocca, *Metropolis*, Mondadori, 1993, pag. 62).

Nella Loggia massonica segreta

Nel maggio 1981, su mandato della magistratura milanese, le forze dell'ordine irrompono nella villa di Castiglion Fibocchi (Arezzo) di Licio Gelli, Venerabile maestro della Loggia massonica "coperta" Propaganda 2. Vengono così scoperti gli elenchi degli affiliati alla Loggia segreta, nei quali vi sono tra gli altri i nomi di parlamentari, giornalisti, alti gradi delle Forze armate, funzionari dello Stato, dirigenti dei servizi segreti, magistrati, imprenditori, banchieri, editori; vi è anche quello di Berlusconi Silvio: tessera 1816, codice E.19.78, gruppo 17, fascicolo 0625, data di affiliazione 26 gennaio 1978.

Nominato Gran maestro della Loggia massonica "coperta" P2 il 9 maggio 1975, nell'estate dello stesso anno Gelli aveva elaborato lo "Schema R" ("Schema di massima per un risanamento generale del Paese"): una specie di sintetico "programma politico di pronto intervento", mosso dall'allarme per l'avanzata elettorale del Pci di Enrico Berlinguer e volto a una modificazione in senso autoritario dell'assetto costituzionale attraverso la trasformazione della Repubblica da parlamentare a presidenziale [29]. Tra il 1975 e il 1976, la Loggia P2 aveva inoltre messo a punto un articolato "Piano di rinascita democratica" [30]: il documento sviluppava gli assunti dello

---

[29] Nel settembre 1979, il neo-segretario del Psi Bettino Craxi si farà sostenitore di un'analoga trasformazione, più tardi proposta anche dal presidente della Repubblica Francesco Cossiga.

[30] Il testo dattiloscritto del "Piano" piduista viene rinvenuto nel giugno 1981, nascosto nel doppiofondo di una valigia in possesso di Maria Grazia Gelli, figlia del Venerabile maestro, all'aeroporto di Fiumicino. Nella relazione della Commissione parlamentare d'inchiesta sulla Loggia P2, si attribuirà a Licio Gelli la "paternità

"Schema R", e conteneva precise direttive "tattiche" e "strategiche" per un'azione di infiltrazione, corrompimento e controllo di istituzioni, partiti politici governativi, giornali e sindacati, da parte della Loggia massonica segreta, mediante l'utilizzo di ingenti somme di denaro, e con l'obiettivo di creare i presupposti per l'attuazione di una modifica in senso autoritario della Repubblica [31].

Il "Piano" para-golpista della Loggia P2 attribuiva particolare rilievo alla questione della stampa e dei mass media: «Ci si chiede ancora perché la Dc, i cui amici controllavano negli anni Sessanta le proprietà editoriali dell'80 per cento della stampa italiana, non controllano più i giornali: la risposta è che si è fatta una politica di trasferimenti azionari, ma non una politica dei giornalisti», e la "politica dei giornalisti" era così concepita dalla Loggia P2: «Nei confronti della stampa (o, meglio, dei giornalisti) l'impiego degli strumenti finanziari non può, in questa fase, essere previsto *nominatim*. Occorrerà redigere un elenco di almeno 2 o 3 elementi per ciascun quotidiano o periodico in modo tale che nessuno sappia

---

politica" del documento, mentre la sua pratica stesura verrà attribuita a persona «in grado di formulare analisi politiche non prive di finezza interpretativa», e «in dimestichezza con gli ambienti parlamentari».

[31] La gravità della infiltrazione piduista negli apparati dello Stato, e l'oscuro ruolo avuto dalla Loggia gelliana nell'ambito del sequestro e dell'uccisione di Aldo Moro (primavera 1978), sono stati ricostruiti da Sergio Flamigni nel libro-inchiesta *La tela del ragno*: «Numerosi consiglieri e collaboratori del ministro dell'Interno, attivi durante il sequestro Moro, erano affiliati alla Loggia di Gelli. Anzitutto Federico Umberto D'Amato, consigliere e collaboratore di Cossiga... D'Amato era stato un esperto di intelligence fin dalla guerra, quando aveva collaborato con l'organizzazione dei servizi segreti (l'Oss) degli Stati Uniti; era stato il capo della segreteria speciale Nato presso il ministero dell'Interno, membro del Comitato dei servizi segreti europei creato nel 1968 su sua proposta, capo dell'ufficio per le specialità di polizia di frontiera, stradale e ferroviaria [...]. Altri collaboratori coinvolti dal ministero nella gestione della "crisi Moro", poi risultati affiliati alla Loggia P2, erano Franco Ferracuti (tessera 2137), Ferdinando Guccione (Codice E 19-77), Antonio Geraci (tessera 2096), Giulio Grassini (tessera 1620), Giuseppe Santovito (tessera 1630), Giuseppe Siracusano (tessera 1607), Giovanni Torrisi (tessera 1825), Walter Pelosi (Codice E 19-79), Raffaele Giudice (tessera 1634), e Donato Lo Prete (tessera 1600). [...] Al momento della strage di via Fani, durante la prigionia e fino all'assassinio del presidente Dc, i servizi di informazione erano diretti da personaggi che avevano giurato fedeltà alla Loggia segreta di Gelli [...]. Il funzionario di polizia assegnato al Sisde, Elio Cioppa (risulterà anch'egli affiliato alla P2, tessera 1890), ha riferito alla Commissione parlamentare d'inchiesta sulla P2 (audizione del 18 novembre 1982) che Licio Gelli era una fonte confidenziale del Sisde, e che il generale Grassini consegnò allo stesso Cioppa un appunto relativo al caso Moro, appunto proveniente da Gelli e inerente una riunione alla quale Gelli aveva partecipato» (cfr. S. Flamigni, *La tela del ragno. Il delitto Moro*, Kaos Edizioni, 1993, pagg. 315-17).

dell'altro. L'azione dovrà essere condotta a macchia d'olio, o, meglio, a catena, da non più di 3 o 4 elementi che conoscono l'ambiente [...]. Una selezione che tocchi soprattutto "Corriere della Sera", "Giorno", "Giornale", "Stampa", "Resto del Carlino", "Messaggero", "Tempo", "Roma", "Mattino", "Gazzetta del Mezzogiorno", "Giornale di Sicilia" per i quotidiani; e, per i periodici, "Europeo", "Espresso", "Panorama", "Epoca", "Oggi", "Gente", "Famiglia cristiana". [...] Ai giornalisti acquisiti dovrà essere affidato il compito di "simpatizzare" per gli esponenti politici come sopra prescelti»; completata l'opera di corruttela e infiltrazione, «in un secondo tempo occorrerà acquisire alcuni settimanali di battaglia [e] coordinare tutta la stampa provinciale e locale attraverso una agenzia centralizzata». «La Rai-Tv non va dimenticata», precisava ancora il "Piano" piduista: occorreva infatti «dissolvere la Rai-Tv in nome della libertà di antenna... [Occorre] abolire il monopolio Rai-Tv [e provvedere alla] immediata costituzione... della Tv via cavo da impiantare a catena in modo da controllare la pubblica opinione media nel vivo del Paese».

Ma il "Piano di rinascita democratica" elaborato dai piduisti conteneva anche un curioso "dettaglio edilizio", là dove prevedeva la necessità di introdurre una «nuova legislazione urbanistica favorendo le città satellite»: un significativo riconoscimento rivolto al "fratello muratore" Berlusconi, neo-costruttore della "città satellite" Milano 2, e futuro editore con l'obiettivo di «controllare la pubblica opinione media nel vivo del Paese».

Il 26 ottobre 1981, dopo lo scoppio dello scandalo P2, Berlusconi dichiarerà al giudice istruttore del Tribunale di Milano: «Fu Gervaso a presentarmi a Gelli, dicendomi che questi aveva vivo desiderio di conoscermi, perché era stato ben impressionato dalla mia intervista apparsa nel libro di Gervaso *Il dito nell'occhio*...»[32]. E anni dopo, il 3 novembre 1993, ai giudici della Corte d'Assise di Roma: «Gervaso mi parlò di Gelli in termini molto positivi [...]. Incontrai Gelli due volte, penso all'Excelsior, anche se non mi ricordo se una volta fuori dall'Excelsior, e una volta al Grand

---

[32] L'affermazione di Berlusconi è poco verosimile: il citato libro del piduista Gervaso, infatti, viene edito nell'ottobre del 1977, e già nel precedente luglio, in un'intervista concessa a M. Pirani e uscita su "la Repubblica", Berlusconi aveva espresso concetti del tutto analoghi a quelli contenuti nel "Piano" della P2; si è inoltre visto come lo stesso "Piano" contenesse un accenno all'attività edilizia di Berlusconi.

Hotel, dove io scendevo quando venivo a Roma per le mie cose
[...]. Io resistetti molto a dare la mia adesione. Lui mi riempì di
complimenti, dicendomi che mi considerava tra i nuovi imprenditori quello più bravo, e insistette molto sul fatto che io avevo un
futuro importante davanti. Poi attraverso Gervaso mi fece sapere
che avrebbe tenuto molto a una mia adesione a questa sua associazione, che per la verità allora appariva come una normalissima
associazione, come se fosse un Rotary, un Lions, e non c'erano
motivi, per quello che se ne sapeva, per pensare che la cosa fosse
diversa. Io resistetti molto a dare la mia adesione, e poi lo feci
perché Gervaso insistette particolarmente, dicendomi di rendere
una cortesia personale a lui. Ci fu anche un motivo, diciamo così,
pratico. Gervaso mi andava dicendo che Gelli era molto introdotto
presso le autorità politiche argentine, e che in Argentina si doveva
sviluppare una grande serie di lavori pubblici. Io allora ero presidente di un Consorzio per l'edilizia industrializzata che raccoglieva tutte le principali aziende italiane del settore – non la mia
azienda; era proprio una carica che avevo a titolo onorifico e,
diciamo così, anche perché ero giovane. Il fatto che mi avessero
chiamato a questa carica aveva solleticato il mio orgoglio, la mia
ambizione personale, e intravidi in quello una possibile utilità...
Però di quello non ne parlammo mai, perché voglio sottolineare
che tutto il mio rapporto si risolse nel fatto della mia adesione. Ho
sentito che nella relazione parlamentare, al riguardo, mi venne
attribuito anche un versamento di lire centomila. Per quello che
ricordo, ma sono sicuro di questo, a me non fu mai chiesto nulla e
non feci nessun versamento mai [...]. Gelli voleva avere intorno a
sé le persone migliori dell'Italia per un club, su cui probabilmente
ci sarebbero dovute essere delle riunioni, delle conversazioni, a cui
peraltro non fui mai invitato, e di cui nessuno mai mi parlò [...].
Il motivo principale è stato proprio questo, l'insistenza di Gervaso che è un mio carissimo amico. Lui mi disse: "Fammi fare bella
figura", lui aveva bisogno di scrivere sul "Corriere della Sera" [già
"infiltrato" e controllato dalla P2, NdA], voleva scrivere sul "Corriere della Sera"... "Ma cosa ti costa, dammi questa possibilità, fammi
fare bella figura", e io aderii [...]. Gervaso mi raccontava che Gelli
era introdotto presso tutti i più alti gradi istituzionali del Paese, e
che quindi era persona assolutamente rispettabile... Oltre al fatto
di Gervaso, anche il fatto dei complimenti che ricevetti, e il tipo di
insistenza motivata col fatto che si vedeva in me una persona di
sicuro avvenire, il meglio che l'imprenditoria italiana in quel momento esprimesse tra i giovani imprenditori. Probabilmente fu
anche la mia vanità che mi portò [...]. Gervaso voleva rendersi

utile, apparire anche, credo, importante agli occhi di questi signori...» [33].

Benché Berlusconi abbia sempre cercato di "minimizzare" la sua
affiliazione alla Loggia massonica piduista, tentando di conferir-
le un valore episodico e arrivando a rimediare in proposito una
dichiarazione di colpevolezza per falsa testimonianza [34], è viceversa evidente come egli sia stato del tutto organico alla corruttiva
ragnatela piduista, e anzi di essa uno dei tessitori principali. Tanto
quanto è certo che i "fratelli" massoni affiliati alla Loggia di Gelli
(sotto la regìa dello stesso Venerabile maestro) hanno avuto un
ruolo decisivo nell'avventura imprenditoriale di Berlusconi: primi
fra tutti, i banchieri piduisti.

Con la scoperta degli elenchi di Gelli, l'infiltrazione della P2 nel
sistema creditizio nazionale risulterà impressionante: 119 piduisti
sono insediati ai vertici delle maggiori banche, nel ministero del
Tesoro e in quello delle Finanze.

«Nelle banche il credito è totalmente orientato [*da parte della
Loggia P2, NdA*] attraverso l'Ambrosiano (Calvi), il Monte dei
Paschi di Siena (Scricciolo e Cresti), l'Iccrea (Badioli e Buscarini),
la Banca Nazionale del Lavoro (Ferrari e Graziadei), l'Interbanca
(Aillaud), le Banche del Monte di Milano (Peduzzi) e di Bologna
(Bellei), il Credito Agrario (Parasassi), il Banco di Roma (Ales-
sandrini e Guidi), il Banco di Napoli (Liccardo)» [35]. Come rileva la
relazione conclusiva della Commissione parlamentare d'inchiesta
sulla Loggia P2, «alcuni operatori (Genghini, Fabbri, Berlusconi)
trovano appoggi e finanziamenti al di là di ogni merito creditizio».

Per costruire Milano 2, Berlusconi si avvale anche della solidarietà massonica, e instaura «un rapporto preferenziale tra il
suo gruppo e il Monte dei Paschi di Siena. Con Giovanni Cresti,
provveditore e padre-padrone dell'istituto di credito, l'imprendi-

---

[33] Cit. in "L'Espresso", 28 novembre 1993. Colui che secondo Berlusconi sarebbe
il responsabile della sua "improvvida" adesione alla "ingannevole" Loggia piduista
(affiliazione descritta come casuale, incidentale, priva di seguito), verrà tuttavia
ricompensato a dovere: Gervaso, infatti, sarà una delle "firme" dei periodici berlusconiani e un collaboratore fisso del *network* Rete Quattro.

[34] Cfr. pagg. 17-18.

[35] *Commissione parlamentare d'inchiesta sulla Loggia massonica P2 – Relazione di
minoranza dell'on. Massimo Teodori*, Atti parlamentari, Roma 1984. I nomi tra
parentesi sono di banchieri affiliati alla P2.

tore milanese proprio in quel periodo stabilisce una solida amicizia. Cresti aveva piena fiducia nelle iniziative di Berlusconi e la sua banca in quasi dieci anni (dal 1970 al 1979) eroga mutui fondiari per un totale di 70 miliardi al tasso del 9-9,5 per cento» [36]. Secondo "Il Borghese", nel 1981 Berlusconi sarebbe stato esposto con il Monte dei Paschi di Siena per 120 miliardi di lire: «La notizia è trapelata in margine alla vicenda P2 ed alle indagini che si stanno avviando sui legami di Gelli col mondo bancario. Il Cavaliere del lavoro Silvio Berlusconi, che risulta affiliato alla P2 come il provveditore del Monte dei Paschi Giovanni Cresti, avrebbe accumulato nei confronti dello stesso Monte dei Paschi debiti per oltre 120 miliardi. Questo "buco" si allarga di due miliardi al mese e non è chiara quale copertura il Monte dei Paschi si sia assicurata a garanzia di così massicci finanziamenti» [37]. Scrive "l'Unità": «Da dove nascono le fortune di questo imprenditore del mattone trasformatosi poi in Grande Fratello delle televisioni private? Ovviamente nella disponibilità del sistema bancario a erogare fidi. Il principale finanziatore del gruppo Berlusconi tra la metà degli anni Settanta e il 1981 è il Monte dei Paschi di Siena e gli istituti di credito a esso collegati. Sulla poltrona di provveditore (amministratore delegato) della banca senese, dal 23 aprile 1975, fino a quando non scoppierà il caso P2, siede Giovanni Cresti, il cui nome figura nella Loggia di Licio Gelli. Dalla relazione stilata dal collegio dei sindaci revisori del Monte dei Paschi per verificare i rapporti tra l'istituto di credito e gli affiliati alla P2 emerge che "la posizione di rischio verso il Gruppo Berlusconi ha dimensioni e caratteristiche del tutto eccezionali... Si tratta indubbiamente di una posizione che suscita perplessità per il suo rapido progredire ed espandersi... Il tasso applicato pare in genere più favorevole rispetto a quello praticato ad altri mutuatari nello stesso periodo... Nei rapporti con il Berlusconi vi sono state trattative dirette anche con la Direzione generale e con gli stessi provveditori Pagliazzi e Cresti...". Nel 1981 i soli mutui ammontavano a circa 50 miliardi. Una cifra non indifferente» [38].

Nel giugno 1983 (un mese prima che Craxi formi il suo primo governo, con il piduista Pietro Longo quale ministro del Bilancio),

---

[36] "Il Mondo", 2 dicembre 1984.

[37] "Il Borghese", 21 luglio 1981.

[38] "l'Unità", 25 novembre 1993.

Berlusconi acquista da ambienti piduisti il controllo di "Tv sorrisi e canzoni", il più diffuso settimanale italiano con oltre due milioni di copie. Il pacchetto azionario di maggioranza della testata (52 per cento) apparteneva a una consociata estera del Banco Ambrosiano, e la P2 ne era entrata in possesso attraverso i maneggi di Gelli, Calvi e Ortolani. Berlusconi ne acquisisce la proprietà pagando "estero su estero" la somma di 20 miliardi di lire.

«Si tratta di un'operazione di grande importanza strategica per le sinergie con le imprese televisive del gruppo e per le potenzialità economiche intrinseche della testata», è scritto nella relazione al bilancio Fininvest 1983. Si tratta in realtà di una ambigua transazione tutta interna alla Loggia P2, e infatti il deputato Massimo Teodori commenterà: «Altri interventi in cui si perfezionano le caratteristiche operative della P2, e cioè l'intreccio di società che nascondono i vari passaggi e i diversi beneficiari, sono relativi al trasferimento delle azioni di "Tv sorrisi e canzoni" con l'appoggio dell'Ambrosiano Group Banco Commercial di Managua» [39].

La Loggia massonica segreta Propaganda 2 verrà sciolta a norma di legge, alla conclusione dei lavori della Commissione parlamentare d'inchiesta, dopo che ne sono state accertate le finalità eversive; il Venerabile maestro, inseguito da numerosi mandati di cattura, si darà a una provvidenziale latitanza in terra elvetica. E benché la P2 risulti poi coinvolta in numerose inchieste giudiziarie relative a stragi, attentati, omicidi politici, corruttele, e dunque ne emerga pienamente l'essenza eversiva e malavitosa di «associazione per delinquere» [40] (come la definì il presidente della Repubblica Sandro Pertini); benché la figura del Venerabile maestro emerga in tutto il suo oscuro e sordido ruolo di "burattinaio"; l'ineffabile fratello muratore piduista Silvio Berlusconi, nel 1988, avrà l'ardire di dichiarare: «Sono sempre in curiosa attesa di conoscere quali fatti o misfatti siano effettivamente addebitati a Licio Gelli...».

[39] M. Teodori, *P2: la controstoria*, Sugarco 1985, pag. 195.

[40] Saranno del resto ricorrenti, nelle risultanze di innumerevoli inchieste giudiziarie, le connessioni tra massoneria e malavita organizzata. «Il vertice di Cosa Nostra è massone», dichiara il "pentito" Leonardo Messina alla Commissione parlamentare antimafia il 4 dicembre 1992; confermando quanto già rivelato da un altro "pentito", Antonio Calderone, Messina sostiene che Totò Riina, Michele Greco, Francesco Madonia, Stefano Bontate, Giacomo Vitale, Mariano Agate, e altri boss minori, sono affiliati a Logge massoniche segrete. (Cfr. Commissione parlamentare antimafia, "Proposta di relazione", pag. 1835.)

«Al di là dell'inclusione del mio nominativo in un elenco da altri stilato, nulla mi può collegare alla Loggia di Gelli: né infatti alcuno mai, in qualunque sede, ha potuto riferire, e tantomeno provare, mie partecipazioni a qualsiasi titolo a riunioni, attività e atti di quella Loggia massonica» [41], avrà modo di dichiarare il *tycoon* della P2; e infatti, il giuramento di affiliazione alla Loggia piduista recitava: «Liberamente, spontaneamente, con pieno e profondo convincimento dell'animo, con assoluta e irremovibile volontà, alla presenza del Grande Architetto dell'Universo, per l'affetto e la memoria dei miei più cari, sul mio onore e sulla mia coscienza *solennemente giuro di non palesare per qualsiasi motivo i segreti della iniziazione muratoria* [...]; e, fin da ora, se avessi la sventura e la vergogna di mancare al mio giuramento, di sottopormi a tutte le pene che gli Statuti dell'Ordine minacciano agli spergiuri, all'incessante rimorso della mia coscienza, al disprezzo ed alla esecrazione di tutta l'umanità» [42].

---

[41] "Corriere della Sera", 15 dicembre 1988.

[42] L. Gelli, *op. cit.*, pag. 145.

IV
OCCULTE ENTITÀ

Dietro fiduciarie in odore di P2

Milano 2, Milano 3, lo stesso simbolo del "biscione": Berlusconi enfatizza spesso la "milanesità", l'impronta "meneghina" del suo impero. Peccato solo che tutto sia stato concepito, progettato, e finanziato, lontano da Milano.

Fino al 1975, Milano è estranea alle iniziative berlusconiane: le stesse Edilnord e Italcantieri sono infatti società con capitali svizzeri (almeno ufficialmente). Nella prima, come si è visto, Berlusconi è socio senza capitali, e per le sue prestazioni viene compensato con l'1 per cento degli utili; nella seconda, comparirà nominalmente solo nel 1977.

La primissima pietra dell'impero berlusconiano viene posta a Roma, in un ufficio situato in Salita San Nicola da Tolentino 1/B (una via attigua alla sede centrale della Banca Nazionale del Lavoro). Qui, il 16 settembre 1974, nasce la società Immobiliare San Martino spa. L'atto costitutivo viene sottoscritto dal banchiere piduista Gianfranco Graziadei per conto della fiduciaria Servizio Italia spa, e da Federico Pollak (87 anni, dirigente della Bnl fin dalla fondazione) per la Saf, Società azionaria fiduciaria spa. Entrambe le fiduciarie sono società della Bnl Holding (il parabancario del grande istituto di credito). È presente alla costituzione della Immobiliare San Martino anche Marcello Dell'Utri, il quale della neocostituita società viene nominato amministratore unico.

Si dà il caso che Marcello Dell'Utri sia un personaggio in odore di mafia, come rivelerà un rapporto della Criminalpol datato 13 aprile 1981: «L'aver accertato attraverso la citata intercettazione telefonica il contatto tra Mangano Vittorio, di cui è bene ricordare sempre la sua particolare pericolosità criminale, e Dell'Utri Marcello, ne consegue necessariamente che anche la Inim spa e la Raca spa [*società per le quali il Dell'Utri svolge la propria attività,*

NdA], operanti in Milano, sono società commerciali gestite anch'esse dalla mafia e di cui la mafia si serve per riciclare il denaro sporco provento di illeciti».

Marcello Dell'Utri (fratello gemello di Alberto Dell'Utri), futuro amministratore delegato di Publitalia 80 (la potente concessionaria di pubblicità delle reti televisive Fininvest), sarà uno dei più stretti collaboratori di Berlusconi. Si dirà che i due siano stati compagni di università (una circostanza dubbia); né molto è dato sapere sul conto di Dell'Utri, se non che proviene da un'agiata famiglia palermitana, e che dopo la laurea ha lavorato presso la sede periferica di una banca siciliana, poco prima di spiccare il volo alla volta di Milano e dei grandi affari. Tuttavia, secondo l'avvocato Giovanni Maria De Dola, in un memoriale del costruttore Filippo Alberto Rapisarda (consegnato al giudice Della Lucia, del Tribunale di Milano), lo stesso Rapisarda sostiene di avere associato Dell'Utri nelle proprie attività edilizie in seguito alla pressante "raccomandazione" in tal senso rivoltagli dal *boss* mafioso Stefano Bontate [1].

La neocostituita società Immobiliare San Martino rimane inattiva fino alla metà del 1977, quando eleva il proprio capitale sociale dall'originario un milione a mezzo miliardo, e trasferisce la propria sede a Milano. Poco dopo, nel settembre 1977, muta la propria denominazione in Milano 2 spa. Il singolare schema operativo – costituzione, sensibile aumento di capitale, trasferimento della sede a Milano, e mutamento della ragione sociale – si ripeterà come una costante per tutte le società del gruppo Fininvest promosse dal parabancario Bnl. Nello stesso settembre 1977, Marcello Dell'Utri cessa dalla carica di amministratore unico, e in sua vece subentra Giovanni Dal Santo, commercialista nato a Caltanissetta ma attivo a Milano, dove cura interessi vicini alla Bnl Holding.

La romana Immobiliare San Martino, trasformatasi nella milanese Milano 2 spa, ha un ruolo essenziale nella costruzione della omonima "città satellite". Il 15 settembre 1977, la società acquista a Segrate (periferia di Milano) i terreni sui quali sorgeranno 150 appartamenti. La cedente è la Edilnord, che con tale cessione comincia a trasferire la propria attività al gruppo in formazione sotto la regìa della Bnl Holding. Il 30 gennaio 1978, la Edilnord cede a Milano 2 spa 350 appartamenti e relativi box in fase di costruzione a Segrate, del valore di 14 miliardi di lire. Queste

---

[1] Dichiarazione rilasciata agli Autori dall'avvocato De Dola nel giugno 1992, nel corso di una intervista a una Tv francese.

compravendite di terreni e immobili si articolano in atti notarili tra soggetti diversi, ma gli interessi sottostanti hanno una medesima matrice e regìa: infatti, la società Milano 2 spa è controllata dalla Fininvest, e la Fininvest è una società costituita dalle stesse Servizio Italia e Saf.

La Fininvest srl è nata il 21 marzo 1975 al solito indirizzo romano di Salita San Nicola da Tolentino 1/B a opera dei soliti avvocato Gianfranco Graziadei e commendator Federico Pollak; secondo il solito schema, due mesi dopo la costituzione ha aumentato il capitale sociale dagli originari 200 milioni a 2 miliardi, dopodiché, l'11 novembre 1975, si è trasformata da "srl" in "spa" e ha trasferito la propria sede a Milano.

La Fininvest assume il controllo di Milano 2 spa (100 per cento) e di Italcantieri (nonché di altre società che vedremo in seguito). L'Italcantieri è la società "svizzera" che ha in appalto la costruzione della "città satellite" a Segrate (cioè Milano 2); in un primo momento il controllo di Fininvest sulla Italcantieri è dell'80 per cento, ma negli anni successivi diventerà totale.

Anche l'altra società "svizzera", la Edilnord, si dissolverà ben presto nella Fininvest. Si sono già viste le mutazioni della Edilnord: dopo Silvio Berlusconi socio senza capitali, e dopo il susseguirsi di parenti e prestanome, l'ultima mutazione, alla fine del 1977, vede entrare in scena il commercialista Umberto Previti (nato a Reggio Calabria nel 1901, romano d'adozione, òperante nel parabancario Bnl). Previti diviene amministratore unico della società (che muta così in Edilnord centri residenziali di Umberto Previti sas), quindi dispone la sua messa in liquidazione volontaria a far data dal 1º gennaio 1978, e nello stesso mese – lo si è visto – vende a Milano 2 spa, e quindi alla Fininvest, tutto il costruito e il costruendo della "città satellite" di Segrate, compresi le aree a destinazione pubblica e i servizi sociali convenzionati con il Comune. Sono in ballo ingenti capitali, ma è vano cercarne traccia nei bilanci della Edilnord; né si comprende quale possa essere il tornaconto del "socio svizzero" nell'ambito di queste operazioni tutt'altro che lineari.

L'8 giugno 1978, le due fiduciarie della Bnl – Servizio Italia e Saf – si ritrovano ancora al nº 1/B della romana Salita San Nicola da Tolentino (dove entrambe hanno la loro sede sociale) e costituiscono la Fininvest Roma srl, con scopo sociale «l'assunzione di partecipazioni azionarie e finanziamenti in genere»; il capitale sociale è di 20 milioni, sottoscritto in parti uguali da Servizio Italia e Saf; amministratore unico della neocostituita Fininvest Roma è il calabrese Umberto Previti. Ventidue giorni dopo, il 30 giugno 1978, Previti propone di elevare il capitale sociale da 20 milioni a... 50 miliardi di lire; illustrando gli obiettivi dello sbalorditivo megaaumento, parla degli insediamenti residenziali di Milano 2 e Milano 3, del centro commerciale all'ingrosso di Lacchiarella, di Tv commerciale, di trasporti aerei, di servizi finanziari... Viene quindi deliberato l'aumento del capitale sociale a 50 miliardi, ma al momento i due soci ne versano solo 18: l'intera somma viene data in finanziamento a "terzi", i quali "terzi" altri non sono che la Fininvest spa di Milano, e utilizzata per acquisire il controllo di Milano 2 spa, di Italcantieri, e di altre società.

A conclusione di tutte queste operazioni, il 26 gennaio 1979 la Fininvest Roma srl delibera l'incorporazione per fusione della Fininvest spa di Milano. Il successivo 28 giugno, la Fininvest Roma srl assume la nuova denominazione di Finanziaria di investimento-Fininvest srl, e trasferisce la propria sede sociale a Milano, via Rovani 2 – l'atto è del notaio romano Vincenzo Antonelli, numero di repertorio 18758: «In conseguenza della odierna fusione, la Fininvest Roma, società a responsabilità limitata, subentra nella totalità dei rapporti giuridici attivi e passivi comunque riferibili alla società incorporata che si estingue dalla data odierna. Sempre con effetto da oggi cessano di pieno diritto gli organi sociali della società incorporata e le procure dalla stessa conferite... Sempre a seguito della fusione attuata con quest'atto, la Fininvest Roma, nell'approvare tutte le operazioni compiute dalla società incorporata posteriormente al (ventisette) 27 dicembre (millenovecentosettantotto) 1978, subentra nella proprietà di tutti i beni della incorporata, nella titolarità dei diritti, azioni e ragioni di quest'ultima, come pure nelle obbligazioni e negli oneri sia anteriori che posteriori alla suddetta data del 27 dicembre 1978, nonché in tutti i contratti, le convenzioni, le concessioni, le autorizzazioni e le licenze della società incorporata... Le parti autorizzano il competente Conservatore del Pubblico registro automobilistico ad eseguire la voltura d'intestazione a nome della incorporante degli automezzi intestati alla incorporata».

Nasce così il "gruppo Fininvest" nella sua prima struttura. Fino a questo momento, capitale sociale e aumenti di capitale sono sempre stati sottoscritti da Servizio Italia e Saf. Anche in seguito, ogni ulteriore aumento di capitale della Fininvest sarà riservato esclusivamente ai vecchi soci (come è esplicitamente precisato nelle delibere assembleari). Del resto, negli anni cruciali durante i quali il gruppo si forma, il "signor 1 per cento" Silvio Berlusconi non possiede certo di suo gli ingenti capitali che vi vengono investiti.

Invero, le società di "matrice romana" che gravitano nell'orbita del parabancario Bnl e che confluiscono nel gruppo Fininvest sono molte altre, rispetto a quelle citate; con il loro trasferimento a Milano, tutto l'ambito delle attività si sposta definitivamente al nord.

L'interesse per il settore editoriale e tipografico si manifesta assai presto. Già nel 1977, la Fininvest acquisisce una partecipazione del 50 per cento nell'impresa tipografica Sies di Umberto Seregni, ed entra nella proprietà del "Giornale nuovo" col 12 per cento (due anni dopo aumenterà al 37,5 per cento). Un'attenzione ancora più precoce viene riservata alla televisione: Telemilano, dopo una lunga gestazione, nel 1978 si trasforma repentinamente da via cavo a via etere, e l'anno successivo comincia l'attività di emittente commerciale.

Alla fine del 1979, la Fininvest srl annovera due partecipate e ventidue società controllate, alcune delle quali a loro volta detengono partecipazioni o il pacchetto di controllo di altre. Il gruppo si articola in nove settori: progettazione e servizi, costruzioni, immobiliare, trasporti, editoriale e di comunicazioni (Tv), finanziario, spettacolo, sport e tempo libero, ristorazione. È un assetto provvisorio, soggetto a mutamenti e trasformazioni che si susseguono con grande rapidità.

Ma chi sono in realtà i personaggi e gli interessi che si muovono dietro e dentro il gruppo Fininvest, quale è l'esatta provenienza degli ingenti capitali che vi vengono massicciamente investiti?

Il palermitano Marcello Dell'Utri, transitato per primo, nel 1974, in Salita San Nicola da Tolentino 1/B, all'epoca gravita nel giro degli amici di Vito Ciancimino, e il suo trasferimento dalla Sicilia a Milano non è certo il viaggio dell'emigrante in cerca di fortuna. Quando viene nominato, a Roma, amministratore unico della Immobiliare San Martino, Dell'Utri è già residente a Milano (in via Arcimboldi 2); dunque, la sua altrimenti inspiegabile presenza a Roma per la costituzione della società testimonia come egli si trovi in Salita San Nicola da Tolentino 1/B in rappresentanza di precisi interessi.

Servizio Italia e Saf sono società fiduciarie, e dunque agiscono su mandato "di terzi", coperti dall'anonimato (la formula utilizzata nelle operazioni è "Per conto di società, enti o persone da dichiarare"); del resto, i rispettivi statuti vietano loro di acquisire partecipazioni in proprio superiori al 5 per cento delle società quotate in Borsa e del 10 per cento delle società non quotate. Nel costituire la Immobiliare San Martino, dunque, le due fiduciarie si muovono in nome e per conto di altri, così come Dell'Utri (attraverso Rapisarda in contatto col *boss* Ciancimino) si muove in nome e per conto di altri. La sua stessa uscita di scena (Dell'Utri il 13 settembre 1977 si dimette dall'incarico di amministratore unico) risulta analogamente ambigua, quasi che "il siciliano" abbia condotto in porto un'operazione e abbia così concluso il proprio compito...

Il 19 giugno 1978 – cioè una settimana dopo la costituzione di Fininvest Roma srl da parte delle due fiduciarie Bnl – vengono costituite ben 22 holding, denominate Holding Italiana Prima, Holding Italiana Seconda, Holding Italiana Terza, e così via fino a Holding Italiana Ventiduesima. Gli intestatari di questa singolare "collana" societaria sono due prestanome: tali Armando Minna (nato a Lecce nel 1937, commercialista) e sua moglie Nicla Crocitto (nata a Bari nel 1935, casalinga), entrambi residenti presso la berlusconiana Milano 2. Lo scopo sociale delle holding è, genericamente, «assunzione di partecipazioni in altre società o imprese, nonché ogni operazione relativa ai titoli ed alle partecipazioni societarie»; socio di maggioranza di ciascuna holding, col 90 per cento del capitale sociale di 20 milioni, è la casalinga Crocitto, mentre suo marito Armando Minna risulta intestatario del restante 10 per cento; la sede sociale delle 22 holding viene eletta a Milano, al n° 7 di via Santa Maria Segreta (recapito presso il quale Minna trasferisce anche la propria residenza).

Il successivo 9 ottobre, il capitale sociale di ciascuna delle 23 Holding Italiana viene elevato a 1 miliardo, e con l'occasione si insedia un collegio sindacale formato dai signori Giovanni Dal Santo, Fabrizio Gusmitta, Pier Luigi Gusmitta, Viera Emilia Manicone, Armando Minna. Nel giro di pochi mesi (e cioè entro il successivo 1979), tutte le 22 Holding Italiana vengono trasformate in società per azioni, «con la contestuale emissione di obbligazioni convertibili in capitale Fininvest per un importo pari al capitale sociale a un tasso del 12 per cento, cedole pagabili semestralmente, con scadenza il primo giugno 1999» [2].

Nel gennaio 1982, Minna perde la vita in un incidente stradale, e sua moglie Nicla Crocitto torna nell'ombra (dei due coniugi-prestanome nelle Holding Italiana non vi sarà più traccia); amministratore unico delle 22 "scatole cinesi" viene nominato Luigi Foscale (pensionato Fiat, e zio di Berlusconi), il quale conserverà tale carica («per i soli poteri di ordinaria amministrazione») negli anni

---

[2] M. Cobianchi, *Berlusconi: svelati i misteri dell'impero*, "Avvenire", 7 gennaio 1994.

futuri, anni nel corso dei quali le Holding Italiana Prima-Venti-duesima diverranno il vero, oscuro e impenetrabile "cuore" dell'impero Fininvest.

Nel momento in cui lascia la Immobiliare San Martino, Marcello Dell'Utri riveste da quasi tre anni un altro incarico societario: dal dicembre 1974 risulta essere amministratore unico della Immobiliare Romano Paltano spa, società proprietaria delle tenute agricole Muggiano e Romano Paltano nel comune di Basiglio, a sud di Milano – è su questi terreni che sorgerà Milano 3.

Benché fondata a Milano, la Immobiliare Romano Paltano spa aveva sede a Ciriè (Torino); è con la nomina di Dell'Utri ad amministratore che la sede sociale viene riportata a Milano, presso lo studio del commercialista Walter Donati, in via Sacchi 3 – mentre in via Donati 12, a Torino, rimane attiva ancora per qualche tempo una sede secondaria. Questo strano "giro di sedi", e la loro stessa ubicazione, richiama assai da vicino prassi analogamente strane da parte di varie società appartenenti al *boss* Vito Cianci-mino, le quali fanno la spola tra Milano, Torino e altre località piemontesi minori – qualcosa di più di una semplice coincidenza, e del resto, la stessa presenza di Dell'Utri segnala attendibilmente i sottostanti interessi di don Vito, il quale peraltro ammetterà di avere «molta carne al fuoco [tra] Milano, Lecco, Como, fino a Torino da una parte, e al Lago di Garda dall'altra».

A Ciriè, la Immobiliare Paltano risulta essere inattiva; evidenzia nei suoi bilanci 25 milioni di immobili (terreni e cascine), che dati in affitto le rendono 5 milioni l'anno. Quando nel 1975, con la nomina di Dell'Utri, viene riportata a Milano, muta il suo scopo sociale: «La società ha per oggetto l'acquisto, la costruzione, la vendita, l'amministrazione di beni immobili» (il trasparente riferimento è al nuovo centro residenziale berlusconiano che sorgerà col nome di Milano 3). L'anno successivo, il capitale sociale viene elevato da 12 a 500 milioni, e il Monte dei Paschi di Siena rilascia una fideiussione di 3 miliardi a favore del Comune di Basiglio per garantire le opere di urbanizzazione promesse dalla società. Il 25 maggio 1977 si registra un nuovo aumento di capitale: 1 miliardo di lire. L'anno dopo, il 12 maggio 1978, la società muta nuovamente: si trasforma in Cantieri riuniti milanesi, con la sede trasferita in via Rovani 2, quartier generale della Fininvest: è a questo punto che, di nuovo, Marcello Dell'Utri esce di scena, per comparire subito dopo, in prima persona, nell'ambito di alcune delle società di Vito Ciancimino e dei suoi amici palermitani.

Vi sono anche società che nascono "gemelle" e procedono appaiate: la Immobiliare Paltano, ad esempio, è affiancata dalla Immobiliare Coriasco spa, anch'essa con sede a Ciriè (dove si era trasferita da Milano), e anch'essa intestataria di terreni e cascine a sud di Milano e dati in affitto. Per molti anni, amministratore unico di entrambe le società è stato tale Alessandro Fornas. I certificati penali dei componenti il collegio sindacale della Immobiliare Paltano non sono tra le carte societarie; in loro vece vi è un appunto: «Sono nell'incartamento Coriasco spa al Tribunale di Torino» – una riprova di quanto stretti siano i legami tra le due società, e di quanto analoghi siano gli interessi che le sostanziano.

La Immobiliare Coriasco, tra l'altro, possiede nel Comune di Lacchiarella (15 chilometri a sud di Milano) un'estesa area agricola che il piano di fabbricazione comunale ha destinato a sviluppo industriale e terziario: la Fininvest se ne assicura la proprietà per costruirvi il centro all'ingrosso "Il Girasole" (una città commerciale con relativi servizi e attrezzature per un'estensione di 650 mila metri quadrati), e in cambio offre alla Coriasco e ai suoi anonimi detentori la *partnership* nell'iniziativa.

La Immobiliare Coriasco è annoverata tra le partecipazioni Fininvest già nel 1975 (anche se risulta ancora domiciliata a Ciriè). Nel bilancio del 1975, risulta controllata dalla Fininvest al 100 per cento, con il valore dell'acquisizione indicato in 370 milioni. Nel bilancio del 1976, la sede della Coriasco risulta essere stata trasferita a Milano, in via Mercato 5; il controllo da parte della Fininvest è ancora totale, con il capitale sociale elevato da 10 a 200 milioni e interamente sottoscritto dalla Fininvest – infatti, a bilancio il valore della Coriasco è indicato in 560 milioni. Nel 1979 si registra un ulteriore aumento di capitale (a 2 miliardi e 200 milioni), ma a questo punto la partecipazione della Fininvest scende al 9,09 per cento, pur rimanendo immutato, a 560 milioni, il valore a bilancio: il progetto del centro commerciale "Il Girasole" è di imminente attuazione, e il nuovo assetto azionario lascia posto ai vecchi e anonimi proprietari dell'area interessata.

Si è visto come le due fiduciarie Servizio Italia e Saf, fonte originaria del futuro gruppo Fininvest, facciano capo alla Banca Nazionale del Lavoro. Negli anni Sessanta, la Bnl è il maggiore istituto di credito italiano di diritto pubblico (nono nella graduatoria mondiale); l'avvento del centrosinistra apre il suo consiglio di amministrazione anche al Psi: vi entreranno Aldo Aniasi (1963), Antigono Donati (1966), Nerio Nesi (1978), Ruggero Ravenna (1980); Donati e Nesi ne assumeranno anche la presidenza. Nella seconda metà degli anni Settanta, il colosso creditizio registra evidenti segnali di crisi, specie nell'importante settore del parabancario, in forte espansione. Così, le società operanti nel parabancario Bnl aumentano al ritmo di una decina l'anno – nel 1979 sono una dozzina, e nel giro di un decennio diverranno 82 (di cui 24 controllate) tutte facenti capo alla Bnl Holding.

L'amministratore delegato della Bnl Holding, Carlo Alhadeff, da tempo in contrasto con i vertici della banca, il 31 marzo 1988 rassegna le dimissioni e diffonde un comunicato-stampa: «Questa mia decisione», spiega, «nasce dall'esigenza di tutelare la mia credibilità nei confronti dell'esterno e della stessa Bnl, alla quale attualmente non mi è più possibile garantire la bontà della gestione e la correttezza dei risultati della Bnl Holding e delle sue controllate» – si tratta di una chiara presa di distanze rispetto a quanto avviene nelle varie società del parabancario Bnl.

La capogruppo del parabancario Bnl risulta essere la Banca Nazionale del Lavoro Holding Italia spa: il termine "Italia", come si vede, è ricorrente (Servizio Italia, Italcantieri, e tutta una sfilza di Holding Italiana), e gli stessi, ricorrenti numeri (Milano 2, Milano 3, Italia 1, Canale 5, Rete 4, ecc.) ricordano una qualche fantasiosità da ragionieri di banca. Parabancario vuole dire tante cose: *leasing*, *factoring*, intermediazione finanziaria, fondi comuni, gestioni patrimoniali, partecipazioni, recupero crediti, amministrazione fiduciaria. Nel parabancario Bnl, le fiduciarie sono soltanto la Saf e Servizio Italia; esse fanno capo al ristretto comitato esecutivo della Bnl Holding, presieduto dallo stesso presidente della banca e formato da alti dirigenti interni e dai vertici delle principali controllate.

Servizio Italia è presente in tutte le vicende del bancarottiere mafioso e piduista Michele Sindona. Della Capitalfin di Nassau (l'esotico "paradiso fiscale"), una delle "casseforti" sindoniane, presidente è Alberto Ferrari, ai tempi anche presidente della Bnl; segretario è Gianfranco Graziadei, che è anche direttore generale di Servizio Italia – Ferrari e Graziadei risulteranno entrambi affiliati alla Loggia segreta P2 [3]. Gli editori piduisti Angelo Rizzoli e Bruno Tassan Din operano attraverso Servizio Italia. I maneggi piduisti con la casa editrice Rizzoli e il "Corriere della Sera" si

---

[3] Alberto Ferrari con tessera 1625, codice E.19.77, data affiliazione 1.1.1977; Gianfranco Graziadei con tessera 1912, codice E.19.78, data affiliazione 11.10.1978; entrambi nella Loggia massonica occulta col massimo grado: entrambi nel "gruppo centrale" (cioè direttamente agli ordini del Venerabile maestro) con l'alto 3° grado ("maestri", mentre Berlusconi risulterà affiliato alla P2 col grado di "apprendista").

avvalgono di Servizio Italia. La miliardaria operazione speculativa con la Savoia Assicurazioni da parte della Loggia P2 è curata da Servizio Italia, così come i traffici di Gelli con 217 mila azioni Italimmobiliare. Il Venerabile maestro della Loggia P2 scrive all'affiliato Tassan Din indirizzando non già al suo domicilio privato o presso la Rizzoli, bensì presso la sede di Servizio Italia. Nel luglio 1982, pochi giorni prima del suo arresto in relazione alla morte del banchiere piduista Roberto Calvi, il faccendiere Flavio Carboni disporrà l'intestazione fiduciaria delle sue società a Servizio Italia... È dunque assodato che Servizio Italia, formalmente Bnl, è pienamente controllata dalla Loggia P2, e che dietro il suo schermo si celano anche società e interessi di ogni sorta.

Quanto alla Società azionaria fiduciaria, negli anni in cui essa concorre, con Servizio Italia, a creare le fondamenta del gruppo Fininvest, l'età media dei suoi dirigenti è prossima agli 80 anni: il vicepresidente è Federico Pollak, nato nel 1887; il presidente del consiglio di amministrazione, Federico D'Amico, è del 1908; tra i consiglieri, Silvestro Amedeo Porciani è del 1892, il colonnello in pensione Anatolio Pellizzetti del 1907. Risulta dunque del tutto implausibile l'attribuzione a un gruppo di funzionari ottuagenari degli ambiziosi e avveniristici progetti che sottendono la nascita del gruppo Fininvest: progettazione, costruzione, commercializzazione di "città satellite" e annessi servizi, ma anche trasporti aerei privati, attività parabancarie, televisione commerciale... È evidente che "la mente", il "centro propulsore" del grandioso programma "a tutto campo" è altrove, e precisamente nella Loggia massonica segreta Propaganda 2 e nel suo "Piano" per il controllo politico-economico del Paese.

Non a caso, la prima banca "infiltrata" dai piduisti, e quella penetrata più massicciamente e al più alto livello, è il più importante istituto di credito nazionale, e cioè la Banca Nazionale del Lavoro, con ben nove affiliati alla Loggia segreta tra i massimi dirigenti – come avrà modo di confermare lo stesso Licio Gelli, tramite il proprio legale: «Numerose banche italiane hanno annoverato negli anni che vanno dal 1975 al 1981 tra i loro massimi dirigenti appartenenti alla Loggia P2; e meglio, la Banca Nazionale del Lavoro 4 membri del consiglio di amministrazione, il direttore generale, tre direttori centrali e un segretario del consiglio...» [4]. Tra i piduisti insediati ai vertici della Bnl e agli ordini del Venerabile maestro, sei controllano tutta l'attività operativa della banca, e

[4] Cfr. L. Gelli, *op. cit.*, pag. 233.

sono Mario Diana (responsabile del Servizio titoli e Borsa, tessera P2 1644 col grado di "maestro"), Bruno Lipari (direttore centrale delle filiali, tessera P2 1919 col grado di "maestro"), Gustavo De Bac (direttore centrale per gli affari generali, tessera P2 1889 col grado di "apprendista"), Gianfranco Graziadei (amministratore delegato, e direttore generale di Servizio Italia, tessera P2 1912 col grado di "maestro"), Alberto Ferrari (già direttore generale della Bnl, e infine responsabile del settore estero, tessera P2 1625 col grado di "maestro"), e Raffaele Guido (responsabile relazioni esterne) [5].

Il pieno controllo della maggiore banca pubblica italiana consente alla Loggia P2 di procedere celermente nell'attuazione del suo "Piano di rinascita", del quale il gruppo Fininvest parrebbe costituire uno dei principali bracci operativi – formato attraverso la piduista Bnl, il gruppo viene poi consolidato con ingenti finanziamenti erogati dalle altre banche infiltrate dai piduisti: 18 miliardi per il primo aumento di capitale della Fininvest, e 19 miliardi che il gruppo ha in deposito fiduciario presso la società Compagnia fiduciaria nazionale spa; incidentalmente, sono «30/40 miliardi» i capitali preventivati dal "Piano" piduista per assumere l'occulto controllo dei gangli vitali del Paese...

Nel bilancio 1980 della Fininvest risulta una partecipazione di 19 miliardi nella Compagnia fiduciaria nazionale spa: «Titoli in deposito fiduciario, nostra partecipazione 50 per cento». L'ingente somma – che costituisce quasi la metà di tutte le partecipazioni del gruppo fino a quel momento – evidenzia una larga disponibilità finanziaria quando invece il gruppo risulta avere un'estrema necessità di finanziamenti. I 19 miliardi in deposito fiduciario presso la Compagnia fiduciaria nazionale concorreranno all'ultimo aumento che porterà il capitale sociale della Fininvest a 52 miliardi, contribuendo così a completare la prima struttura del gruppo.

La Compagnia fiduciaria nazionale spa, con sede a Milano, in Galleria De Cristoforis 3, è una vecchia società nata nel 1925 a opera del Credito italiano e della Banca commerciale italiana, e poi passata in altre mani. Nel periodo in cui si forma il gruppo Fininvest, cioè tra il 1978 e il 1980, la Compagnia trae i maggiori proventi da Bot e Cct – l'attività fiduciaria che svolge è di tutto

---

[5] Guido verrà arrestato nella sede della banca, in relazione all'evasione dal carcere di suo figlio Gianni, condannato all'ergastolo per il barbaro assassinio di una ragazza al Circeo. Gianni Guido è rievaso dal carcere nel 1993, ed è stato catturato dopo una breve latitanza.

riposo: amministra titoli, meglio se di Stato. Fino a tutto il 1979, ha un capitale sociale di soli 6 milioni, che nell'80 viene elevato a 200 milioni in ottemperanza al capitale minimo imposto per legge alle società per azioni; ha 11 dipendenti. Mezzi e dimensioni sembrano riservare alla minuscola Compagnia un futuro modesto, ma il suo amministratore delegato, Luigi Aldrighetti, si dà molto da fare: in breve tempo cumula le cariche di presidente del consiglio di amministrazione, di amministratore delegato, e di direttore generale.

All'indomani della sua prima nomina a consigliere delegato nella Compagnia, nel 1967, Aldrighetti era divenuto anche amministratore unico della Sofim (Società finanziaria immobiliare). Costituita a Milano, Corso Matteotti 12, proprio in quello stesso 1967 la Sofim aveva trasferito la propria sede sociale a Casale Monferrato, mentre dal 1973 veniva riportata nel capoluogo lombardo, stavolta domiciliata al numero 25 di via Turati; l'apparentemente inspiegabile andirivieni è analogo a quello affrontato da altre finanziarie con interessi siciliani – lo stesso Aldrighetti è nato a Palermo nel 1935.

Nel 1978, la Compagnia fiduciaria nazionale partecipa, nella persona del suo *boss* Luigi Aldrighetti, alla trasformazione da srl in spa di una finanziaria di Milano, la Cofim, e all'aumento di capitale della stessa da 200 milioni a 2 miliardi. Il 7 novembre dell'anno successivo, Aldrighetti viene nominato amministratore della Cofim.

Tra le società controllate dalla Cofim nel 1979 vi è la Intercontinentale assicurazioni spa, iscritta a bilancio col valore di 12 miliardi e 900 milioni di lire, le cui origini appaiono inquietanti: nel luglio 1977 la società romana Flaminia nuova (legata al noto Fiorenzo Ravello [*alias Florent Lay Ravello, NdA*] e coinvolta nello scandalo Italcasse) se ne era assicurata il pacchetto di controllo; ma prima ancora, l'Intercontinentale era servita all'ing. Silvio Bonetti per spericolate operazioni che gli procureranno una incriminazione da parte della magistratura. Nella sentenza-ordinanza del 4 dicembre 1987, il giudice istruttore Felice Isnardi, del Tribunale di Milano, rinviava a giudizio Bonetti per come aveva gestito, negli anni Settanta, la Intercontinentale e altre compagnie di assicurazione: «La gestione», scrive il magistrato, «avveniva secondo una tecnica diretta alla spoliazione del relativo patrimonio... secondo le seguenti modalità: predisposizione di un meccanismo consistente nella costituzione, attraverso prestanomi, di società a responsabilità limitata e l'impiego delle stesse per acquistare immobili che poi venivano rivenduti a prezzi di gran lunga superiori alle compagnie di assicurazione; distrazione in proprio favore della differenza tra il valore degli immobili e l'importo pagato dalle compagnie, nonché eventualmente degli importi risultati versati a titolo di Iva e dei rimborsi effettuati dall'erario»; nello stesso procedimento penale, Bonetti veniva accusato di «aver partecipato ad una associazione per delinquere [*la cosiddetta "mafia dei colletti bianchi", NdA*] costituita tra numerosissime persone ed avente per scopo la commissione di una serie indeterminata di reati, fra i quali... falsi, truffe, estorsioni... riciclaggio di somme compendio dei predetti delitti, del traffico di sostanze stupefacenti... ed altro». In campo assicurativo, Bonetti agiva col concorso di noti esponenti della malavita organizzata, come Carmelo Gaeta, Pasquale Pergola e altri, a loro volta legati ai fratelli Bono. Simili personaggi e simili frequentazioni non potevano certo risultare sconosciuti agli operatori del settore, come la stessa Cofim.

Sul versante Fininvest, intanto, Luigi Aldrighetti contribuisce al completamento delle strutture del gruppo. Il 14 maggio 1980 crea la Finanziaria Alta Italia srl, attraverso la quale transitano ingenti flussi di denaro. La società nasce "in famiglia", al numero 3 di Galleria De Cristoforis, a Milano (dove vi è la sede sociale), e la costituiscono Aldrighetti per conto della Compagnia fiduciaria nazionale, e un dipendente della stessa, il ragionier Paolo Marchi, il quale sottoscrive 50 mila lire (!) del capitale sociale di 20 milioni, e che funge chiaramente da prestanome. Le successive vicende dimostrano come la funzione ultima della Finanziaria Alta Italia sia quella di immettere nella Fininvest i 19 miliardi "parcheggiati" presso la Compagnia fiduciaria nazionale: infatti, l'ingente somma compare quale versamento infruttifero dei soci, e viene impiegata per acquisire la società Avilla (che detiene i terreni di Olbia 2), e liquidare la parte di proprietà del faccendiere Flavio Carboni.

Nella milanese Galleria De Cristoforis 3 ha sede anche la Finanziaria immobiliare commerciale srl, della quale è amministratore unico Luigi Aldrighetti. Costituita con un capitale sociale di 20 milioni, nel novembre 1980 la società lo eleva a 2 miliardi. Essa detiene il 99 per cento della Nuove iniziative romane srl, una società del gruppo Fininvest, alla quale si aggiungerà qualche anno dopo l'Immobiliare Buonaparte III, altra società che gravita nello stesso gruppo Fininvest. La Finanziaria immobiliare commerciale è inoltre una consociata dell'Istifi (Istituto italiano di finanziamento e investimento), società del gruppo Fininvest alla quale accorda cospicui finanziamenti: a sua volta, è partecipata al 50 per cento della Cifi (Compagnia italiana finanziaria immobiliare) appartenente al gruppo Fininvest. In seguito (maggio 1985), la Finanziaria

immobiliare commerciale si fonderà con la Immobiliare Buonaparte III, e la società che ne risulta si fonderà a sua volta (luglio
1985) con la Saci (Società attrezzature commerciali e industriali
spa), cioè la società che realizza Milano 3.

Il "sindoniano" balletto di società che nascono, si associano, si
fondono e si trasformano, ha trovato nuovi e ancora più audaci
imitatori.

Qual è l'identità di coloro che hanno sottoscritto i mandati fiducia-
ri conferiti a Servizio Italia e Saf, le due società della Bnl Holding
che pongono le basi del futuro gruppo Fininvest? Mistero.

Interrogativi e perplessità circa la reale proprietà della Fininvest
emergono periodicamente sulla stampa, e vengono puntualmente
(e laconicamente) smentite da fonti berlusconiane. Così, quando
Marco Borsa (ex direttore di "Italia Oggi") scrive: «La Fininvest è
teoricamente di proprietà della famiglia Berlusconi, ma nessuno
lo sa con precisione» [6], gli replica Fedele Confalonieri, nella sua
veste di amministratore delegato della Fininvest Comunicazioni:
«La Fininvest appartiene alla famiglia Berlusconi in modo effettivo e totale» [7] – un'affermazione tanto perentoria quanto accuratamente priva di riscontri. Risulta del resto evidente come non sia
stato Berlusconi a creare la Fininvest, ma come sia stata la Fininvest delle fiduciarie e delle banche piduiste a imporre il piduista
Berlusconi alla ribalta dell'imprenditoria nazionale.

La costruzione del gruppo – lo abbiamo visto – richiede vari anni.
Comincia nel 1975 con la nascita, a Roma, della Fininvest srl; a
metà novembre dello stesso 1975 la società viene trasformata in
spa, e trasferita a Milano. È solo allora che Berlusconi appare per
la prima volta nel campo d'azione della piduista Bnl Holding,
assumendo la presidenza del consiglio di amministrazione della
Fininvest. Nell'agosto di quello stesso 1975, il Venerabile maestro
della Loggia P2 ha elaborato il suo "Schema R", e in quello stesso
autunno 1975 la Loggia segreta sta mettendo a punto il suo corruttivo "Piano di rinascita". È del resto significativo che quando assume la presidenza della Fininvest, Berlusconi sia affiancato da
"controllori" della Bnl Holding – Umberto Previti, Cesare Previti
e Giovanni Angela, componenti del collegio sindacale; solo l'anno
dopo essi cedono il posto a noti professionisti milanesi. La definitiva consacrazione di Berlusconi avviene solo nel luglio 1979, quan-

[6] "Corriere della Sera", 12 aprile 1988.

[7] "Corriere della Sera", 24 aprile 1988.

do viene nominato presidente del consiglio di amministrazione della nuova grande Fininvest (fusione della Fininvest milanese con quella romana), forte di 52 miliardi di capitale sociale.

Vero è che la struttura del gruppo Fininvest si evolve fin dall'inizio verso un duplice obiettivo: mantenere "coperta" la reale articolazione proprietaria garantendo l'anonimato dei possessori del nascente impero, e al tempo stesso eludere l'imposizione fiscale.

Esemplare, in questo senso, è la costituzione delle 22 Holding Italiana Prima, Seconda, Terza, eccetera – «Un meccanismo», come ammetterà Giancarlo Foscale (amministratore delegato della capogruppo Fininvest), «che ci consente un risparmio sulle imposte valutabile intorno al 30-40 per cento». Infatti, le 22 holding sono "scatole vuote", con la sola funzione di incassare i dividendi quali azioniste della Fininvest; tali dividendi vengono poi girati, sottoforma di interessi, ai possessori delle obbligazioni da esse emesse per cifre uguali al capitale sociale (che varia da 1 a 2 miliardi di lire ciascuna). In sostanza, i padroni dell'impero – Berlusconi e i suoi occulti soci – detengono le obbligazioni delle holding, e attraverso queste incassano gli utili di tutto il gruppo con due vantaggi: rimangono anonimi, e pagano, invece della imposta progressiva sul reddito, il solo 10 per cento delle somme riscosse. Ma lo spericolato marchingegno offre anche altri vantaggi fiscali: alternando nel tempo guadagni e perdite, consente di sfruttare il cosiddetto "credito d'imposta" della legge Pandolfi [8].

L'intricata struttura dell'impero berlusconiano si delinea come una ragnatela di società, fiduciarie, scatole vuote, prestanome, holding, con "incestuosi" incroci azionari. Nel Codice civile, parole come "holding" e "gruppo" non sono contemplate; Francesco

---

[8] Il giochetto si svolge così: supponiamo che una holding con un miliardo di capitale sociale abbia emesso obbligazioni per un altro miliardo e che abbia investito il tutto, cioè 2 miliardi di lire, in azioni Fininvest; queste ultime le rendono, poniamo, 100 milioni di dividendo; nello stesso tempo, però, la remunerazioni delle obbligazioni (indicizzate, quindi rivalutabili) le costa 150 milioni; a questo punto, la holding ha una perdita fiscalmente deducibile nei prossimi 5 anni, e intanto sui dividendi incassati accumula un credito d'imposta. Spiega Foscale: «Quando le perdite raggiungono il limite della tollerabilità, provvediamo ad annullarle facendo realizzare alla holding consistenti ricavi attraverso un incremento dei dividendi oppure con una manovra di tipo speculativo realizzando plusvalenze. Il debito nei confronti dell'erario (le imposte sull'utile) viene coperto del credito vantato... Dall'esercizio successivo verrà accresciuta la capacità della società di assorbire i risultati positivi con un aumento di capitale e una nuova emissione di obbligazioni convertibili, che renderanno così cifre di un ammontare superiore» (cfr. "Il Mondo", 6 dicembre 1982).

Ferrara, professore di Diritto commerciale all'università di Firenze, scrive: «Quando esiste il controllo azionario ricorre il fenomeno della "holding" o società finanziaria, che assume aspetti vari e che è molto diffusa nell'economia attuale, sollevando una serie di problemi estremamente delicati, per la possibilità che la società capogruppo ha di operare direttamente o a mezzo delle società... Il pericolo insito in questi raggruppamenti di imprese non sta nel loro funzionamento, ma può sorgere nella formazione del capitale, con il quale le varie società che vi partecipano si presentano ai terzi. Se infatti una società, alla cui costituzione un'altra società ha partecipato sottoscrivendone in tutto o in parte il capitale, impiega successivamente in tutto o in parte il proprio capitale nell'acquisto di azioni di quest'ultima, è evidente che si determina l'eliminazione di una parte corrispondente dei capitali nominali delle due società, nonostante che entrambi continuino a figurare come integralmente sottoscritti. Più evidente ancora – e sotto un certo aspetto più grave – è il medesimo fenomeno quando si avvera nel momento in cui due società si costituiscono o aumentano il proprio capitale sottoscrivendo reciprocamente l'una le azioni dell'altra (società a catena). Si ha infatti in ambedue i casi una moltiplicazione illusoria della ricchezza, la quale può indurre chi ignora la genesi di tale apparenza a far credito alla società fino a quando l'inevitabile rovescio di tutte le costruzioni senza basi distruggerà la fittizia ricchezza del debitore e il credito non fittizio di chi in quella ha fatto affidamento. Sono questi i fenomeni da colpire come quelli che rappresentano la degenerazione patologica del sistema dei raggruppamenti di imprese» [9].

Se risulta evidente l'intento di eludere la tassazione sottraendo al fisco somme ingenti, l'arzigogolato assetto dell'impero Fininvest viene concepito e strutturato con l'iniziale costante del ricorso ai prestanome proprio allo scopo di coprire con l'anonimato l'identità dei suoi reali possessori. Quanto alle fiduciarie, si tratta per l'appunto del più classico dei paraventi legali: «[Si tratta di] un sottile schermo per coprire gli effettivi proprietari», conferma l'ex presidente della Bnl Nerio Nesi. «Quando si usano fiduciarie per l'intestazione di azioni, l'ipotesi più plausibile è che ci siano soci che non gradiscono apparire» [10].

[9] F. Ferrara, *Gli imprenditori e le società*, Giuffrè, 1980.

[10] "L'Europeo", 26 gennaio 1994.

V

DIETRO LO SCHERMO

Verso il Far West televisivo

Costituite le società (cioè le strutture grazie alle quali può operare sul mercato), acquistate le pellicole da trasmettere, avviato il *pool* di emittenti controllate, messa a punto una strategia pubblicitaria monopolistica, a Berlusconi si pone il problema di formare un a-deguato *management* in grado di gestire il suo nascente impero televisivo. Il "Piano" della Loggia P2 prevede che, costituito il circuito di Tv locali, la Rai-Tv venga «dissolta in nome della libertà di antenna» fino alla abolizione del monopolio.

Il duplice obiettivo – formazione del *management*, e attacco al monopolio Rai – può essere perseguito contestualmente, e infatti si procede con l'ingaggio del presentatore italo-americano Mike Bongiorno, da circa trent'anni sulla scena e in forza alla Rai con i suoi popolari telequiz: alla fine del 1979, Bongiorno è sugli scher-mi del *network* Telemilano-Canale 5 col suo nuovo quiz intitolato "I sogni nel cassetto". Il presentatore, oltre a ottenere un lauto ingaggio (un miliardo l'anno), riqualifica la propria immagine al-difuori della burocratica Rai-Tv; Berlusconi può avvalersi di un personaggio televisivo notissimo, sottraendolo proprio alla tele-visione di Stato. Nel febbraio 1980, Berlusconi strappa dalla Rai anche il programmista Carlo Fuscagni e il coreografo Valerio Lazarov; dopodiché, il 14 ottobre 1981, fonda la società Video Time, della quale Bongiorno diviene consigliere e Lazarov presi-dente; Bongiorno viene inoltre nominato "direttore artistico" del *network*.

A colpi di miliardi, la berlusconiana campagna-acquisti dei più popolari personaggi dell'emittente pubblica è incalzante: il pre-sentatore Corrado Mantoni, l'imitatore Gigi Sabani, il *disc-jockey* Claudio Cecchetto, sono i primi di una lunga serie di "transfughi" che lasciano la Rai-Tv. La guerra di uomini, strutture e programmi dichiarata dal neoeditore piduista all'emittente di Stato si dispiega

117

a tutto campo: nel 1980, Berlusconi riesce ad assicurarsi i diritti per trasmettere in Italia il "Mundialito" (importante torneo calcistico internazionale), battendo la Rai con un'offerta di circa un milione di dollari.

È anche e soprattutto la tanto misteriosa quanto ingente disponibilità finanziaria che consente a Berlusconi di competere con la Rai-Tv, arrivando a mettere alle corde il colosso di viale Mazzini. Approfittando della burocratica lentezza della Rai, e pagando pronta cassa, il *tycoon* della P2 nel febbraio 1981 stipula accordi con i tre grandi *networks* americani Abc, Cbs, Nbc. I produttori americani gongolano: da sempre costretti a interloquire con l'elefantiaca Rai in posizione monopolistica, con l'avvento sul mercato dello spregiudicato, dinamico, munifico, "americano" Berlusconi si aprono per loro nuovi orizzonti affaristici; infatti, i prezzi di mercato salgono vertiginosamente: se qualche anno prima, ad esempio, un'ora di trasmissione aveva un prezzo medio di 4-5 mila dollari, nel 1981 si superano gli 8 mila dollari, e questo proprio grazie all'arrembaggio berlusconiano, che dei produttori americani diviene ben presto l'interlocutore privilegiato per il mercato italiano.

Il palinsesto del *network* di Berlusconi è zeppo di film, telefilm, cartoni animati, *novelas*, parossisticamente infarciti di spot pubblicitari [1].

E mentre l'*audience* è in costante crescita anche grazie a trasmissioni dai discutibili contenuti socio-culturali, secondo il più deleterio concetto di "Tv nazional-popolare", la "questione pubblicitaria" diviene preponderante. Non si tratta più di un *network* sostenuto dalla pubblicità, bensì di un *business* pubblicitario sostenuto e alimentato dal *network*. «Ai clienti non viene mai posto un vincolo, né quantitativo né qualitativo. Chi paga ha diritto a tutti gli spot che vuole per propagandare il prodotto che vuole, nei modi e nei tempi desiderati. La censura pubblicitaria della Rai diventa, nel rovesciamento che ne compie Berlusconi, una vera e propria anarchia, ai fini del prodotto ovviamente... Finalmente accedono alla Tv prodotti un tempo vietatissimi, ma il cattivo gusto di Paperon de' Berlusconi non s'arresta dinanzi a nessuna possibile fonte di denaro. Così, nel 1983, quando l'ardito proprietario di una

---

[1] Si arriverà a definire i film trasmessi dal *network* berlusconiano «spot pubblicitari interrotti da spezzoni di film», e i registi Zeffirelli e Fellini ricorreranno alla magistratura lamentando lo snaturamento delle loro opere, teletrasmesse fra continue interruzioni pubblicitarie.

fabbrica di casse da morto s'affaccia alla stanza di Sua Emittenza per tentare di acquistare qualche spot pubblicitario, viene accolto a braccia aperte. "Naturalmente", gli spiega Berlusconi, "ci vuole una pubblicità particolare... Ecco, potremmo rifare con una delle sue casse la scena finale del film *I Predatori dell'Arca perduta*, quando dall'urna esplode la magia". Non è un raccontino macabro, ma un fatto realmente accaduto. Lo spot delle casse da morto cominciò a essere trasmesso in sordina, verso mezzanotte. Un altro tabù, forse il più radicato, era stato infranto: la pubblicità televisiva non conosceva nemmeno i limiti della morte. Lo spot, in mano a Berlusconi, superava perfino i confini naturali» [2].

Quella che diverrà il fulcro dell'impero berlusconiano è la società Publitalia 80, concessionaria di pubblicità fondata il 13 settembre 1979, capitale sociale 3 miliardi di lire, consiglio di amministrazione formato da Giancarlo Foscale (presidente e consigliere delegato), Marcello Dell'Utri, Vito Saponaro, Giuseppe Mastropasqua, che ne sono consiglieri delegati, e dal consigliere Giancarlo Pospi.

L'uomo forte di Publitalia è il palermitano Marcello Dell'Utri, con Berlusconi a metà degli anni Settanta nella Immobiliare Romano Paltano (della quale Dell'Utri era stato amministratore unico), e a fianco di Berlusconi in occasione della fusione dell'Immobiliare San Martino nella Edilnord. Dell'Utri si vede affidata la gestione della nevralgica Publitalia, con i suoi circa 250 agenti [3]. Mentre la concorrente Rai è vincolata a un "tetto" pubblicitario, Publitalia può saccheggiare il mercato pubblicitario senza limite alcuno – gli agenti di Dell'Utri si muovono da autentici cacciatori di spot, organizzati, inquadrati e indottrinati come adepti di una setta.

[2] P. Martini, *Tv sorrisi e milioni*, Gei, 1985.

[3] Tra essi vi sono, oltre alla schiera di figli di dirigenti e teledivi del gruppo, Alberto Dell'Utri (fratello di Marcello) e Romano Comincioli.

Improvvisato finanziere atipico

Benché Publitalia si riveli subito uno strumento fondamentale in termini di fatturato, i costi del *network* berlusconiano sono elevatissimi, tantopiù che – si è visto – lo spregiudicato neoeditore, ex palazzinaro di lusso, nella sua guerra alla Rai e nelle sue mire egemonico-monopolistiche non bada a spese. Nell'ottobre 1981, un *flash* d'agenzia informa: «Silvio Berlusconi ha perduto secchi quest'anno 60 miliardi, bruciati dalle sue megalomani imprese televisive» [4]. Inoltre, permane la crisi del mercato immobiliare, e un elevato costo del denaro porta a tassi bancari che superano il 20 per cento, proprio mentre Berlusconi è ancora impegnato con le sue operazioni Milano 3, "Il Girasole" e Costa Turchese. Si dà il caso, perdipiù, che nel maggio 1981 scoppi lo scandalo P2, e che negli elenchi degli affiliati, oltre al nome di Berlusconi vi siano tra gli altri anche i nomi di numerosi banchieri; scoperchiata la Loggia massonica segreta, e smascherati i banchieri piduisti, per Berlusconi si impone l'esigenza di trovare anche nuove fonti di finanziamento.

I primissimi anni Ottanta vedono salire alla ribalta una schiera di spregiudicati finanzieri rampanti, armati dei loro truffaldini "titoli atipici": Vincenzo Cultrera (Istituto fiduciario lombardo), Orazio Bagnasco (Europrogramme), Luciano Sgarlata (Compagnia europea immobiliare), prendono a saccheggiare il mercato del risparmio con piratesche offerte di cosiddetti "titoli atipici", che alcuni

[4] Agenzia "Aipe", 8 ottobre 1981. L'agenzia scrive inoltre: «Il famoso Canale 5, creato con concezioni faraoniche, si sta rivelando un pozzo di San Patrizio, e le entrate coprono meno di metà delle spese. Dopo aver bussato invano alle solite porte politiche, Berlusconi si è rivolto alla Confindustria, lanciando l'idea di una televisione "nazionale" degli industriali, la Tv dei padroni. Ma anche qui l'accoglienza è stata piuttosto freddina».

anni dopo lasceranno sul lastrico decine di migliaia di improvvidi risparmiatori anche grazie alla totale mancanza di regolamentazione legislativa. E Berlusconi, che oltre a cercare denaro ha un debole per i settori privi di regolamentazione legislativa, nei primi mesi del 1982 compie il suo trionfale ingresso nel settore del cosiddetto "risparmio alternativo".

Il "finanziere" Berlusconi propone due prodotti atipici: certificati di investimento finanziario, e certificati immobiliari. Entrambe le operazioni hanno la forma di associazioni in partecipazione: l'investitore si associa a un'iniziativa economica, e quindi ne condivide guadagni e rischi in proporzione all'importo sottoscritto; se l'affare va male, può rimetterci fino all'intera somma versata.

I certificati immobiliari, emessi per 10 miliardi e 900 milioni di lire, riguardano il Centro commerciale di Milano 3. Non è dato sapere quanto ciò corrisponda al reale valore dell'immobile, poiché la stima è effettuata dalle stesse società berlusconiane interessate all'operazione. Quando il Centro commerciale verrà venduto («presumibilmente tra 5 anni» assicurano all'epoca i venditori dei certificati), Berlusconi tratterrà il 14 per cento di utile netto sulla differenza tra i 10,9 miliardi e il prezzo di realizzo. Con la stasi del mercato e i prezzi calanti, la differenza potrebbe anche risultare negativa, nel qual caso i detentori di certificati non percepirebbero utili e anzi perderebbero parte di quanto hanno investito (ma il rischio verrà scongiurato, e tutti gli impegni verranno onorati).

I certificati finanziari, emessi per 30 miliardi di lire, costituiscono un prestito alla Saci, la società costruttrice del "Girasole" a Lacchiarella. L'operazione dura due anni, durante i quali ai sottoscrittori vengono corrisposti gli interessi attivi pagati dalla Saci, dedotto l'1,5 per cento che trattiene Berlusconi. Al termine dei due anni, le somme sottoscritte vengono rimborsate con l'aggiunta di un terzo della variazione dell'indice del costo di costruzione dei fabbricati residenziali. A conti fatti, coloro che hanno acquistato i certificati realizzano meno del tasso d'inflazione – se così non fosse, quale vantaggio avrebbe Berlusconi nell'imbastire un'operazione di finanziamento onerosa come e più del normale credito bancario?

L'ingresso nel campo degli "atipici" avviene attraverso la holding di settore Fininvest Italia (un miliardo di capitale) cui fanno capo l'Assofin (dello zio di Berlusconi, Luigi Foscale), l'Istifi, e la Fininvest fiduciaria; del collocamento dei certificati si occupa la società Programma Italia: tutte società del gruppo Fininvest, ciascuna delle quali preposta a rastrellare denaro per spese di amministrazione e commissioni, mentre l'acquirente dei certificati finanziari paga il 2 per cento per spese di collocamento, che salgono al 6 per cento per i certificati immobiliari.

Oltre a queste due operazioni, il gruppo berlusconiano inaugura anche la gestione fiduciaria dei patrimoni: investe e disinveste per conto di clienti terzi, riscuotendo una provvigione. Se ne occupa la Fininvest fiduciaria spa, costituita il 21 dicembre 1981 dalla trasformazione della Fiduciaria S. Antonio (una società a responsabilità limitata che aveva 22 milioni di capitale e non aveva mai svolto alcuna attività); con la trasformazione, il capitale sociale viene portato a 200 milioni di lire. Nel suo primo anno di attività, il 1982, la Fininvest fiduciaria compie operazioni di gestione patrimoniale per 25 miliardi, e acquista 69 miliardi di titoli per conto di Programma Italia. L'utile, circa 76 milioni, viene impiegato nell'acquisto di due appartamenti e un box per 360 milioni: per la differenza, la società contrae un debito verso Programma Italia. Nello stesso bilancio del 1982, vi è un'esposizione verso le banche di 3,3 miliardi di lire. Si tratta di un *modus operandi* esemplare della pratica berlusconiana: presa una "scatola vuota", la trasforma in "spa" col minimo di capitale consentito (200 milioni), la pone al servizio del gruppo, e anche di clienti terzi, con un organico ridottissimo (25 tra impiegati e dirigenti, a fine '82); l'utile viene impiegato per rilevare qualcuno dei tanti appartamenti che Berlusconi non riesce a smaltire. Ma in questa incestuosa girandola societaria, quanto è davvero il denaro effettivo? I bilanci non dicono se e quanto la Fininvest fiduciaria abbia guadagnato con clienti estranei al gruppo: si parla genericamente di "terzi" comprendendovi anche le altre società di Berlusconi, e dunque tutto potrebbe anche essere un semplice giro contabile all'interno del gruppo; ma ciò sembra essere sufficiente soprattutto allo scopo di poter ottenere fidi bancari.

L'iniziativa "atipica" dell'improvvisato finanziere Berlusconi alla ricerca di "denaro fresco" comincia con l'offerta di sottoscrizione – condotta "porta a porta" – di quote della società Rete 10 srl. «Che sia un tentativo per rastrellare denaro "fresco" crediamo che non ci voglia molto a capirlo. Ma che possa anche essere un modo per tentare di uscire da una situazione finanziaria che fonti americane davano già "pesante" mesi or sono, non è ipotesi da scartare a priori»[5].

L'operazione è così congegnata. Dopo aver acquistato la rete

[5] "Paese Sera", 27 ottobre 1982.

televisiva Italia 1 dall'editore Edilio Rusconi per circa 30 miliardi di lire, Berlusconi fonda Rete 10 in società con Indro Montanelli (direttore del "Giornale nuovo" di cui l'editore piduista è proprietario al 37,5 per cento); dopodiché, il disinvolto neo-finanziere stabilisce che con l'acquisizione di Italia 1 la società Rete 10 vale 100 miliardi, e dunque «mette in vendita "porta a porta" queste poche cose per la modica cifra di 100 miliardi, cioè tre volte tanto la cifra spesa per comprare l'intero pacchetto da Rusconi»[6]. Nel prospetto dell'operazione che il 27 aprile 1983 Berlusconi invia alla Consob (la Commissione nazionale per le società e la Borsa) si afferma soltanto che Rete 10 offrirà in sottoscrizione quote per 48 miliardi e 900 milioni di lire – senza indicare né quale sia il patrimonio netto della società, né quali siano i suoi programmi d'investimento; le "garanzie" fornite ai sottoscrittori consistono nel ricordare che per le Tv di Berlusconi lavorano Lory Del Santo e Edwige Fenech... «Altra grossa garanzia di serietà», è scritto in un opuscolo illustrativo, «è data dalla presidenza di Rete 10 affidata a Indro Montanelli, il quale è stimato da tutti gli italiani».

Nei circoli finanziari l'operazione berlusconiana suscita ilarità: gli operatori di Borsa dicono trattarsi dell'operazione più sgangherata e assurda mai vista. Ma intanto 300 venditori, pomposamente definiti "consulenti finanziari", bussano alle porte del ceto medio-alto e piazzano quote di Rete 10 srl a partire da un minimo di 10 milioni di lire. Secondo "la Repubblica" del 21 giugno 1983, sembra che i piazzisti berlusconiani arrivino a proporre "l'affare" perfino alle mondane di Pordenone, sollecitandole a investire i loro risparmi in Rete 10...

La rete di vendita fa capo a Programma Italia srl, società nata il 4 febbraio 1982, e formata da Fininvest Italia e dalla Sipa (Società investimenti e partecipazioni azionarie spa), le quali vi conferiscono rispettivamente 19 e 1 milione di lire (in seguito, il capitale sociale verrà portato a 200 milioni); Berlusconi vi assocerà al 50 per cento Ennio Doris (già capo dei venditori della Cofina), il quale si porterà appresso i propri collaboratori; un ulteriore gruppo di collocatori di titoli arriverà al seguito di Mario Campisi (ex Unifiduciaria).

Lo spericolato collocamento ha successo, nonostante taluni aspetti rimangano irrisolti, a cominciare dai certificati rappresentativi delle quote sottoscritte; i venditori li chiamano "certificati azionari", ma si tratta di un titolo fantasioso e sconosciuto al

---

[6] "la Repubblica", 30 settembre 1983.

Codice civile. Un ulteriore aspetto sconcertante è il fatto che Rete 10 sia una "srl" e non una "spa"; una circolare interna suggerisce ai venditori di fornire all'occorrenza la seguente spiegazione: non c'è tempo per aspettare che il Comitato interministeriale per il credito si riunisca per deliberarne l'approvazione; in realtà, come "srl", Rete 10 evita qualsiasi controllo ministeriale [7].

Il collocamento delle quote di Rete 10 avviene tra molte polemiche. Berlusconi annuncia querele a carico di "Panorama" e "la Repubblica", mentre "Il Giornale nuovo" provvede solerte alla difesa d'ufficio: «La Fininvest decise di associare all'impresa risparmiatori privati per 48 miliardi e nel giro di pochi mesi raccolse la cifra. Dei restanti 52 miliardi di capitale, 48 fanno capo alla Fininvest e 4 al nostro giornale [8]. [...] Il mercato aveva offerto alla Fininvest l'opportunità di acquistare da Rusconi le attività televisive. L'operazione, nel complesso, è costata alla Fininvest circa 80 miliardi (ai 30 pagati a Rusconi si aggiungono gli impegni per l'acquisto di programmi e attrezzature che Italia 1 aveva già assunto e che la nuova gestione doveva rispettare)» [9].

Al di là degli artifici contabili, un dato è certo: i sottoscrittori pagano a Programma Italia la provvigione per il collocamento delle quote; poi pagano (s'intende, indirettamente) a Publitalia spa (controllata interamente dalla Fininvest) le provvigioni sugli introiti pubblicitari di Italia 1; quindi pagano a Video Time (altra società di Berlusconi) i diritti sui programmi, e infine pagano a Elettronica industriale spa (società nella quale Berlusconi è al 50 per cento con Adriano Galliani) la manutenzione dei ripetitori di Rete 10-Italia 1...

Nel novembre 1982, Programma Italia ritira precipitosamente i certificati immobiliari emessi sullo stabile di via Vittor Pisani 19, a Milano, di proprietà della Bica. L'operazione era cominciata il 1° luglio con l'emissione di certificati immobiliari per 22 miliardi di lire, pari – secondo Berlusconi – al 25 per cento del valore dello stabile (mentre si è visto come per l'intero complesso dei terreni e

---

[7] Lo stesso problema si presenta per tutto il gruppo: perfino la holding Fininvest, con 52 miliardi di capitale versato e 85 miliardi deliberati, è in questo periodo una "srl" – verrà trasformata in "spa" il 29 novembre 1982.

[8] Come il deficitario quotidiano abbia potuto stanziare 4 miliardi di lire è un ulteriore mistero.

[9] "Il Giornale nuovo", 15 luglio 1983.

degli immobili della Bica fossero stati pagati in tutto 61 miliardi); a novembre, quando già erano stati collocati certificati per 2 miliardi di lire (ma un'altra fonte sostiene fossero 5), Programma Italia li ritira pagando in più 192 mila lire per ogni milione nominale rimborsato: 19,2 per cento di interessi in pochi mesi! Tanta precipitosa "generosità" appare inspiegabile, e fioriscono le più strane congetture. La verità è semplice: lo stabile era gravato da innumerevoli ipoteche, perfino di secondo e terzo grado, a favore dell'Istituto Italiano di Credito Fondiario di Roma; tra il 27 novembre 1981 e il 6 settembre 1982, gli immobili della Bica erano stati ipotecati per 60,4 miliardi di lire al tasso d'interesse del 22,5 per cento annuo a scadenza 13-15 anni. (Il 7 giugno 1985 si aggiungeranno altre ipoteche per 10,8 miliardi.)

Questo significativo "incidente", che avrebbe potuto avere gravi conseguenze, frena le operazioni in titoli atipici di Berlusconi. Del resto, il ministro del Tesoro sta predisponendo nuove norme sugli "atipici" (la ritenuta d'imposta sarà portata al 25 per cento, e saranno introdotte misure più severe), norme che quando confluiranno in un decreto legge qualcuno interpreterà come un "alt" a Berlusconi [10].

Il gruppo Berlusconi si espande allora nel campo della normale intermediazione finanziaria. Nel 1983 offre in sottoscrizione diverse *tranches* di obbligazioni a 5 anni in favore della Sies (editoria), di Reteitalia (sfruttamento diritti televisivi), della Cantieri riuniti milanesi (edilizia) e della Italcantieri (costruzione e realizzazione dei progetti edilizi Fininvest). Nonostante gli ingenti introiti pubblicitari che Berlusconi sostiene di ricavare dalle sue televisioni, il gruppo è costretto a cercare denaro con le obbligazioni, in particolare per Milano 3: infatti, la costruzione della "città satellite" è in grave ritardo rispetto al previsto, e procede a rilento – è stata edificata appena al 30 per cento, e il completamento è rinviato a dopo il 1988.

Ma anche nel settore televisivo si registrano difficoltà. Che bisogno avrebbe Reteitalia di rastrellare qualche miliardo con le obbligazioni, se davvero disponesse degli utili che denuncia? Il fatto è che tali utili derivano esclusivamente o quasi dal noleggio di programmi e dalla cessione di diritti a società del gruppo, e spostare il denaro da una tasca all'altra della medesima giacca non lo fa certo aumentare... Del resto, sul gruppo gravano le perdite di

---

[10] Cfr. "Europeo", 24 settembre 1983.

Telemilano (926 milioni nel 1978, e quasi altrettanti nel 1979) e quelle di Reteitalia (che le fonti di Berlusconi affermano essere «contenute nel 1980 e premessa per il raggiungimento del pareggio nel 1981»).

Il collocamento delle citate obbligazioni rende a Programma Italia il 3,5 per cento di commissione. La società, alla fine del 1983, annovera circa 390 venditori a percentuale (ma sostiene di averne oltre 600), e vende ormai 28 diversi prodotti finanziari – dalle polizze assicurative alla multiproprietà; chiude il 1983 con 60 miliardi in gestione fiduciaria, 9,5 miliardi di obbligazioni, 2,5 miliardi di assicurazioni, e 100 miliardi di certificati immobiliari e finanziari. Nonostante tutto, gli "atipici" sono ancora prevalenti. Nel 1984, la Fininvest emette un prestito obbligazionario di 50 miliardi di lire a 5 anni, e la Video Time finanziaria ne colloca un altro per 49 miliardi. Il gruppo contrae anche un debito all'estero, verso la Barclays Bank, per 10 miliardi di lire a 18 mesi. Infine, il gruppo vara nel 1985 due fondi di investimento mobiliare denominati Risparmio Italia, uno bilanciato e l'altro obbligazionario.

Con questo supermercato dei titoli, Berlusconi crea un polmone finanziario che gli consente di avere liquidità. Ma ciò non è sufficiente a coprire le necessità del gruppo, e le società berlusconiane sono costrette a indebitarsi pesantemente. Ad esempio, la Cantieri riuniti milanesi nel solo 1982 concede ipoteche per 92 miliardi di mutui, mentre alla Saci non bastano i miliardi raccolti con i certificati collocati da Programma Italia, e si indebita sia con le banche sia con le altre società del gruppo.

Le informazioni che nei primi anni Ottanta si evincono dai bilanci delle decine di società berlusconiane controllate e collegate, tra Milano e Roma, sono scarse e lacunose. Le varie società risultano essere al tempo stesso debitrici e creditrici l'una dell'altra, a più giri. In questo balletto di miliardi è pressoché impossibile stabilire quanto denaro vi sia realmente.

"Cavalli" siciliani per il Cavaliere di Arcore

Berlusconi avrebbe intrattenuto rapporti di affari con il *boss* Vito Ciancimino (discusso esponente dal 1953 al 1983 della Democrazia cristiana in Sicilia, già sindaco di Palermo, nei primi anni Novanta Ciancimino verrà condannato a 8 anni di reclusione per associazione mafiosa e corruzione) [11].

È il quotidiano palermitano "L'Ora" che per primo ventila il sospetto di rapporti Berlusconi-Ciancimino attraverso le società immobiliari Inim, Raca costruzioni, e Venchi Unica. Delle tre, la più interessante è la Inim-Internazionale immobiliare spa presieduta da Francesco Paolo Alamia. Costituita a Palermo l'8 novembre 1976 (con capitale deliberato di 200 milioni, sottoscritto 1 milione), il 10 luglio 1978 la società viene trasferita a Milano – è l'epoca nella quale gli interessi del *boss* palermitano si spostano nel nord Italia, come ammetterà lo stesso Ciancimino in un'intervista del 1978 [12]. A proposito della Inim dell'amico Francesco

---

[11] Secondo Michele Pantaleone, Ciancimino «è uno dei maggiori interessati nella politica dell'edilizia abitativa, e contrae società di fatto con molti costruttori, alcuni dei quali in manifesto odore di mafia» (cfr. M. Pantaleone, *Mafia: pentiti?*, Cappelli, 1985). Nell'ordinanza di rinvio a giudizio di 475 presunti mafiosi contro i quali si è svolto il maxi-processo di Palermo, Vito Ciancimino viene indicato come «uno dei maggiori responsabili del "sacco" edilizio di Palermo, che è riuscito ad accumulare un'enorme quantità di denaro liquido con oscure interessenze in attività edilizie di privati, occultandola tra i meandri del sistema bancario...» (Atti dell'ufficio istruzione del Tribunale di Palermo; in *Rapporto sulla mafia anni '80*, Flaccovio editore, 1986).

[12] «*Giornalista:* "Questi suoi investimenti al Nord di cui si parla in questi giorni? Che cosa sono?"
Ciancimino: "Ma di che investimenti mi sta parlando?"
Giornalista: "La finanziaria Inim, quella che ha addirittura sponsorizzato Reute-

Paolo Alamia, Ciancimino sostiene di avergli fatto da consulente per l'acquisto di alcuni terreni a Milano. Ma come nasce il presunto collegamento con Berlusconi?

Il quotidiano palermitano "L'Ora" pubblica ampi stralci del rapporto di polizia datato 13 aprile 1981 – si tratta del rapporto Criminalpol che porta al *blitz* della "Notte di San Valentino" (14 febbraio 1983) contro la "mafia dei colletti bianchi" radicatasi in varie città: tra gli arrestati, personaggi "insospettabili", come l'industriale Luigi Monti, l'albergatore Antonio Virgilio (proprietario dell'hotel Plaza di Milano), e altri, tutti sospettati di riciclare in attività lecite centinaia e centinaia di miliardi provenienti dai sequestri di persona, dallo spaccio di stupefacenti e dalle bische clandestine.

Nel rapporto, tra le molte intercettazioni telefoniche riportate ve n'è una nella quale tra i sospetti mafiosi Claudio Giliberti e Giovanni Ingrassia si cita il nome "Berlusconi": «Conversazione tra Ingrassia e Giliberti. Quest'ultimo chiede al suo interlocutore se ha letto l'articolo su Berlusconi. L'Ingrassia risponde negativamente, poi aggiunge: "Porca puttana, ragazzi... è il massimo no?... ma difatti è la nostra prossima pedina... perché, ti vergogni a dirlo?...". Giliberti risponde di no»; il senso della conversazione rimane oscuro.

Ma più avanti, nel rapporto della Criminalpol, emerge un «Silvio»; anche questa volta si tratta di un'intercettazione. Al telefono

mann, il corridore automobilistico che accetta solo dollari. Dicono che dietro ci sia lei. Decine di miliardi. Prima milioni di metri quadrati a Linate, alle porte di Milano, acquistati nel concordato della Facchin e Gianni. Poi la Venchi Unica a Torino, il Caffè Cuoril, i biscotti Maggiora..."

Ciancimino: "Tutto falso. Quasi tutto. Io sono stato consulente, per il caso Facchin e Gianni, del mio amico Francesco Paolo Alamia, assessore al Turismo del Comune di Palermo. Solo consulente. Io guardo l'affare. Mi informo. Peso. Sento. Studio. E dico: si può fare. Delle altre cose non so niente."

Giornalista: "Lei non mi vuol dire che intenzioni ha al Nord. Vuole negarmi che è un immigrante di nuovo tipo. Che invece che con la valigia di cartone come Rocco e i suoi fratelli sta arrivando con la borsa di coccodrillo piena di titoli delle finanziarie. Via..."

Ciancimino: "Sta bene... Quello che blocca tutto è la mobilità del lavoro. Le dirò. Voi sistemate la mobilità del lavoro, e tutte le cose che io ho ferme a Milano si muoveranno. Ne ho di carne al fuoco, a Milano. Ma non si possono prendere le aziende che non camminano e farle andare come sono ora..."

Giornalista: "Mobilità uguale licenziamenti?"

Ciancimino: "Ho detto mobilità, non licenziamenti. Risolviamo questo problema: e da Lecco, Como, fino a Torino da una parte e al Lago di Garda dall'altro ci sono affari da fare che aspettano"» (cfr. N. D'Amico, "Corriere della Sera", 23 maggio 1978).

sono Vittorio Mangano (già denunciato per attività mafiose, poi condannato per traffico di stupefacenti, residente ad Arcore, dove risiede anche Silvio Berlusconi), e Marcello Dell'Utri (che di Berlusconi è strettissimo collaboratore). Che cosa si dicono Mangano e Dell'Utri? Il primo propone l'acquisto di un "cavallo", l'altro dice che non dispone di denaro a sufficienza; «Fattelo dare da Silvio», suggerisce Mangano; Dell'Utri risponde: «Silvio non *surra*» [13].

Viene avanzata l'ipotesi che per "cavallo" i due intendessero una partita di droga. "Il Giornale nuovo", solertissimo, assicura trattarsi proprio di un quadrupede, negando qualunque collegamento tra il proprio editore e la Sicilia di Cosa Nostra [14]. Dal canto suo, Berlusconi nega di avere mai avuto alcun tipo di rapporti con Ciancimino e con l'Inim.

Ma quella dell'Inim è una storia complicata. Nella telefonata con Mangano, Marcello Dell'Utri non parla solo di "cavalli", ma anche di suo fratello gemello, Alberto, e lamenta di non avere denaro perché l'ha speso in pratiche e avvocati nel tentativo di trarre il fratello dai guai. Alberto è coinvolto nel fallimento della Venchi Unica, un'antica fabbrica dolciaria di Torino già appetita quale terreno edificabile dal bancarottiere mafioso e piduista Michele Sindona: con il *crack* della Venchi Unica, Alberto Dell'Utri finisce in carcere, e suo fratello cerca di aiutarlo. Oggi, anche Alberto Dell'Utri lavora per Berlusconi, è un dirigente di Publitalia 80: si tratta di un ritorno, poiché prima della vicenda Venchi Unica era stato nella Edilnord.

Oltre ad Alberto Dell'Utri, per il fallimento della Venchi Unica la magistratura persegue Filippo Alberto Rapisarda, Francesco Paolo Alamia e Giorgio Bressani. «I predetti», si legge nel citato rapporto della Criminalpol, «sono legati al noto Vito Ciancimino,

---

[13] Termine dialettale siciliano: secondo alcuni sta per "non scuce", secondo altri per "non c'entra".

[14] "Il Giornale nuovo", 12 ottobre 1984. Ma "La Stampa" del 13 gennaio 1994, sotto il titolo *Il vocabolario segreto di Cosa Nostra*, scriverà: «Al telefono la mafia parla poco, e quando è costretta a farlo ricorre al linguaggio cifrato [...]. Quella dei mafiosi, più che una lingua, risulta un insieme di allusioni e ammiccamenti [...]. Una volta la polizia inseguì per mesi un trafficante che prometteva l'arrivo di molti "cavalli". Per un po' gli investigatori si convinsero che fare con gente del giro delle scommesse clandestine. Poi sentirono i "prezzi" dei "cavalli" (migliaia di dollari) e cominciarono a sospettare. Alla fine, ascoltarono il trafficante che invitava gli acquirenti [dei presunti "cavalli"] in aeroporto: era droga. In altre occasioni si parlava di "mutande", ma l'oggetto del commercio era... cocaina».

erano e sono tuttora interessati insieme col medesimo Ciancimino alla Inim, Internazionale Immobiliare, con sede a Palermo in via Rapisardi, e a Milano in via Chiaravalle 7». A quest'ultimo indirizzo sorge un lussuoso palazzo, dal quale il presidente dell'Inim Francesco Paolo Alamia (fedelissimo di Ciancimino) proclama con orgoglio: «Siamo il terzo gruppo immobiliare italiano» [15]. Alamia è anche presidente della Sofim (Società finanziaria internazionale), una società per azioni con 100 milioni di capitale e sede nella stessa via Chiaravalle 7, dichiarata fallita il 24 luglio 1979. Nello stesso stabile di via Chiaravalle 7 vi è l'abitazione di Marcello Dell'Utri, ed è da questa sua abitazione che Dell'Utri parla al telefono con Mangano. Nella stessa via Chiaravalle 7 vi è anche l'abitazione di Giorgio Bressani, e infine, nella stessa via Chiaravalle 7 ha sede la filiale milanese di un'altra Inim.

La Criminalpol, che sospetta l'Inim di avere quale reale attività non l'edilizia ma il riciclaggio del denaro sporco della mafia, non si avvede che di società Inim ve ne sono due. La seconda, con sede principale a Mondovì (Torino), fondata il 26 ottobre 1977, è la Inim-Internazionale immobiliare di Francesco La Rosa e C. sas, scopo sociale: acquisto, costruzione e vendita di immobili sia in proprio sia per conto terzi; oltre al La Rosa, partecipano alla costituzione della società Filippo Alberto Rapisarda (nato a Sommatino, Caltanissetta, nel novembre 1931, residente a Milano nel citato edificio di via Chiaravalle 7), e tale Yvette Grut; il capitale sociale, 10 milioni, è sottoscritto da Rapisarda, mentre gli altri due sono solo soci d'opera. I tre sono soci in altre due sas: l'Isfin-Istituto finanziario internazionale di Yvette Grut e C. (capitale 10 milioni, sede a Mondovì), e l'Ifi-Istituto finanziario italiano di Giorgio Bressani e C. (capitale un milione, sede a Milano, in via Chiaravalle 9). Conferisce il capitale sempre e solo Rapisarda.

Il 5 giugno 1978, il capitale sociale della Inim viene aumentato da 10 a 20 milioni (l'aumento viene sottoscritto dall'Isfin e dall'Ifi per 5 milioni ciascuno, ossia da Rapisarda), e viene deliberato un ulteriore aumento a 20 miliardi «condizionandolo alla effettiva collocazione sia presso i soci sia presso terzi»; inoltre, viene deliberato di aprire una sede secondaria a Milano, in via Chiaravalle 9, una direzione generale a Roma, e 70 filiali in tutta Italia (vi sono comprese tutte le città capoluogo della Sicilia e della Sardegna).

Quando "L'Ora" pubblica il citato rapporto della Criminalpol, Alberto Rapisarda invia ai giornali una precisazione: «Non ho mai

---

[15] "Panorama", 22 ottobre 1984.

conosciuto il signor Vito Ciancimino e l'ho visto fotografato sui giornali... Invece i signori Francesco Paolo Alamia, Marcello Dell'Utri, Alberto Dell'Utri e Angelo Caristi furono dipendenti miei e di mie società per breve tempo, e sono stati da me denunciati insieme ad altri per sottrazione di denaro e altri gravi reati effettuati a danno di alcune mie società e mio come è agli atti della Procura della Repubblica di Milano e di Torino... La mia forza finanziaria si affermò col compimento dei concordati del gruppo Facchin e Gianni che rilevai personalmente...» [16]. Precisazioni quantomeno inverosimili: Ciancimino e Rapisarda trattano insieme l'affare Facchin e Gianni, ma affermano di non conoscersi; Rapisarda muove pesanti accuse ai personaggi dell'altra Inim, ma li aveva alle proprie dipendenze; parte con una serie di società-scatole vuote e delibera un aumento di capitale a 20 miliardi in attesa che qualcuno glielo finanzi: a quale scopo? E intanto attiva una rete così capillare che non si comprende a cosa debba servire...

Nel citato rapporto della Criminalpol (13 aprile 1981), a pagina 177, si legge: «L'aver accertato attraverso la citata intercettazione telefonica il contatto tra Mangano Vittorio, di cui è bene ricordare sempre la sua pericolosità criminale, e Dell'Utri Marcello, ne consegue necessariamente che anche la Inim spa e la Raca spa [*per le quali Dell'Utri svolge la propria attività, NdA*], operanti in Milano, sono società commerciali gestite anch'esse dalla mafia e di cui la mafia si serve per riciclare il denaro sporco provento di illeciti».

Vittorio Mangano, condannato per traffico di stupefacenti nel processo alla cosca Spatola-Gambino-Inzerillo, ha frequentato a lungo la berlusconiana Villa San Martino, ad Arcore: secondo alcuni, Mangano, prima di finire in manette, sarebbe stato uno dei guardaspalle di Berlusconi; ma è certo che di Berlusconi, Marcello Dell'Utri è strettissimo collaboratore, e che «il legame tra Dell'Utri e Mangano non si può né negare, né cancellare. Quella specifica telefonata del 1980 può però trovare una spiegazione nella riconosciuta abilità di Mangano nel trattare la compravendita di cavalli. Ed è una spiegazione che lo stesso Dell'Utri ha offerto: sì, Mangano gli propose uno splendido cavallo, Epoca, che si trovava in una scuderia di Arcore, non lontano dalla casa di campagna della famiglia Berlusconi. Ma lui, Dell'Utri, non era interessato all'animale, né riteneva che potesse esserlo Berlusconi» [17]...

---

[16] "Corriere della Sera", 25 ottobre 1984.

[17] "Panorama", 22 ottobre 1984.

In una pausa del maxi-processo di Napoli contro la camorra, per l'esattezza durante la 16ª udienza, il 12 maggio 1985, il camorrista pentito Gianni Melluso [18], conversando con i giornalisti, lancia accuse contro un "noto personaggio": «...Voglio coinvolgere un personaggio di Milano così potente che si mette in tasca Tortora e tanti altri. Per ora il nome non lo faccio, ma vi posso dire che lo conoscono tutti, è uno che ha costruito mezza Milano, che nel 1977-78 era stramiliardario e legatissimo a Francis Turatello. Era lui a prendere i soldi dei sequestri di Turatello... Per esempio, Turatello gli dava un miliardo sporco, e lui gli passava trecento milioni puliti, e il miliardo finiva al sicuro nelle banche. Tra l'altro, Turatello ebbe in regalo un appartamento grandissimo... Il guaio è che è un personaggio intoccabile, amico di potenti politici italiani. Un magistrato mi ha detto: "Gianni, qui passiamo brutti guai". E sono sicuro che quando farò il suo nome, lui mi attaccherà, perché ha le possibilità di farlo a livello nazionale... Ma quando le cose si mettono male, conviene dire tutto. D'altra parte, Angelo Epaminonda il suo nome l'ha già fatto. E lui deve avere paura più di Epaminonda che di me, perché Epaminonda è rimasto in libertà fino a poco tempo fa e sa tante cose che io non so. Sia chiaro che il mio non è un ricatto, io non ho bisogno dei suoi soldi... A lui, ad esempio, farebbe piacere che io non accusassi Tortora... E io, invece, ora accuso anche lui. Ho già spedito un telegramma a un magistrato milanese...» [19].

Il 12 ottobre 1986, Gianni Melluso, teste nel maxi-processo alla mafia in corso a Palermo, rievoca un *summit* mafioso svoltosi «in un appartamento di Francis Turatello a Milano 2». Riferendo della deposizione, "Il Giornale nuovo" omette il particolare di Milano 2 (mentre "La Stampa", "la Repubblica" e il "Corriere della Sera" lo citano puntualmente); né vi sarà mai traccia, nelle pagine del quotidiano montanelliano di cui Berlusconi è l'editore, della pag. 185 del rapporto Criminalpol datato 13 aprile 1981, dove è scritto: «Risulta, tra l'altro, che il 2 ottobre 1976 in Milano, nella via Correggio, personale di quest'ufficio ha tratto in arresto per detenzione di armi e altro, tale Vio Walter, nato a Venezia il 17 gennaio 1955. Nella circostanza si accertava che l'appartamento

---

[18] Si tratta dello screditato camorrista cutoliano "pentito" le cui dichiarazioni hanno portato alla clamorosa vicenda giudiziaria che coinvolse il presentatore Enzo Tortora (assolto in appello dall'accusa di associazione camorristica e spaccio di stupefacenti).

[19] "la Repubblica", 13 marzo 1985.

era stato locato al Vio da Giovenco Giovanni, il quale risultava locatario di altri due appartamenti, uno in via Saldini 30, dove abitava, l'altro in "Milano 2", occupato dalla madre di Turatello Francesco, a nome Luigia, che si faceva chiamare Giovenco Luigia».

Un altro *boss* della malavita organizzata, Altero Fabbi, fedelissimo di Angelo Epaminonda, avrà modo di dichiarare: «Qualche anno fa avevo attico e superattico a Milano 2. Oggi tutto è cambiato. Vivo in due stanze, dalle quali esco pochissimo... Ho visto omicidi, droga, ho controllato le bische...» – diversi risulteranno i malavitosi residenti nella confortevole "città satellite" Milano 2 costruita da Silvio Berlusconi grazie ad anonimi capitali provenienti dalla Svizzera.

Il fedele Confalonieri

Mentre Berlusconi avvia le sue scorribande nel Far West televisivo, al suo fianco quale braccio destro, vice e alter ego c'è il vecchio amico Fedele Confalonieri.

Nell'agosto del 1989, il settimanale "L'Europeo" pubblica una lunga intervista di Stella Pende a Confalonieri, «compagno d'infanzia di Berlusconi e numero 2 della Fininvest... Milanese franco, serio, concreto [...]. Amministratore della Fininvest comunicazioni, e cioè il mediatore abile della politica, della finanza e del potere. Confalonieri vicepresidente dell'Amef, Confalonieri consigliere del Milan. Confalonieri consigliere delegato del "Giornale"... Numero due più perfetto di colui [*Berlusconi, NdA*] che perfino De Rita, sociologo severo, ha definito "il genio del potere economico moderno"...».

Nel corso dell'intervista, Confalonieri ricorda: «Poi venne il '73. Da un po' di anni avevo un lavoro mio, era un'azienda tessile, ma non andava troppo bene. Lui [*Berlusconi, NdA*] mi disse: "Perché non vieni con me?"». Non è dato sapere se l'azienda tessile che "non andava troppo bene" fosse per caso la A.B. Organization spa, con sede a Milano, via Turati 3, scopo sociale «progettazioni e vendite impianti», nella quale, oltre a Confalonieri, figurava l'ingegner Adriano Boiocchi, futuro capo del personale della Fininvest; quel che è certo, è che tra il 1974 e il 1979 il nome di Fedele Confalonieri è stato per un quinquennio un *habitué* del "bollettino dei protesti cambiari". L'elenco delle cambiali e degli assegni non onorati è memorabile: da importi da 50 e 100 mila lire (dicembre 1974), a importi da 1 a 4 milioni (febbraio-dicembre 1975), con l'apoteosi in data 12 maggio 1976 per il protesto di una cambiale da 20 mila lire, a firma del "più perfetto numero due" del "genio del potere economico moderno", e futuro presidente del gruppo Fininvest...

VI

PRESTANOME E MALAVITOSI
IN SARDEGNA

Un patto a delinquere

«I miei rapporti con Flavio Carboni erano tenuti dal mio amico Romano Comincioli», ammette Silvio Berlusconi deponendo al Tribunale di Verona il 27 settembre 1988 [1]: si tratta di un'ammissione importante, ancorché inevitabile.

Romano Comincioli, attualmente alle dipendenze di Publitalia, di Berlusconi è un ex compagno di liceo, e da sempre è un suo stretto e fedelissimo collaboratore – fin da metà anni Sessanta, quando Comincioli vendeva le abitazioni che la Edilnord aveva costruito nel centro residenziale di Brugherio. A metà anni Settanta, quando Berlusconi ha necessità di una società di comodo per alcune operazioni immobiliari, il Comincioli fonda, insieme con Maria Luisa Bosco [2] (anch'essa agente immobiliare della Edilnord), la Generale commerciale srl. La società nasce a Milano il 15 aprile 1976 con un capitale di 900 mila lire, e scopo sociale la compravendita di immobili in proprio e per conto terzi, amministratori Comincioli e Bosco, entrambi con facoltà di firma disgiunta. Benché dotata di un risibile capitale sociale, la Generale commerciale comincia subito a manovrare cifre ingentissime, delle quali tuttavia nei suoi bilanci non vi è traccia.

---

[1] Udienza relativa alla querela presentata da Berlusconi a carico degli Autori del presente libro.

[2] Maria Luisa Bosco è prestanome di mestiere: prima ancora, era stata amministratrice della Diptea, una società di tale Emilio Colombo di Busto Arsizio col quale Carboni aveva concluso varî affari; il 28 ottobre 1981, la Bosco si dimetterà dalla Generale commerciale per «motivi di salute» e Comincioli rimarrà amministratore unico; nonostante le dimissioni, Maria Luisa Bosco continuerà a essere assai attiva, come dimostreranno le sue frequenti telefonate a Carboni e Pellicani (lo si rileverà dall'agenda sequestrata nella sede romana del faccendiere sardo).

Sia personalmente, sia quale contitolare della Generale commerciale, Comincioli è uomo di fiducia di Berlusconi: ne attua le direttive, opera con i suoi finanziamenti, agisce in suo nome e per suo conto. Per Berlusconi, Comincioli è un prezioso prestanome, un necessario e comodo paravento quando si tratta di dare corso a ardite e "pericolose" operazioni speculative in diretto contatto con noti esponenti della criminalità organizzata o con affaristi malavitosi.

Questi complessi rapporti scabrosi fanno perno soprattutto sulle spericolate scorribande del faccendiere Flavio Carboni, e a esse si intrecciano. Berlusconi, tramite il paravento Comincioli, concede a Carboni cospicui finanziamenti, in cambio dei quali Carboni coinvolge Comincioli – cioè Berlusconi – in numerose operazioni immobiliari. Pur non disdegnando altre località, l'ambito di manovra prevalente è la costa quasi vergine nel nord della Sardegna, tra Olbia e Porto Rotondo. Carboni, che è sardo, conosce il territorio dell'isola, e agisce secondo uno schema molto semplice: accaparrato un terreno agricolo, si attiva per mutarne la destinazione in terreno edificabile, decuplicandone il valore di mercato; dopodiché: o vende una porzione del terreno e utilizza il ricavato per stipulare il rogito e assicurarsi la proprietà definitiva del rimanente, oppure intesta i terreni a una società appositamente creata e ottiene il medesimo risultato cedendo parte delle quote societarie; in taluni casi, attua insieme l'una e l'altra combinazione.

«La prima operazione», preciserà Carboni, «la feci con Pompeo Locatelli [3], uno speculatore milanese al quale pagai 1 miliardo e 300 milioni di allora per dei terreni all'interno. Poi mi spostai sulla costa... Nella zona di Porto Rotondo. Poiché il paese era stato monopolizzato da un gruppo di operatori turistici, acquistai un lotto che restava fuori del comprensorio. Lo chiamai Costa delle Ginestre... Fu un affare colossale: 45 ettari per 150 milioni» [4]. Carboni acquista il lotto del "colossale affare" dalla famiglia del giornalista Jas Gawronski, e lo intesta alla società Costa delle Ginestre, dopodiché cede quote societarie a Romano Comincioli (cioè a Berlusconi).

---

[3] Il commercialista Pompeo Locatelli, «amico personale di Bettino Craxi... amico intimo del grande amico di Craxi e di Silvio Berlusconi, l'architetto Silvano Larini», condannato nel 1985 per costituzione di capitali all'estero, finirà in carcere nel 1993, nell'ambito dell'inchiesta "Mani pulite" (cfr. *Berlusconi 1*, a cura di F. De Angeli, Mafia Connection, 1993).

[4] "Panorama", 23 dicembre 1984.

Ma il faccendiere Carboni conduce una vita da nababbo [5], al disopra delle sue effettive possibilità, così è costretto a ricorrere agli usurai romani: «Io sapevo che non erano stinchi di santi, ma mi servivano per avere denaro... Costa delle Ginestre è una società che avevo dato a Balducci e a altri usurai per i soliti interessi». In effetti, nella società Costa delle Ginestre sono associati: Flavio Carboni e suo fratello Andrea, soci di maggioranza; Romano Comincioli (cioè Berlusconi), socio di minoranza; Domenico Balducci, socio di minoranza; e Danilo Abbruciati [6], socio occulto. Questo assetto societario verrà confermato dal mandato di cattura spiccato il 29 gennaio 1983 dal giudice istruttore Imposimato a carico dei fratelli Carboni e di esponenti della cosiddetta "Banda della Magliana".

Seguendo le orme del prestanome di Berlusconi, troviamo Romano Comincioli coprotagonista di un colossale affare truffaldino, imbastito da Carboni e da Fiorenzo Ravello.

Ravello, classe 1925, cittadino italiano ormai residente in Svizzera (dove si fa chiamare Lay Florent Ravello), comincia come precettore presso illustri famiglie di Venezia, e in seguito diventa amministratore dei loro patrimoni immobiliari. Carboni lo conosce in circostanze singolari: acquistato a Porto Rotondo un appezzamento di proprietà del malavitoso Simplicio Dejana (condannato all'ergastolo per omicidio), Carboni scopre che il terreno era già stato venduto abusivamente da qualcuno che al rogito si era sostituito a Dejana facendolo figurare presente (mentre in realtà era in carcere), e che nel frattempo su quel terreno erano sorte varie costruzioni di Porto Rotondo; Carboni chiede spiegazioni alla società titolare dei nuovi insediamenti, amministrata da Ravello.

---

[5] Carboni possiede un aereo personale (lo I-Kuna cedutogli dall'attore Bud Spencer); a Porto Ercole possiede un'imbarcazione, la "Zingarella II", che vale oltre un miliardo; in via del Casaletto 150, a Roma, possiede una villa pagata 350 milioni. Emilio Pellicani – segretario, factotum e procuratore delle società di Carboni – rivela che l'imprenditore sardo passa alla moglie e ai figli «elargizioni mensili di 10-15 milioni», e mantiene «l'amica Laura Maria Scano Concas, che vive in un casale sulla Flaminia con mezzi finanziari notevoli, pellicce e gioielli di grande valore, servitù...» (dal memoriale consegnato al sostituto procuratore di Trieste Oliviero Drigani).

[6] Abbruciati, *killer-playboy* della mala romana, rimarrà ucciso a Milano nell'attentato a Roberto Rosone, vicepresidente del Banco Ambrosiano (aprile 1982); Balducci, l'usuraio di Campo de' Fiori collaboratore e prestanome del *boss* Pippo Calò, rimarrà vittima di un regolamento di conti mafioso a Roma. Come si vede, Berlusconi – tramite il prestanome Comincioli – è di fatto in società con notori esponenti della malavita organizzata.

«I veri proprietari», racconterà Carboni, «si chiamavano Cini, Gaggia, Pratolongo, e un famoso banchiere inglese... Ravello impallidì sentendo il motivo della mia visita. Parlammo tre ore. Alla fine mi propose un accordo» [7]. Nasce così tra i due un rapporto affaristico che nei fatti consentirà alla mafia di investire nell'edilizia fiumi di capitali sporchi. D'intesa con Carboni, Ravello imbastisce in breve tempo un colossale marchingegno di ingegneria societaria.

Il 17 ottobre 1973, Ravello promuove la costituzione a Tempio Pausania (Sassari) della società Punta Volpe spa, alla quale intesta i beni che lui stesso amministra e rappresenta a Porto Rotondo e nel Comune di Olbia; subito dopo, la società Punta Volpe viene trasferita a Trieste, dove contemporaneamente vengono costituite altre dieci nuove società per azioni; nel capoluogo giuliano ha già sede la Immobiliare Sea spa, che prende parte attiva all'operazione. Il 12 dicembre dello stesso anno, la società Punta Volpe si fonde per incorporazione e singolarmente con ognuna delle undici spa; il senso dell'operazione è di suddividere i terreni in frazioni più commerciabili, che divengono così più snelle proprietà di singole società, il tutto in esenzione di oneri fiscali (da qui la scelta di Trieste, che ai tempi godeva di un regime fiscale privilegiato), e facendo ricadere ogni altro onere sulla società Punta Volpe, che così svuotata li elude e anzi viene cancellata dal registro delle società; ma il significato ultimo di tutta l'operazione è che in tal modo Carboni si assicura l'80 per cento (mentre a Ravello va tacitamente il 20 per cento) dei terreni e dei fabbricati delle undici spa. Dai dati catastali emerge che i soli terreni della defunta Punta Volpe sono di oltre 143 ettari; la cessione avviene al prezzo di 2 miliardi 250 milioni, dei quali l'80 per cento di Carboni ammonta a 1 miliardo e 800 milioni, pagamento dilazionato all'8 per cento di interesse annuo; il faccendiere versa una prima rata di 250 milioni, poi fa fronte alle altre scadenze cedendo a Ravello quote di sue società. Al 31 agosto 1974, secondo un promemoria contabile sequestrato dalla Guardia di Finanza, Carboni è in debito di circa 354 milioni, e ciò porta a una nuova ripartizione delle rispettive quote: i due convengono, sulla parola, che fino all'estinzione del debito, e a garanzia dello stesso, Ravello è socio al 50 per cento delle società nelle quali è stato disperso il patrimonio della ex società Punta Volpe.

L'operazione, detta delle "12 sorelle", e definita «un patto a de-

---

[7] Intervista a "Panorama", 13 dicembre 1984.

linquere» nella sentenza 8 febbraio 1986 del Tribunale di Roma contro la malavita romana, interessa qui unicamente per la destinazione finale delle singole società e le relative proprietà immobiliari. Tre di esse transitano per la Generale commerciale di Comincioli e finiscono nella Fininvest di Berlusconi: sono le spa Poderada, Su Ratale, Su Pinnone. In altre due delle truffaldine società, Prato Verde e Immobiliare Sea, Comincioli-Berlusconi è presente direttamente, come sono presenti in ulteriori due, Monte Majore e Punta Lada, ma attraverso la fiduciaria Sofint controllata al 50 per cento. In tre delle società subentrano interessi mafiosi e della malavita romana: Iscia Segada e Mediterranea vanno ai siciliani Luigi Faldetta e Lorenzo Di Gesù per conto di Pippo Calò (il "cassiere della mafia"), mentre Sa Tazza passa a Domenico Balducci. Circa quest'ultima, la sentenza giudiziaria 8 febbraio 1986 appena ricordata evidenzia che Balducci con i terreni della stessa «costituì la cooperativa Delta, la quale, con il gioco della cessione successiva delle quote, sembra veramente avere avuto la funzione di stanza di compensazione delle azioni reciproche dei maggiori usurai romani». Della Delta immobiliare costruzioni sono infatti soci Spurio Oberdan, Aldo Proietti, Cesare Gemelli, Amedeo Mastracca, Pietro Cuccarini [*padre della soubrette Fininvest, Lorella, NdA*], e Luciano Merluzzi, usurai, e uomini di Calò come Guido Cércola, Luciano Mancini, Franco Di Agostino. Nel marzo 1978, la Delta figurerà tra i clienti "in sofferenza" del Banco Ambrosiano (l'esposizione è di 28 milioni, di cui 14 rubricati come "perdita certa").

Esclusa Punta Volpe, che abbiamo visto ridotta a un guscio vuoto e quindi soppressa, delle "12 sorelle" rimane Iscia Manna, la quale viene ceduta nel 1974 da Carboni al commercialista milanese (amico di Craxi) Pompeo Locatelli. Carboni è infatti in difficoltà: tra l'altro, ha rilevato il pacchetto di controllo di un giornale sardo, "Tuttoquotidiano", che in pochi mesi registra un passivo di circa 500 milioni [8].

Nel 1975, la situazione economica di Carboni, secondo Emilio Pellicani (segretario di Carboni), si fa «disperata», e se ne preoccupano anche i suoi partner. «Nell'estate, a Porto Rotondo», dichiara Pellicani in un suo memoriale alla Procura di Trieste, «Ravello, Locatelli e Balducci avevano tentato un piano di salva-

---

[8] In seguito al fallimento della Sedis, editrice del giornale, il 6 dicembre 1988 Carboni e Pellicani verranno condannati entrambi a 3 anni e 6 mesi di reclusione per bancarotta fraudolenta. Il 16 ottobre 1989 la Corte d'Appello annullerà la sentenza per vizio di forma, e disporrà la ripetizione del processo.

taggio per Carboni. Il piano culminerà in un incontro che si terrà verso la fine di settembre all'Hotel Gritti di Venezia... L'incontro, a detta di Carboni, fu piuttosto burrascoso, perché le condizioni risultavano vessatorie e leonine». Fallito l'incontro di Venezia, Carboni è costretto a cercare altri finanziatori, e trovando in Comincioli grandi disponibilità, associa il prestanome di Berlusconi ai propri affari. Nel 1977, i rapporti tra i due divengono strettissimi, poiché Ravello si libera delle sue attività in Italia: infatti, nell'estate è scoppiato lo scandalo Italcasse-Caltagirone (nel quale Ravello è coinvolto quale membro del consiglio di amministrazione della società Flaminia nuova), e il losco affarista decide di ritirarsi definitivamente in Svizzera, liberandosi della propria parte del patrimonio sardo – per intenderci, quello delle "12 sorelle": l'acquirente è Comincioli, cioè Silvio Berlusconi.

Dopo lo scorporo della società Punta Volpe, negli ultimi mesi del 1975 le azioni delle undici società che si sono spartite i suoi beni erano state intestate fiduciariamente alla Sofint (Società finanziaria internazionale), che era dunque divenuta "la cassaforte" del sodalizio Ravello-Carboni. Con il subentro di Comincioli-Berlusconi, Ravello viene liquidato appunto con denaro Generale commerciale-Berlusconi (400 milioni in contanti, e 1 miliardo e 425 milioni in cambiali). Il contratto, firmato il 9 settembre 1977, cui segue il 4 novembre una convenzione di passaggio di azioni, trasferisce alla società amministrata dal prestanome di Berlusconi Romano Comincioli le spa Poderada (con 2 ettari di terreno a edificabilità di tipo intensivo per 23 mila mc), Su Ratale (a edificabilità intensiva per 99 mila mc), Prato Verde (con edificabilità intensiva per 58.500 mc), Su Pinnone (edifici già esistenti adibiti a uffici, e sede del Consorzio di Porto Rotondo).

Ma l'operazione non si chiude pacificamente. Ravello non ha infatti provveduto a regolare le pendenze fiscali delle società cedute, e ne nasce un pittoresco contenzioso giudiziario – in una "memoria" depositata al tribunale, il prestanome di Berlusconi definisce Ravello "finanziere fasullo" ed evasore con un piede sempre in qualche paradiso fiscale...

Anche tra Carboni e Comincioli-Berlusconi si apre una disputa che approda al Tribunale di Roma. Tra l'aprile e il maggio 1978, Carboni promuove ben sei cause civili contro Comincioli-Berlusconi, la Generale commerciale e la Sofint, sostenendo che nelle operazioni di subentro a Ravello, il berlusconiano Comincioli e la berlusconiana Generale commerciale hanno agito per conto dello stesso Carboni, cioè interponendosi come suoi prestanome avendone in cambio cospicui appezzamenti di terreni edificabili.

L'aspetto ulteriormente singolare di questa sintomatica lite tra un prestanome e un faccendiere in merito ai loro loschi affari, è che Carboni adendo il tribunale contro la Sofint adisce anche contro sé medesimo in quanto comproprietario effettivo della società... È altresì evidente che il contrasto tra i due non può farsi troppo cruento, fino a rischiare di svelare il groviglio di inconfessabili interessi che lega i due affaristi, come ad esempio un giro di cambiali tra la Sofint e le spa Finanziaria regionale veneta, Safiorano e Stella azzurra, società che la sentenza 8 febbraio 1986 del Tribunale di Roma attribuirà alla «famiglia di Josef Ganci in questi giorni deceduto, imputato di traffico internazionale di stupefacenti e di appartenenza a Cosa Nostra».

Il 9 ottobre 1978 le parti comunicano al Tribunale la composizione della controversia, estinguendo le cause: è infatti intervenuta una risistemazione generale dei rapporti tra Carboni e Comincioli-Berlusconi. Berlusconi paga 3 miliardi e 500 milioni (detratto il miliardo e 825 milioni già versati nel 1977 in contanti e cambiali), e ottiene in cambio la definitiva proprietà delle società Su Ratale, Su Pinnone e Poderada (che troveremo per anni nella Fininvest); Comincioli-Berlusconi viene confermato socio di Carboni nella Prato Verde, che rimane intestata fiduciariamente alla Sofint (con altre società del faccendiere sardo), Sofint che Carboni e Comincioli-Berlusconi controllano paritariamente al 50 per cento.

La Prato Verde spa è per molti aspetti una società "a rischio". Il prestanome di Berlusconi, Comincioli, ne diviene amministratore unico il 30 novembre 1977, e in quella stessa data la sede sociale viene trasferita da Trieste a Milano, presso un commercialista del giro berlusconiano.

L'espediente del "prestanome-paravento" Comincioli si rivela quantomai opportuno per Berlusconi di lì a poco, quando cioè comincia ad avere quali soci nella Prato Verde anche personaggi decisamente pericolosi. Uno di essi è Fausto Annibaldi, già noto alle cronache giudiziarie e nel gruppo di finanziatori-usurai di Carboni; interrogato il 17 luglio 1982 dal procuratore di Perugia Domenico Tontoli Montalto, Annibaldi confermerà: «Sono stato socio della Prato Verde per il 5 per cento [come, sempre per il 5 per cento, lo sono stati Francesco Santi, Bernardino e Italo Drago, nonché tale prof. Valentini, reumatologo, tutti residenti a Roma] dal luglio 1980 all'agosto-settembre 1981» (la gestione Comincioli della Prato Verde è 30 novembre 1977-2 maggio 1981); tra l'altro, nella sentenza 8 febbraio 1986 la compartecipazione di Annibaldi nella Prato Verde verrà definita «penalmente rilevante».

Durante la gestione Comincioli-Berlusconi della Prato Verde, e cioè nel febbraio-marzo 1978, Carboni entra in affari con esponenti di "Cosa Nostra". Tramite i malavitosi Balducci e Diotallevi, Carboni concorda con un gruppo di mafiosi l'esecuzione di lavori di risanamento nel centro storico di Siracusa, e ottiene un anticipo di 450 milioni; ma l'iniziativa sfuma per l'opposizione della Regione Sicilia, e a quel punto i committenti siciliani (Luigi Faldetta, Lorenzo Di Gesù, Gaetano Sansone, Antonio Rotolo, e un certo "Mario" che si scoprirà essere il "cassiere della mafia" Pippo Calò) pretendono la restituzione dei 450 milioni anticipati, e 250 milioni di interessi. Carboni salda il debito attraverso cambiali per 700 milioni emesse dalla società Elbis di Milano in favore di Romano Comincioli e da questi "girate". Nella Elbis srl (società costituita il 12 novembre 1969 dal messinese Antonino Franciò e da alcuni prestanome di Berlusconi) Carboni è entrato da poco apportando 138 milioni, e dunque Berlusconi-Comincioli non possono rifiutare "un favore" al consocio...

Il pieno e diretto coinvolgimento di Romano Comincioli, e dunque di Berlusconi, nelle iniziative di Flavio Carboni è tutt'altro che episodico. Insieme, il prestanome di Berlusconi e il faccendiere sardo combinano affari con Ravello, con Calò, e con altri mafiosi (Sardegna, Siracusa), e anche con un altro protagonista delle cronache giudiziarie, Francesco Pazienza (Prato Verde). Lo spregiudicato faccendiere sardo offre al rappresentante di Berlusconi gioielli ricettati, e il rappresentante di Berlusconi firma assegni destinati a malavitosi, e intrattiene dunque rapporti con la malavita romana. Se la famigerata Banda della Magliana può "lavare" i proventi della droga, delle rapine e dei sequestri di persona, riciclandoli nell'acquisto di terreni, società, costruzioni, ciò è anche grazie alle "attività" di Flavio Carboni, alle quali il berlusconiano Comincioli fornisce un decisivo contributo.

Le cambiali sottoscritte dalla Elbis con la "girata" del prestanome di Berlusconi, Comincioli, vengono consegnate nelle mani di Diotallevi, il quale provvede a recapitarle a Pippo Calò. Costretto poi a una lunga latitanza, Diotallevi verrà catturato a Roma alla fine del 1988 [9].

---

[9] In quella occasione, "la Repubblica" (29 dicembre 1988) ne farà il seguente ritratto: «Gran capo (con la morte di Domenico Balducci) della Banda della Magliana, uomo di fiducia a Roma (dopo l'arresto di Pippo Calò) della mafia corleonese, ricettatore d'alto bordo (nelle sue mani finì un supermiliardario smeraldo di sedici carati rubato da Cartier a Parigi), al vertice di un impero economico, Ernesto

Con la rinuncia "per motivi personali", nel maggio 1981, alla carica di amministratore, il prestanome di Berlusconi, Comincioli, non esce dalla Prato Verde; vi rimane infatti quale socio, e ne mantiene il controllo col suo 50 per cento della Sofint alla quale la Prato Verde fa capo fiduciariamente. Anzi, Comincioli-Berlusconi consente alla Prato Verde di accedere al credito bancario fornendo garanzie e effetti cambiari della Generale commerciale.

A memoria di Pellicani, il pluriprotestato e chiacchieratissimo Carboni non era mai riuscito a ottenere fidi bancari: vi riesce per la prima volta nel 1980 grazie a Berlusconi, quando la Banca del Cimino accorda alla Prato Verde uno scoperto di conto corrente fino a 200 milioni; la linea di credito viene riconfermata nel 1981, quando anche il Banco di Santo Spirito accetta di scontare alla Prato Verde effetti rilasciati da Comincioli e da società del gruppo Berlusconi. Ascoltato il 24 febbraio 1983 dalla Commissione parlamentare d'inchiesta sulla P2, Pellicani conferma queste operazioni e ne chiarisce meglio la meccanica: «Carboni ottiene i finanziamenti attraverso effetti di società di Comincioli. È uno sconto che ottiene perché, d'accordo con Comincioli, stipula dei contratti fasulli nei quali dice di vendere una parte di azioni...». (Carboni, nel settembre 1986, rimedierà l'ennesima condanna per emissione di assegni a vuoto per 775 milioni – nove mesi di carcere).

Nel novembre di quello stesso 1981, la società Prato Verde ottiene finanziamenti ben più cospicui dal piduista Banco Ambrosiano grazie all'interessamento di Francesco Pazienza. Già in estate, Pazienza aveva propiziato un incontro tra il presidente dell'Ambrosiano Roberto Calvi e Carboni durante una gita in barca lungo le coste sarde, e aveva poi indotto Carboni a chiedere un mutuo garantendogli un esito positivo: il presidente dell'Ambrosiano – gli aveva spiegato – ha necessità di denaro ma non vuole attingere personalmente al suo istituto, bensì attraverso terzi. In effetti, Calvi caldeggia l'operazione di mutuo a favore della Prato Verde; chi invece la osteggia è il suo vice, Roberto Rosone, il quale la ritiene un'operazione rischiosa e anomala – proprio per questa sua intransigenza, Rosone subirà un attentato: «Negai un fido e mi spararono» [10], dirà poi al processo contro Carboni e Diotallevi

---

Diotallevi è stato (ed è) al bordo di un crocevia malavitoso che ha visto per tutti gli anni Ottanta transitare gli affari leciti e illeciti di banchieri come Calvi, finanzieri come Lay Ravello, mafiosi come Pippo Calò, agenti segreti come Francesco Pazienza, la cellula neofascista di Alibrandi, Fioravanti, Cavallini, Mambro».

[10] "Corriere della Sera", 4 maggio 1989.

(condannati a 10 anni di reclusione quali mandanti del *killer* Abbruciati che nell'attentato ferisce Rosone ma viene ucciso da una guardia giurata).

Fatto è che, per ordine di Calvi, il 19 novembre 1981 la sede romana del Banco Ambrosiano dispone l'erogazione alla Prato Verde di un primo acconto di 600 milioni, e in più riprese successive il finanziamento arriva a complessivi 6,6 miliardi. Di tale somma, 1 miliardo e 200 milioni sarebbero finiti a Calvi, 136 vanno a Pazienza per la mediazione, 1 miliardo e 500 milioni a Fausto Annibaldi quale rimborso prestiti, e il resto si disperde in mille rivoli. Pazienza, Annibaldi, Carboni e altri saranno rinviati a giudizio per concorso in bancarotta fraudolenta aggravata del Banco Ambrosiano [11].

Il finanziamento del Banco Ambrosiano alla Prato Verde è stato garantito dalla Sofint e da tutta una serie di società che a essa fanno capo; ciò presuppone dunque esservi stato l'assenso del prestanome di Berlusconi, Comincioli. Ma la stessa situazione economica della Sofint è difficile – Piero Citti, dipendente della società, il 7 dicembre 1982 dichiarerà al giudice istruttore Drigani del Tribunale di Trieste: «La Sofint versava in cattive acque... fra l'altro non si erano presentati i bilanci per mancanza di liquidità. Si paventava la messa in liquidazione». E tuttavia, il sodalizio tra Carboni e Berlusconi prosegue. Comincioli e Maria Luisa Bosco (della Generale commerciale) telefonano più volte al giorno presso la sede romana della Sofint, dove pervengono anche chiamate di Fedele Confalonieri (numero due della Fininvest), mentre hanno luogo *summit* societari tra Carboni e i prestanome di Berlusconi, e incontri in Sardegna.

Tutto precipita il 12 giugno 1982, quando Carboni si dilegua per accompagnare il banchiere piduista Roberto Calvi verso il suo tragico destino, dopo avergli procurato un passaporto falso: sei giorni dopo, il presidente dell'Ambrosiano viene ritrovato a Londra, impiccato sotto il ponte dei Frati neri. Quarantatré giorni dopo il rinvenimento del cadavere del banchiere a Londra, il 30 luglio 1982, Carboni viene arrestato a Lugano, e quindi estradato in Italia.

Quando Carboni e il suo braccio destro Emilio Pellicani verran-

---

[11] Nell'aprile 1992 il Tribunale di Milano emetterà la sentenza relativa al *crack* dell'Ambrosiano, e tra l'altro comminerà le seguenti pene detentive: 19 anni a Umberto Ortolani; 18 anni e 6 mesi a Licio Gelli; 15 anni a Flavio Carboni; 14 anni e 4 mesi a Francesco Pazienza; 14 anni a Bruno Tassan Din; 7 anni e 6 mesi a Fausto Annibaldi; 5 anni e 4 mesi a Gennaro Cassella; 5 anni a Emilio Pellicani.

no arrestati, si avrà l'irreversibile crisi della Prato Verde e della Sofint. Il 9 maggio 1984, il giudice Ragonesi (della sezione fallimentare del Tribunale di Roma) dichiara il fallimento della Prato Verde, mentre il ministero dell'Industria, il 7 luglio 1986, revocherà alla Sofint l'autorizzazione a esercitare l'attività fiduciaria, e il 6 febbraio 1987 ne decreterà la messa in liquidazione coatta amministrativa.

Si arriva così alla sentenza più volte citata, dopo un processo presso il Tribunale di Roma con imputati, tra gli altri, Ernesto Diotallevi, Flavio Carboni, Giuseppe Calò, Danilo Sbarra, Lorenzo Di Gesù, accusati di avere investito in società varie e in beni immobiliari denaro e valori provenienti da rapine, estorsioni, sequestri di persona. A causa dei limiti posti dalle autorità svizzere nell'accordare l'estradizione (di questa comoda "scappatoia" si avvarrà anche il Venerabile maestro Licio Gelli), Carboni non ha potuto essere processato per associazione a delinquere; risponde soltanto di concorso nell'attentato a Rosone, e anche, con Fausto Annibaldi e Romano Comincioli, della ricettazione di un brillante rubato del valore di 1 miliardo di lire. L'8 febbraio 1986 la sentenza: Calò 6 anni di reclusione, Diotallevi 5, Di Gesù 1 anno e 6 mesi, Sbarra 3 anni e 6 mesi. Carboni e Comincioli vengono assolti. L'attentato a Rosone viene stralciato, e Carboni viene rinviato a giudizio in un diverso processo. In secondo grado, l'11 marzo 1987 la Corte d'Appello di Roma confermerà la pena a Diotallevi e Di Gesù (Calò non si era appellato).

Nel frattempo (il 25 luglio 1983), il prestanome di Berlusconi, Romano Comincioli, pone in liquidazione la Generale commerciale. Nei suoi confronti pendono un processo penale a Roma (quello sopra menzionato) e un procedimento istruttorio a Milano: è dunque opportuno non richiamare l'attenzione anche sulla Generale commerciale, ed è necessario farla uscire tempestivamente di scena.

Il procedimento che coinvolge Comincioli, aperto presso il Tribunale di Milano, concerne il fallimento del Banco Ambrosiano, e vede imputati, tra gli altri, i vertici della Loggia P2 Licio Gelli e Umberto Ortolani, e Francesco Pazienza, Flavio Carboni, Fausto Annibaldi, Gennaro Cassella, e insomma tutti coloro che in vario modo hanno concorso alla bancarotta fraudolenta aggravata dell'istituto di credito presieduto da Roberto Calvi. Carboni, Pazienza e Annibaldi vi sono coinvolti per i 6,6 miliardi erogati alla Prato Verde e finiti in parte nelle loro tasche – ma nella Prato Verde vi erano anche interessi della Generale commerciale e dei suoi amministratori berlusconiani Romano Comincioli e Maria Luisa Bosco: da indiscrezioni trapelate durante la lunga fase istruttoria (durata 6 anni), sembrava che vi fossero implicati anch'essi, ma nell'ordinanza di rinvio a giudizio firmata dai giudici istruttori Antonio Pizzi e Renato Bricchetti i due prestanome di Berlusconi non figureranno tra gli imputati.

Non vi è dubbio che una delle chiavi di lettura del fallimento del Banco Ambrosiano si trovi nella società Prato Verde. I fascicoli e le carte della società, sequestrati già nel 1982 dagli inquirenti romani, sono trasmigrati da un giudice all'altro, da un ufficio all'altro, e ora giacciono presso la sezione istruzione del Tribunale di Milano. Dell'operato di una società non rispondono i soci, bensì solo gli amministratori: al momento del *crack*, amministratore unico della Prato Verde e della Sofint è il prestanome Gennaro Cassella (che infatti, nel 1992, verrà condannato dal Tribunale di Milano a 5 anni di reclusione) [12].

Il sostituto procuratore di Milano Pier Luigi Dell'Osso, che si occupa della Prato Verde e del ruolo di Carboni rispetto al Banco Ambrosiano, il 27 agosto 1982 interroga Silvio Berlusconi. Per l'occasione, la Fininvest diffonde un comunicato nel quale si afferma che «nessun rapporto societario intercorre tra le società del gruppo e il signor Flavio Carboni. Il signor Carboni ha svolto invece una propria autonoma attività di intermediazione come fiduciario di proprietari di terreni interessanti un progetto edilizio del Comune di Olbia attualmente all'esame di una società del gruppo» – una "smentita" così impudente e sibillina da non smentire nulla...

---

[12] Ma Gennaro Cassella non è un anonimo e innocuo prestanome. Quale presidente della Sofint, infatti, si è già trovato al crocevia tra malaffare politico e malavita organizzata: «Si dà il caso che Cassella (come lui stesso confermerà) fosse stato il capo della segreteria di Andreotti negli anni Cinquanta, quando il leader ciociaro era sottosegretario alla presidenza del Consiglio; proprio grazie a Andreotti, nel '72 Cassella aveva ottenuto il titolo di "Grande Ufficiale". Fatto è che la Sofint era il cardine dell'operazione finanziaria tesa al "salvataggio" dei Caltagirone, e che alla Sofint (cioè a Ravello e Balducci), finirono 55 milioni di quegli "assegni al Presidente" (2 miliardi e 400 milioni) pagati da Rovelli ad Andreotti, e dei quali Pecorelli intendeva scrivere su "Op", poiché a disporre di quegli assegni circolari, ciascuno da lire 10 milioni, "erano anche Franco Evangelisti, Giuseppe Ciarrapico e Arturo Arcaini (e persone e società a lui riferibili)"» (cfr. S. Flamigni, *op. cit.*, pag. 348).

Una associazione a delinquere

Carboni e il prestanome di Berlusconi Comincioli sono protagonisti di una seconda vicenda, che si svolge in contemporanea con l'operazione "12 sorelle" e che a un certo punto vi interferisce. È una vicenda di terreni sardi appartenenti a due società estere, terreni che in parte finiranno a Berlusconi con risvolti di documenti irregolari, esportazione illecita di capitali, evasione fiscale, corruzione di pubblici amministratori.

In Sardegna, tra Santa Teresa di Gallura e Castelsardo, Flavio Carboni possiede alcuni terreni intestati alle società Isola Rossa e Costa dei Corsi; contigui a essi, sono in vendita 470 ettari appartenenti alla Calderugia sa (società di diritto svizzero con sede in San Vittore, nel Cantone dei Grigioni, ma di proprietà del cittadino italiano Francesco Cravero). Il 26 febbraio 1972, Carboni stipula l'atto di acquisto del pacchetto azionario della Calderugia, e quindi dei terreni, per 1 miliardo e 100 milioni di lire (in origine, nel 1969, il tutto era costato 25 milioni e 625 mila lire). Carboni anticipa 100 milioni, e pattuisce il saldo in successive rate entro il 30 maggio 1975; il contratto gli concede la disponibilità dei terreni fin dal pagamento della prima rata: è evidente che il faccendiere, come al solito, intende far fronte all'impegno con Cravero vendendo parte dei terreni "acquistati" ma ancora da pagare; infatti, nel 1974 cede a Ravello il 40 per cento della Calderugia.

La cessione a Ravello rientra nell'operazione detta delle "12 sorelle", o meglio serve a Carboni per ridurre il grosso debito che in quella operazione ha contratto. Come si è visto, Carboni rimane ancora debitore verso Ravello per 354 milioni, mentre per il suo debito verso Cravero le difficoltà sono anche maggiori: il faccendiere sardo fronteggia la vicenda delle "12 sorelle" associandovi mafiosi, usurai malavitosi e Comincioli-Berlusconi, ma con Cravero ricorre a più modesti espedienti contabili.

Per saldare le ultime tre rate da 100 milioni l'una relative all'acquisto della Calderugia, la prima delle quali scadente il 30 ottobre 1974, Carboni emette attraverso una sua società, Baia serena srl, cambiali a favore del suo segretario Emilio Pellicani e da questi "girate", dopodiché Carboni le cede a Cravero. L'espediente si rivela aleatorio, poiché alla scadenza le cambiali non vengono onorate dalla Baia serena e finiscono in protesto. A quel punto, Cravero nega a Carboni la disponibilità del residuo 60 per cento delle azioni Calderugia. Il faccendiere ne entrerà in possesso solo il 20 settembre 1979, quando provvederà al saldo del suo debito cedendo a Francesco Cravero appartamenti e terreni in Sardegna. Ma il 60 per cento della Calderugia non rimarrà a lungo in mano a Carboni: due anni dopo, il pacchetto azionario verrà ceduto in cambio dei terreni di Nova Nuraghe che occorrono al faccendiere per associarsi a Berlusconi nel progetto Olbia 2.

È ancora per reperire terreni sui quali realizzare Olbia 2 che nel 1980 Carboni acquista, per conto proprio e di Berlusconi, le proprietà sarde della Nova Nuraghe Établissement di Vaduz, nel Liechtenstein. Le trattative cominciano nei primi mesi del 1980; il rappresentante della controparte di Vaduz, Walter Feughtwanger, chiede 2 miliardi di lire, poi riduce la richiesta a 1 miliardo e 800 milioni, ma esige il pagamento "in nero" (i terreni risultano iscritti a bilancio per 400 milioni, e sulla differenza tra questa cifra e il miliardo e 800 milioni del prezzo di vendita c'è la tassa Invim): per aggirare il fisco, la trattativa, che aveva per oggetto i terreni, si sposta sulle azioni. E nell'agosto 1980, le parti sottoscrivono un compromesso che prevede il passaggio delle azioni della Nova Nuraghe Établissement di Vaduz alla Sofint per 400 milioni, e il resto "in nero" da accreditare su banca estera.

Nel contratto ufficiale, dunque, risultano solo 400 milioni di lire. Il documento viene esibito all'Ufficio italiano cambi, che autorizza il trasferimento dell'importo alla società di Vaduz. Per la parte "extra contabile" vengono effettuati due accrediti su banca svizzera: il primo il 10 settembre 1980, e l'altro il 21 febbraio 1981, equivalenti a lire 728.750.000, che sommati ai 400 milioni ufficiali danno 1.128.750.000 – mancano 671.250.000 lire. A garanzia del saldo mancante, Feughtwanger accetta il 60 per cento del pacchetto azionario con l'intesa, firmata l'1 marzo 1981, di trattenerlo definitivamente in caso di mancato pagamento. Ed è quanto infatti avviene. Il mese successivo, il 13 aprile 1981, i terreni della Nova Nuraghe vengono trasferiti a una società di Berlusconi, la Avilla srl, con rogito del notaio Zito di Milano.

Sull'operazione Calderugia-Nova Nuraghe vi è un rapporto datato 4 dicembre 1982 del Nucleo di polizia tributaria della Guardia di Finanza di Trieste nel quale si legge: «...A parere di questo Comando si ravvisano gli estremi dei seguenti reati: a) inosservanza delle prescrizioni di cui all'art. 2 della legge 30 aprile 1976 (dichiarazione di disponibilità valutarie); b) assunzioni di partecipazioni in persona giuridica estera (Calderugia) per far apparire beni siti in Italia come appartenenti a non residenti; c) costituzione di attività fuori del territorio dello Stato senza l'autorizzazione prevista dalle norme valutarie; d) esportazione di lire 400 milioni con autorizzazione dell'Ufficio italiano cambi ottenuta sulla base di documentazione falsa. [...] Nei fatti descritti possono ravvisarsi anche gli estremi di cui all'art. 416 del Codice penale (associazione per delinquere), data l'esistenza di un chiaro vincolo associativo permanente a fine criminoso, la predisposizione comune di mezzi per la commissione di una serie indeterminata di delitti...».

«L'acquisto di azioni della Nova Nuraghe», precisa inoltre il rapporto della Guardia di Finanza, «fu effettuato dalla Tatona srl di Roma e quindi dalla Sofint, sua socia di maggioranza», come conferma anche l'amministratore di entrambe le società, Gennaro Cassella. Imputato per questi fatti, in un interrogatorio del 2 luglio 1984 Cassella dichiarerà al sostituto procuratore di Trieste Oliviero Drigani: «Per quel che riguarda la sostituzione della Tatona srl alla Sofint spa nel rapporto contrattuale con Nova Nuraghe Établissement, posso dire che non feci caso al significato di tale sostituzione, in quanto per me firmare come amministratore unico della Tatona o come amministratore unico della Sofint era in fondo la stessa cosa, atteso che la Sofint era la società fiduciaria che deteneva i pacchetti azionari delle varie società operative».

Ma c'è un particolare che passa inosservato: le trattative e l'acquisizione delle azioni Nova Nuraghe Établissement avvengono tra l'inizio del 1980 e il 3 aprile 1981, cioè quando il prestanome di Berlusconi Romano Comincioli è amministratore unico della Prato Verde (30 settembre 1977-2 maggio 1981), e la Tatona è appunto controllata dalla Prato Verde, poiché quest'ultima ne possiede il pacchetto di maggioranza; gli impegni miliardari che sottoscrive la Tatona (o meglio, il prestanome Cassella) possono essere ignorati dal detentore del 50 per cento della Sofint, socia di maggioranza della Tatona? A lume di logica no, e in ogni caso no a termini di legge.

Emilio Pellicani (arrestato nel dicembre 1982 e quindi rinviato a giudizio per le vicende Calderugia-Nova Nuraghe) scrive in un suo memoriale al giudice inquirente che Berlusconi e i suoi uomini parteciparono fin dall'inizio alle trattative, e anzi che Berlusconi anticipò a Carboni il denaro per l'acquisto; secondo Pellicani, il contratto venne firmato da Cassella «che agiva per conto di Carboni e Berlusconi». Pellicani precisa che in una riunione svoltasi a Milano, il gruppo Berlusconi – rappresentato da Comincioli, dal rag. Martini, dal rag. Foscale e da Dario Marzorati – si era detto contrario a passaggi "in nero" sull'estero: ma ciò comunque conferma che Comincioli-Berlusconi erano a conoscenza delle condizioni poste da Feughtwanger per la controparte di Vaduz.

In sostanza: Berlusconi sapeva che i terreni e le azioni erano di proprietà estera, sapeva che la società detentrice esigeva il pagamento sottobanco all'estero, sapeva che vi erano di mezzo l'inganno dell'Ufficio cambi e la frode fiscale – e ciononostante egli ha fornito il denaro necessario all'operazione, e i terreni illegalmente acquistati sono infatti puntualmente divenuti di sua proprietà.

Nell'ottobre del 1988, al Tribunale di Verona, uno smemorato e impudente Berlusconi dichiara di non aver mai sentito parlare né della Calderugia né della Nova Nuraghe. Ma proprio in quegli stessi giorni, il Tribunale civile di Milano stava per pronunciarsi in merito a una causa promossa da Pellicani a carico di Berlusconi e riguardante, per l'appunto, i terreni che erano appartenuti alla Nova Nuraghe.

Il 17 luglio 1984 Pellicani aveva citato Berlusconi chiedendo la restituzione di 545 milioni suppostamente da lui anticipati, per conto di Berlusconi, nell'acquisto dei suddetti terreni; inoltre, poiché tale operazione gli aveva procurato l'arresto, la carcerazione preventiva e l'incriminazione per reati valutari, Pellicani esigeva che Berlusconi lo «manlevasse da tutte le conseguenze a lui derivanti e da derivare»; in altre parole, Pellicani sosteneva che avendo proceduto all'acquisto "in nero" dei terreni di Nova Nuraghe in nome e per conto di Berlusconi, questi dovesse rifonderlo del denaro speso e assumersi in prima persona la responsabilità dei reati commessi.

Il 6 ottobre 1988, la prima sezione Civile del Tribunale di Milano, presieduta dal giudice Diego Curtò, respinge le richieste di Pellicani, poiché non sarebbe stata dimostrata dal ricorrente l'effettiva partecipazione di Berlusconi alla vicenda. Invero, le argomentazioni sviluppate da Pellicani a sostegno della sua istanza risultano maldestre e reticenti, quasi che il ricorrente temesse di inoltrarsi troppo apertamente in un groviglio di scabrosi e inconfessabili rapporti. Il giudice Curtò – nel 1993 reo confesso di corruzione in margine alla vicenda Enimont – dopo essere stato attivo nella vertenza giudiziaria Berlusconi-De Benedetti per il controllo della Mondadori (1989-90), nel 1992 pubblicherà presso la berlusconiana Mondadori una sua vacua "opera letteraria" intitolata *Didimo e il suo giudice*.

Rimane davvero misteriosa e inspiegabile la ragione per la quale in seguito alla vicenda sono stati incriminati i soli Flavio Carboni e Gennaro Cassella, e Emilio Pellicani quale procuratore del faccendiere sardo. Il memoriale di Pellicani perverrà alla Commissione parlamentare d'inchiesta sulla P2 con alcune pagine coperte da segreto istruttorio apposto dalla Procura di Trieste; nell'audizione del 24 febbraio 1983, su invito della Commissione, Pellicani preciserà: «Riguardano i reati valutari Calderugia, Nova Nuraghe e Berlusconi». Parti del procedimento di Trieste a carico di Carboni, Cassella e Pellicani vengono stralciate e prendono altre direzioni. Rimangono i reati valutari, per i quali è prevista la procedura per direttissima. Sei anni dopo, avviene finalmente il rinvio a giudizio – giusto in tempo per beneficiare della legge del 1988 che depenalizza i reati valutari...

Corruzione a Olbia 2

Tra le iniziative intraprese o progettate in Sardegna dal duo Carboni-Berlusconi, la più ambiziosa è quella denominata Olbia 2. Vi si ipotizza la costruzione di un enorme insediamento turistico del tipo "casa più barca". Carboni, che culla il sogno di diventare, al pari dell'Aga Khan, l'artefice del più grosso centro turistico dell'isola, nell'estate 1979 effettua un giro di consultazioni presso la Regione Sardegna, il Comune di Olbia, e presso le principali forze politiche isolane: trova incoraggiamenti, e promesse di appoggio.

«Nel marzo 1980», si legge nel "memoriale Pellicani", «Carboni ha già raccolto molto materiale e indicazioni dei gruppi politici... perciò invita Romano Comincioli e gli illustra il programma che si potrebbe sviluppare nell'area a nord e a sud di Olbia... Entusiasta da quanto esposto da Carboni, Comincioli ne riferisce immediatamente a Berlusconi. A metà marzo 1980, al Grand Hotel di Roma si incontrano Carboni, Comincioli e Berlusconi. Da questa riunione scaturì l'iniziativa di Olbia 2, che prevedeva un primo investimento di circa 7 miliardi... Si programmò anche una visita in Sardegna. Il viaggio avvenne verso la fine di marzo, e fummo accompagnati da Silvio Berlusconi, Fedele Confalonieri, dal rag. De Martini, dall'arch. Ragazzi, e da altri di cui non ricordo il nome. Il 30 marzo avvenne il primo finanziamento da parte di Berlusconi per un miliardo di lire».

Si è visto come i primi terreni acquistati per il progetto Olbia 2 siano quelli della società Nova Nuraghe, controllata dalla Nova Nuraghe Établissement di Vaduz (Liechtenstein); con ulteriori acquisizioni, i terreni disponibili hanno ormai un'estensione complessiva di ben mille ettari. «Durante tutto il 1980», precisa Pellicani nel suo memoriale, «Carboni si adopera, anche attraverso i mediatori olbiesi, ad accaparrare terreni... Alla fine dell'anno, tra acquisti effettuati e preliminari per accaparramento, Carboni,

Comincioli e Berlusconi avevano acquistato nelle zone di Olbia sud e di Olbia nord circa 1.000 ettari di terreno...»; tali terreni, prosegue Pellicani, «erano stati intestati a due società, la Avilla e un'altra di cui non rammento il nome [*si tratta della società Aprisella srl, NdA*], società che erano di effettiva proprietà, al 50 per cento ciascuno, del Carboni e del Berlusconi, anche se i due non figuravano direttamente ma tramite loro collaboratori. Per la verità la proprietà delle due società era per il 45 per cento del Carboni, per il 45 per cento del Berlusconi, e per il restante 10 per cento del signor Romano Comincioli...».

Olbia 2 è un progetto molto ambizioso, secondo qualcuno fino alla megalomania. Mentre Porto Cervo dispone di circa 800 posti barca, qui se ne prevedono 3.000; si ipotizza di edificare per 2 milioni 185 mila metri cubi, il che consentirebbe di ottenere oltre 4.000 villette – una città... E tanto più grossa appare l'iniziativa, tanto maggiori sono gli interessi da conciliare e le resistenze da rimuovere. Carboni non si accontenta più delle generiche disponibilità manifestategli dai politici fin dall'estate del 1979: ora ha bisogno di appoggi più concreti. Così prende contatti con le varie componenti politiche di Olbia.

«Partecipavano tutti, c'erano tutti. Ho trattato con le forze politiche, dai comunisti ai socialisti ai democristiani. Anzi, feci venire Berlusconi di persona e ci furono delle sedute ufficiali» [13]. A livello regionale, il principale interlocutore è il repubblicano Armando Corona, futuro Gran maestro della massoneria. «Il rapporto di Carboni con Corona», dichiara Pellicani, «nasce in occasione dell'operazione Olbia 2, oggi Costa Turchese, sorta con la connessione tra Berlusconi e Carboni. Allora Corona era presidente della Giunta regionale: [Carboni] gli fu presentato da Angelo Roich e dal prof. Gianni Mereu, e lì ebbe inizio il rapporto perché l'on. Corona doveva portare avanti la famosa operazione Olbia 2» [14] – per "rapporto", Pellicani intende elargizione di somme, e infatti così prosegue: «Il periodo in cui Corona inizia a prendere dei soldi da Carboni parte dal 1980, quando lui era ancora presidente della Regione sarda. In quella occasione credo che abbia avuto da parte di Carboni dei finanziamenti provenienti dal gruppo Berlusconi per l'operazione Olbia 2 [...]. In quell'occasione Carboni mi disse

---

[13] Audizione di Carboni presso la Commissione parlamentare P2, seduta del 24 marzo 1983. Cfr. *Atti*, tomo XXI, pag. 767.

[14] Audizione di Pellicani presso la Commissione parlamentare P2, seduta del 24 febbraio 1983. Cfr. *Atti*, tomo XX, pag. 349.

di aver già "bonificato" varie persone della Sardegna, tra cui l'onorevole Corona, per circa 300 milioni, 200 dati all'on. Corona, e altri ad altre persone... Lo so, perché ci furono addebitati 500 milioni che furono portati da Fedele Confalonieri tutti in contanti a Cagliari mentre Carboni, Berlusconi e Corona erano a Cagliari. Confalonieri [portò] 500 milioni in contanti [dentro una] valigetta ventiquattr'ore» [15].

Secondo il braccio destro di Carboni, anche 150 milioni (prelevati il 14 maggio 1981 dalla Banca del Cimino) servono a corrompere i politici: stavolta ne avrebbero beneficiato la segreteria del presidente della Regione Angelo Roich per «l'operazione Sardegna-Berlusconi», e altri «politici sardi sempre in relazione alla famosa operazione» [16]. Complessivamente, conclude Pellicani, «Carboni aveva stabilito con Berlusconi 7 miliardi di spese politiche. Era il costo politico dell'operazione».

Nel 1982, il sostituto procuratore Dell'Osso interroga a Milano Armando Corona, già presidente dell'Assemblea regionale sarda e Gran maestro della massoneria; come risulta dal verbale di istruzione sommaria, Corona dichiara: «Conobbi il Carboni nel gennaio 1981 allorché il predetto mi fu presentato dall'on. Angelo Roich. All'epoca io ero presidente dell'Assemblea regionale sarda. Il Roich mi presentò il Carboni come un operatore locale, imprenditore che si interessava di costruzioni e di insediamenti turistici. Il Carboni mi parlò appunto di questa sua attività e mi disse che intendeva presentarmi il signor Berlusconi Silvio, imprenditore milanese, che aveva interessi con lui e che era orienta-

---

[15] Armando Corona – futuro Gran maestro della massoneria – risulterà essere in ottimi rapporti col senatore sassarese Francesco Cossiga, nel giugno 1985 eletto presidente della Repubblica. Secondo una relazione del giudice Agostino Cordova (datata 27 maggio 1993, e inviata al Csm e alla Commissione antimafia), Corona è stato ricevuto al Quirinale dal presidente Cossiga centinaia di volte. Lo stesso Corona nel 1987 comunicherà a Berlusconi la disponibilità del presidente Cossiga a incontrarlo l'avesse voluto.
Del resto, è notoria la "simpatia" di Cossiga per la massoneria, e l'inquietante ruolo da lui avuto rispetto alla incostituzionale organizzazione segreta detta "Gladio"; tanto quanto sarà manifesta la simpatia dello stesso Cossiga per il piduista Berlusconi. Nella primavera del 1978, quando Cossiga era ministro dell'Interno, durante il sequestro Moro, il Viminale pullulava di piduisti; lo stesso Cossiga si farà assertore della Repubblica presidenziale, obiettivo indicato anche nel "Piano di rinascita" della Loggia P2.

[16] Audizione di Pellicani presso la Commissione parlamentare P2, seduta del 24 febbraio 1983. *Atti*, tomo XXI, pag. 478. Roich smentirà ogni suo collegamento col progetto Olbia 2.

to ad operare in Sardegna. In effetti successivamente il Carboni venne con il predetto Berlusconi ed entrambi mi dissero che avevano dei grossi progetti per la Sardegna. Preciso che dai termini con i quali si esprimevano traspariva chiaramente una comunanza di interessi, nel senso che apparivano soci nel progetto del quale parlavano. Dissero in particolare che avrebbero voluto costruire una seconda Olbia, Olbia 2».

Ma la strategia concepita e attuata da Carboni e Berlusconi a sostegno dei loro affaristici piani in Sardegna si fa più sottile e articolata, arrivando agli organi di stampa e alle squadre di calcio.

Non pago del *crack* di "Tuttoquotidiano", il faccendiere sardo ritenta con "La Nuova Sardegna": attraverso la Generale commerciale di Comincioli, avanza un'offerta per entrare nella proprietà del quotidiano, ma si vede opporre un rifiuto; allora ricorre agli amici politici: «L'on. Corona», ricorda Pellicani nel suo memoriale, «si adoperò affinché fosse sottoscritto un patto parasociale tra Carboni e Caracciolo per la cessione del 35 per cento [*dell'Editoriale Nuova Sardegna, NdA*] alla Sofint». Per la partecipazione del 38 per cento nella "Nuova Sardegna", quotidiano con buona diffusione in ambito regionale, Carboni paga 1 miliardo e 75 milioni [17].

Il denaro di Berlusconi spunta anche in occasione del tentativo di acquisto della squadra di calcio del Cagliari. Pellicani, alla Commissione parlamentare sulla P2, racconta che Carboni aveva dato a Corona un assegno di 200 milioni per acquistare le azioni della squadra del Cagliari; l'assegno risultava essere "scoperto", ma – come precisa Pellicani – «l'assegno doveva essere tenuto in deposito e non "bancato" perché, in effetti, non era Carboni che doveva finanziare le operazioni dell'acquisizione del Cagliari, ma doveva essere Silvio Berlusconi» [18]. Più modestamente, Berlusconi dovrà accontentarsi di sponsorizzare con i colori di Canale 5 la squadra dell'Olbia (la sponsorizzazione si protrae per due stagioni, i campionati '82-83 e '83-84).

Il cosiddetto "costo politico" non si esprime solo in denaro, ma

---

[17] Trovatosi in difficoltà finanziarie, Carboni cederà il pacchetto azionario all'avvocato Gelmi di Milano quale garanzia a fronte di un prestito; Gelmi si tratterrà le azioni eccependo che Carboni non lo abbia rimborsato nei tempi stabiliti, e le azioni contese finiranno congelate presso il Tribunale di Sassari in attesa della sentenza giudiziaria.

[18] *Atti della Commissione P2*, tomo XX, pag. 473.

anche nelle "convenienze reciproche". Ad esempio, i sindaci di Olbia degli anni Settanta sono personalmente legati a interessi edilizi: il sindaco Giuseppe Carzedda compare in tutte le iniziative riguardanti le "12 sorelle", e il suo successore, Mario Cocciu, è un costruttore edile al quale vengono affidati gli appalti di Punta Marana e di Cugnana Verde. «Fortunatamente», ironizza il sindaco di Olbia Giampiero Scanu, «io faccio il direttore della Azienda di soggiorno e non mi occupo di edilizia. Non è facile sottrarsi alle pressioni e ai tentativi di manipolazione: si rischia la pelle. Un freno a certa degenerazione può essere posto solo dal controllo del patrimonio degli amministratori locali. Bisognerebbe estendere l'applicazione della legge Rognoni-La Torre».

A Tempio Pausania penderà per molto tempo un procedimento giudiziario contro Flavio Carboni e altri, avviato nell'aprile 1984 con cinque arresti – all'epoca, se ne occuparono anche i quotidiani nazionali: «Si annuncia ricca di sviluppi, per alcuni aspetti anche clamorosi, l'inchiesta giudiziaria sullo scandalo edilizio sfociato nell'arresto di cinque persone... Ai cinque il sostituto procuratore della Repubblica Pietro Grillo ha contestato i reati di truffa, interesse privato in atti di ufficio e falso ideologico in relazione a una serie di presunti illeciti nella realizzazione di insediamenti turistici e nella concessione di licenze edilizie» [19]. È «un *blitz* contro le speculazioni edilizie che ha radici lontane, nelle inchieste sulla Loggia P2», e che interessa «la Sofint, finanziaria di Carboni coinvolta in affari di riciclaggio di denaro sporco e in traffici di eroina, legata a personaggi del clan mafioso Inzerillo-Spatola di Palermo» [20].

Tra la fine del 1981 e l'inizio del 1982, Olbia 2 da ipotesi diviene progetto di massima. L'incarico di illustrarlo alla Giunta comunale di Olbia (di sinistra) viene affidato al geometra Sergio Roncucci: da iscritto al Pci, Roncucci dovrebbe risultare convincente... Ma di lì a poco la Giunta cade, e le subentra un'amministrazione a prevalenza Dc: chi conduce le trattative è ancora Roncucci. Ma su Olbia 2, *alias* Costa Turchese, cala il silenzio: passeranno anni, prima che il progetto venga riproposto all'attenzione dell'isola.

La grandiosa iniziativa si arena per diverse e concomitanti ragioni. Anzitutto, l'acquisto dei terreni si rivela più oneroso del previ-

---

[19] "Il Giorno", 16 aprile 1984.

[20] "la Repubblica", 14 aprile 1984.

sto: a tutto luglio 1981, impegna il duo Carboni-Berlusconi per circa 21 miliardi. «Tra Carboni e Berlusconi», ricorda infatti Pellicani, «erano intervenute difficoltà di carattere finanziario, in quanto quest'ultimo si trovava in stato di illiquidità dovuto in parte alle grosse somme che lo vedevano impegnato con Canale 5, al fermo delle vendite immobiliari, all'acquisizione della Bica...» [21].

La comparsa di Roberto Calvi all'orizzonte di Carboni contribuisce a allentare i rapporti tra il faccendiere e Berlusconi: «Quando Carboni trova un nuovo modo di operare con Calvi, abbandona tranquillamente l'operazione Olbia 2, trattandola così alla lontana, incontrando un alter ego di Berlusconi una volta ogni 15-20 giorni, così, solo per relazionare su quello che sta accadendo» [22]. «L'ottobre 1981 scorre in mezzo a difficoltà notevoli», annota ancora Pellicani nel suo memoriale, «la rottura [di Carboni] con Berlusconi è totale – si parla già di scissione dei due gruppi». In realtà, i rapporti sono discontinui ma proseguono, e i contatti sono comunque frequenti. Quasi ogni giorno, e anche più volte al giorno, telefonano alla sede romana della Sofint Fedele Confalonieri, lo studio Marzorati (che rappresenta la Fininvest), i prestanome Maria Luisa Bosco e Romano Comincioli della Generale commerciale; quando Carboni e Pellicani sono fuori ufficio, le segretarie annotano su un'agenda le varie chiamate [23].

---

[21] L'ultima operazione tra i due soci risale al settembre 1981, quando Carboni trasferisce a Berlusconi il pacchetto azionario della Società immobiliare sarda Contra dei marinai spa, proprietaria di circa 160 ettari nei dintorni di Olbia, e ottiene assegni e cambiali della Generale commerciale per 4 miliardi. Di fatto, la società Contra dei marinai si estingue, ma non per la Camera di commercio e la Cancelleria del Tribunale di Tempio Pausania, che infatti continuano a cercarla nella vecchia sede di piazza Matteotti 11, a Olbia, suscitando le proteste di un'ignara signora che si trova assediata da comunicazioni, carte bollate, cartelle esattoriali, non di sua pertinenza...

[22] Dichiarazioni di Pellicani nell'audizione del 24 febbraio 1983 presso la Commissione parlamentare P2. *Atti*, tomo XX, pag. 506.

[23] Ecco uno scorcio dell'agenda: «22-2-82: chiamato signora Bosco per Pellicani; Annibaldi per Pellicani. 3-3-82: Annibaldi per Pellicani; signora Balducci per Carboni; Confalonieri per Carboni-Pellicani; Cravio [*"Calvo" in sardo, sta per Roberto Calvi, NdA*]; signora Bosco per Carboni; richiamare Generale commerciale; architetto Gentes per Comincioli. 11-3-82: Studio Marzorati per posta Prato Verde. 18-3-82: Generale Santovito per Carboni [*si tratta di Giuseppe Santovito, capo del Sismi, affiliato alla Loggia P2, NdA*]; dottor Sbripoli per prof. Armando Corona per fissare appuntamento per Confalonieri. 16-3-82 Confalonieri per Pellicani-Carboni – si scusa per ieri – richiamare via Lovanio 8880; Santovito: casa 875736, ufficio 8449944; Comincioli per Pellicani e Carboni; Generale commerciale per Carboni;

Nel giugno 1982, con la morte di Calvi, gli avvenimenti precipitano, e finiscono per travolgere anche il sodalizio Carboni-Berlusconi. Il commissario Liberato Riccardelli (della Commissione parlamentare P2), nell'audizione del 24 febbraio 1983, domanderà a Pellicani: «Carboni, in ultimo, è rimasto socio di Berlusconi oppure è stato estromesso?», e Pellicani risponderà: «A me risulta che Berlusconi lo abbia estromesso dal momento in cui Carboni è detenuto. Prima, fino a pochi giorni prima, c'erano stati degli incontri per arrivare a una definizione. Cioè, addirittura credo che in uno degli ultimi incontri Carboni avesse offerto a Berlusconi 15 o 16 miliardi, dicendo che sarebbero stati finanziati dal presidente del Banco Ambrosiano per acquisire tutta l'operazione Olbia 2; cosa che poi non avvenne... Però, di fatto... cioè Carboni dovrebbe essere ancora socio di Berlusconi».

Come si è visto, i terreni di Olbia 2 erano intestati alle società Avilla e Aprisella, due srl nelle quali erano associati Comincioli per il 10 per cento, Carboni e Berlusconi ciascuno per il 45 per cento. Ebbene, dopo l'arresto di Carboni, le due società vengono assorbite dalla Finanziaria Alta Italia srl del gruppo Fininvest, e i vecchi soci vengono estromessi tramite la liquidazione delle loro quote.

La prima a essere assorbita è la Avilla: nel bilancio al 31 dicembre 1982, alla voce "Debiti diversi" risultano 3 miliardi 887 milioni, con la precisazione che si tratta del «saldo dovuto ai vecchi soci della Avilla srl da regolare a buon fine dell'operazione immobiliare a lunga scadenza in Sardegna». Evidentemente, l'assenza di Flavio Carboni e del suo segretario e braccio destro Pellicani consiglia di rinviare la sistemazione ai tempi lunghi. Ma appena gli è possibile, il faccendiere sardo reclama i suoi diritti di socio, e il bilancio dell'anno successivo registra infatti 2 miliardi e 600 milioni pagati in acconto ai vecchi soci.

Con le stesse modalità, nel primo semestre 1984 viene assorbita

Comincioli per notizie – domani parte per la Sardegna. 24-3-82: signora Bosco per Pellicani – N. passaporto A966251 – richiamare – chiamato altre due volte. 30-3-82: Gen. Santovito per Carboni; Cravio; Santovito per Carboni; Annibaldi per Pellicani. 31-3-82: Cravio per Carboni-Pellicani; signora Balducci; Annibaldi per Pellicani. 5-4-82: Santovito per Carboni; Annibaldi per Pellicani; Carboni sta andando da Annibaldi; Santovito per Carboni 875736. 9-4-82: Diotallevi viene qui in ufficio; Prato Verde convocata 20 aprile ore 16; esaminare e approvare il progetto di P.R. 15-4-82: Dr. Pazienza per Pellicani-Carboni; Annibaldi per Pellicani urgente. 22-4-82: Cravio per Carboni; Diotallevi per Carboni urgente; Cravio per Carboni; B.S.S. per Pellicani-Carboni; Barberini Prato Verde 117 milioni assegni entro le 13».

anche la Aprisella. Nella relazione al bilancio è scritto: «Nel 1984 il Comune di Olbia ha presentato il piano regolatore generale di zona. Però tale piano dev'essere ancora confermato dalla Regione. Si è quindi in attesa delle decisioni che la Regione adotterà per poter dare corso ai progetti di costruzione previsti».

Dopo il 1982, del progetto Olbia 2 si sente parlare raramente. Le circostanze per riattualizzarlo non sono le più propizie: Berlusconi è impegnato nell'acquisto del settimanale "Tv sorrisi e canzoni" (giugno 1983) e di Rete Quattro (agosto 1984) – la Fininvest ha troppa carne al fuoco, ed è costretta a rinviare programmi e iniziative.

Solo verso la fine del 1990, il progetto Olbia 2-Costa Turchese torna alla ribalta, con contorno di polemiche. Ai confini dell'area interessata, si progetta la costruzione di una grande clinica; l'iniziativa è di don Luigi Verzè, titolare della clinica San Raffaele di Milano, e amico personale di Berlusconi. "La Nuova Sardegna" avanza l'ipotesi che il terreno per la clinica sia un regalo della Fininvest a fini strumentali e promozionali.

«In questa vicenda», dichiara il sindaco di Olbia Giampiero Scanu, «mi sono impegnato personalmente. Preciso subito che non si tratta né di una clinica per supervip, né di una specie di *beauty farm* come qualcuno insinuava, bensì di un comune ospedale con 500 posti letto, attrezzature sportive e un centro congressi. Ci voleva: se qualcuno si fa male, oggi bisogna portarlo a Sassari o a Cagliari». Quanto a Olbia 2, «si fa, ma a determinate condizioni. Il Comune non ha interesse alle seconde case; al contrario, vogliamo evitare la stagionalità con insediamenti attivi tutto l'anno, utili per l'intera comunità... Nel giugno 1982 il progetto Olbia 2 prevedeva quasi 2 milioni 200 mila metri cubi di costruzioni sulla penisola che va dal Lido del Sole a Capo Ceraso. Ora la Finanziaria Alta Italia, titolare dell'iniziativa, si accontenta di 570 mila metri cubi. Stiamo attendendo gli esecutivi del progetto».

Berlusconi rinuncia dunque a circa il 75 per cento delle dimensioni originarie, e si accontenta di un ridotto porticciolo in uno dei vari stagni del comprensorio: in cambio, realizza a Capo Ceraso un parco naturale a beneficio del Comune.

Intanto, a Olbia e dintorni è ricomparso Flavio Carboni. Commentando il prossimo varo del progetto Olbia 2-Costa Turchese, il faccendiere lamenta che Berlusconi lo abbia "scaricato di brutto", ma non se ne duole più di tanto: «Come si prospetta oggi, Olbia 2 non è più un affare. È ridotta a un quarto, e costerà ugualmente un migliaio di miliardi che sarà difficile recuperare».

Presunto diffamato

Nell'ambito del processo seguito alla querela per diffamazione sporta da Berlusconi a carico dei giornalisti G. Ruggeri e M. Guarino [*autori del presente libro, NdA*], in data 22 dicembre 1988 il Tribunale di Verona sentenzierà: «[Berlusconi] ha per altro ammesso di aver avuto rapporti d'affari con Flavio Carboni, personaggio a sua volta risultato legatissimo al Calvi e coinvolto nella sua fuga a Londra e nelle vicende del Banco Ambrosiano tramite le società Immobiliare Etruria 71 srl e Prato Verde. Ha ammesso inoltre il Berlusconi che i suoi rapporti con Carboni erano tenuti tramite il suo amico Romano Comincioli. A proposito di questo ultimo, e del Carboni stesso, oltre a quanto già sopra detto (in particolare a proposito della sua partecipazione azionaria nella società Sofint, coinvolta attraverso la Tatona nell'acquisto delle azioni della Nova Nuraghe in relazione alla quale – si ricorderà – furono addebitate al Carboni stesso dalla Guardia di Finanza ipotesi di illeciti valutari e coinvolta altresì nei finanziamenti del Banco Ambrosiano alla Immobiliare Etruria 71 srl [cfr. foll. 719 e ss.]); risultano agli atti di causa alcuni elementi che appaiono rilevanti ai fini della decisione in quanto corrispondono agli elementi di conoscenza di cui disponevano gli imputati [*G. Ruggeri e M. Guarino, NdA*] e che è utile richiamare in quanto connessi alla valutazione dell'eventuale diffamazione commessa con l'espressione "mafia bianca". In particolare tali elementi si ricavano dalla sentenza 8/2/86 del Tribunale di Roma, riguardante principalmente l'imputazione di associazione per delinquere finalizzata alla commissione di gravi reati tra cui riciclaggio di denaro "sporco", posta a carico di vari personaggi tra cui Diotallevi Ernesto, Calò Giuseppe, Cassella Gennaro, Ravello Lay Florent, Pellicani Emilio, e un complesso di fatti che videro implicato in maniera assai rilevante anche Flavio Carboni [...]. A questo punto è possibile trarre finalmente le considerazioni conclusive [...]. In alcuni casi sono effettivamente esistiti dei punti di contatto o dei legami del Berlusconi con dette persone e con fatti del genere giungendosi anche a qualificare tali rapporti come non irrilevanti o trascurabili [...]. Ad avviso del collegio, non è fondata la pretesa di un soggetto al riconoscimento della natura diffamatoria di un accostamento del proprio nome a una vicenda o persona, per quanto spiacevole essa sia, se un rapporto con essa di quel soggetto effettivamente vi fu, tanto più se esso è tale da suscitare comunque interrogativi e da destare il massimo interesse alla conoscenza da parte dell'opinione pubblica, sicché ben giustificato è che da parte della stampa si indaghi e si porti a conoscenza del pubblico gli elementi di fatti acquisiti».

VII

IL PIRATA DELL'ETERE

In combutta col Palazzo

Il suo impero televisivo, Berlusconi può edificarlo solo grazie al "vuoto legislativo" nel quale il settore dell'emittenza televisiva viene mantenuto soprattutto per volontà dei due maggiori partiti di governo, Dc e Psi. A dispetto della vieta leggenda berlusconiana, l'impero Fininvest sorge sul finire degli anni Settanta, e si consolida nella prima metà degli anni Ottanta, non già in ragione della "genialità imprenditoriale" di Berlusconi, bensì per una serie di concomitanti fattori, culminati nella complicità del potere politico: teorizzato dalla Loggia P2, finanziato da banchieri piduisti e da tanto ingenti quanto oscuri capitali, l'impero televisivo Fininvest si afferma solo grazie al connivente volere di Bettino Craxi e della destra democristiana. Attraverso il doloso mantenimento del "vuoto legislativo" nel settore, con il pervicace rifiuto di regolamentare l'emittenza privata e il mercato pubblicitario, il corrotto regime Dc-Psi ha precisamente inteso consentire a Berlusconi l'attuazione del proprio disegno monopolistico, arrivando a determinare una situazione senza eguali in tutto l'Occidente.

Il 28 luglio 1976, la Corte costituzionale conferma il monopolio della Rai-Tv, ma per la prima volta riconosce la legittimità delle emittenti Tv private a condizione che esse limitino le trasmissioni all'ambito locale. Quattro anni dopo, il 17 giugno 1980, la Corte accorda alle Tv commerciali la facoltà di trasmettere via etere, salvo quanto disposto nella precedente sentenza (e cioè limitatamente all'ambito locale), e solo sulle bande di frequenza assegnate loro dal ministero delle Poste, competente in materia [1].

---

[1] Secondo un censimento ufficiale del novembre 1980, in Italia risultano attive circa 600 Tv private e 200 stazioni radio.

Nello stesso 1980, il piduista Berlusconi, alle prese con l'attuazione del "Piano" della Loggia P2 relativo ai mass media, dichiara: «Sembra un miracolo che almeno in questo campo si sia potuto per un certo tempo agire in vacanza di leggi, regolamenti e pastoie varie che si rincorrono, si contraddicono, si disdicono. Fuori, cioè, dalla solita giungla che contraddistingue ogni altro settore dell'attività. Non so quanto potrà durare. I nostri politici stanno fieramente meditando di darci presto una bella legge sulle televisioni private. Il ministro delle Poste Di Giesi l'ha dichiarato, vuole fare presto una "buona legge" per le Tv. Da parte mia, sono convinto che non c'è bisogno, invece, di alcuna legge, perché il mercato, qui come altrove, ha in sé tutti gli anticorpi necessari a provocare una autoregolamentazione del settore televisivo privato».

Tra la fine del 1980 e l'inizio del 1981, il ministro delle Poste (il socialdemocratico Michele Di Giesi) insedia una commissione di esperti per predisporre una regolamentazione del settore televisivo, e per studiare le possibilità tecniche atte a consentire ai privati il cosiddetto sistema di interconnessione attraverso ponti ad alta frequenza dislocati in varie zone d'Italia, rendendo così possibile la trasmissione in contemporanea di diverse emittenti locali.

Secondo stime attendibili, per la sola installazione di una ventina di ponti è necessario un investimento di circa 3 miliardi di lire. Solo pochi privati – Berlusconi, Rizzoli, Mondadori e Rusconi – sono in grado di proseguire sulla strada dell'emittenza privata, una strada onerosa e irta di difficoltà. Dunque, la maggior parte delle piccole emittenti locali, con la possibile nascita di oligopoli, è destinata prima o poi a soccombere, con la conseguenza che l'enorme mercato pubblicitario verrà suddiviso fra pochi.

Tra i grandi del settore, la sola voce contraria alla completa liberalizzazione delle televisioni private è quella di Alberto Rusconi; il settimanale "L'Espresso" dell'11 febbraio 1981 scrive: «Senza dirlo esplicitamente, Rusconi fa capire di non essere molto interessato alla creazione di reti nazionali a conduzione privata e di non credere che si possa migliorare di molto il giornalismo via etere di produzione privata». La posizione della Mondadori è più possibilista – per bocca di Piero Ottone, responsabile di Rete Quattro, il gruppo editoriale dichiara: «Se il nuovo regolamento non consentisse alle Tv private di andare oltre il proprio borgo, allora è ovvio che il programma migliore resterebbe lo spogliarello della vicina di casa e che l'afflusso di pubblicità si manterrebbe esiguo. Ma se lo scopo della nuova legge è anche quello di consentire alle televisioni private la sopravvivenza economica e la possibilità di produrre o di acquistare programmi di qualità, allora non c'è dubbio che le televisioni libere debbano raggiungere uno spazio nazionale o almeno regionale. Per noi va bene sia l'una sia l'altra soluzione».

Intanto, si profila un appuntamento importante: nell'estate 1981 la Corte costituzionale è chiamata a pronunciarsi in merito alla liceità per le Tv commerciali di trasmettere su tutto il territorio nazionale.

In attesa della decisione della Corte, il 22 aprile 1981 Berlusconi dichiara: «Non si può fare televisione se non si è collegati con tutto il Paese e con l'estero»; poi, criticando il monopolio della Rai, sostiene che si deve decidere una volta per tutte se la Rai è un servizio pubblico o un'impresa privata: «Se è un servizio pubblico», tuona, «deve occuparsi di fare cultura più che spettacolo; se è un'impresa privata, dovranno valere anche per essa le norme antitrust, e quindi non le sarà possibile mantenere le tre reti» – il *tycoon* piduista preannuncia l'attacco al monopolio Rai.

Il 17 luglio, arriva la pronuncia della Corte costituzionale: nella sostanza, la Corte dichiara legittimo il monopolio pubblico per le trasmissioni nazionali, e ribadisce che le "private" possono agire soltanto in ambito locale; in pratica, si sollecitano governo e Parlamento a definire la regolamentazione legislativa dell'etere.

Il confronto tra Berlusconi e la Rai si fa aspro, con vibrate polemiche e scambi di reciproche minacce – ma questi sono solo gli aspetti visibili di una più ampia battaglia politica che si combatte dietro le quinte senza esclusione di colpi. Risultano già evidenti gli schieramenti: poiché la Rai-Tv, attraverso la Commissione parlamentare di vigilanza, è controllata dal Parlamento, Craxi e la destra Dc – con l'occulta regia della P2 – intendono favorire il "privato Berlusconi" per poter disporre direttamente di un loro mezzo televisivo equivalente e alternativo alla Rai-Tv.

Forte delle tre sentenze della Corte costituzionale, nel gennaio 1982 l'ente di Stato si rivolge alla magistratura denunciando Canale 5 e altri circuiti per «la contemporaneità delle trasmissioni non via etere, ma a mezzo di videocassette [2] su varie emittenti, intaccando così il privilegio monopolistico».

Nel corso di una conferenza al Circolo della Stampa di Milano,

---

[2] Una "tecnica" inventata da Berlusconi: «In gergo si chiama "pizzone": è il nastro madre che, riprodotto, può essere mandato in onda su tutte le stazioni regionali anche cinque giorni dopo, dando l'impressione agli ascoltatori di un programma trasmesso in diretta su tutto il territorio nazionale. È stata l'idea di una notte...» (intervista al settimanale "L'Europeo" del 14 settembre 1985).

Berlusconi proclama: «Non ci fa paura la denuncia della Rai al pretore di Roma, perché è una denuncia che ove mai fosse accolta porterebbe il pretore a sconfinare dai suoi limiti e a sostituirsi al legislatore. Noi vogliamo ancora una volta denunciare all'opinione pubblica l'arroganza, il terrorismo ideologico della Rai che è in contraddizione con le indicazioni del governo fornite dal presidente Giovanni Spadolini al ministro delle Poste, e cerca di distruggere i circuiti organizzati delle televisioni private perché questi con la loro professionalità, con la qualità dei loro programmi, con il loro forte supporto pubblicitario, rappresentano non solo una forte concorrenza, ma una "controvoce" autonoma, libera e indipendente da quella della Rai, che certo autonoma non è... In questo periodo molte aziende definiscono il bilancio con le cifre destinate alla pubblicità: mi risulta che l'ente pubblico usi atteggiamenti intimidatori nei confronti di imprenditori i quali, per reclamizzare i loro prodotti, si rivolgono anche alle reti private. Il discorso, grosso modo, è: se tu dai molto a quei circuiti, e noi riusciamo a chiuderli, ti limiteremo lo spazio o te lo negheremo quando dovrai per forza ricorrere a noi».

L'intrepido piduista Berlusconi, all'attacco della Rai secondo i piani della P2, sorvola sul nodo principale della questione: l'enorme disparità, a vantaggio delle reti private, tra la delimitata raccolta pubblicitaria della Rai e quella illimitata di Canale 5 e consociate (oltre alla miriade di piccole emittenti commerciali). La disparità non deriva dalla forza intrinseca – tecnica, organizzativa, finanziaria e d'immagine – delle parti in causa, poiché l'ente di Stato sarebbe in grado di schiacciare tutti i concorrenti, bensì dai limiti che i partiti politici di governo impongono alla Rai e che in parte la stessa Rai si pone. L'emittente pubblica si autolimita ponendo un tetto alla propria raccolta pubblicitaria, mentre Berlusconi non ha né di questi limiti né remore di alcun genere; in fondo, la Rai che l'editore piduista immagina è un placido pachiderma addormentato al guinzaglio dei partiti, supino e rassegnato a subire le scorrerie delle Tv commerciali.

Vero è che le piccole emittenti commerciali non temono tanto la Rai, quanto Berlusconi. Per esse è l'arrembante *tycoon* ex palazzinaro il nemico, il bucaniere che saccheggia e devasta i campi della raccolta pubblicitaria. Su questo fronte, Berlusconi è dichiaratamente per la legge della giungla e del "vinca il più forte", essendo lui il più forte in ragione delle sue ingenti e oscure disponibilità finanziarie e dei suoi legami politici.

La prima comunicazione giudiziaria arriva infatti ai responsabili di Canale 5 in seguito a una denuncia dell'Anti, l'associazione che raggruppa le emittenti private. Il pretore di Palermo, Biagio Tresoldi, accoglie il ricorso, e accusa Berlusconi di violare le norme di legge trasmettendo i suoi programmi su scala nazionale (reato previsto dall'articolo 195 del Codice postale). Analoghe iniziative assumono anche pretori di altre città, attivati da denunce delle piccole emittenti commerciali che vedono nel *network* di Berlusconi un pericolo per la propria autonomia e sopravvivenza.

Ma Berlusconi è già in combutta col potere politico. Nell'estate del 1982, ad esempio, mette a disposizione del Partito socialdemocratico le sue telecamere, e ne trasmette in diretta il congresso; del resto, il segretario del Psdi, Pietro Longo, è un "fratello massone", anch'egli affiliato alla Loggia P2.

L'anno seguente, il 1983, si registrano ulteriori interventi delle Preture di varie città. A Genova, il pretore Francesco Lalla condanna a due mesi di arresto e 400 mila lire di ammenda (con i benefici di legge) Berlusconi e altri dirigenti di emittenti private per avere irradiato in contemporanea identici programmi senza disporre della necessaria concessione. Ma si tratta di inezie, poiché Berlusconi è sempre più potente: il suo vecchio amico Bettino Craxi, nell'agosto del 1983, diviene presidente del Consiglio (nel governo, trova posto anche il "fratello" piduista Pietro Longo); il vicepresidente del Consiglio è Arnaldo Forlani, e la destra Dc è già schierata con la Fininvest e contro la Rai – Mauro Bubbico (responsabile della Dc per le comunicazioni di massa) dichiara a sorpresa: «Certo nella situazione in cui siamo, toccare Berlusconi è come dire che lo Stato deve ridimensionare la Fiat per assistere la concorrente Alfa Romeo, che è pubblica. Questo è un aspetto del problema, precisamente quello che riguarda la libertà dell'impresa privata. Ma c'è un altro aspetto essenziale: trattandosi di mezzi di comunicazione di massa molto potenti, la Costituzione sancisce la libertà di espressione per tutti e contestualmente la possibilità di scelta da parte dei cittadini» [3].

Contro quello che va affermandosi come un pericoloso strapotere politico-economico, si schiera il Pci: «Forte della mia esperienza nella Commissione di inchiesta sulla Loggia massonica P2», dichiara Achille Occhetto, della direzione comunista, «sono convinto che tutta l'operazione che ha portato al costituirsi di un monopolio privato [*quello della Fininvest, NdA*] accanto a uno pubblico, è quella prefigurata e voluta da Licio Gelli. La P2 è un'associazio-

---

[3] "la Repubblica", 30 agosto 1984. Peccato che Bubbico sembri ignorare il fatto che l'etere è un bene pubblico, e a capienza limitata...

ne politica avente come finalità il controllo del sistema. Ebbene, oggi assistiamo a un rafforzamento di quel sistema... alla scalata alla stampa... allo sfascio della televisione pubblica».

La Rai-Tv, da parte sua, è un colosso paralizzato dalle scorrerie partitiche, sottoposto all'opprimente "tutela" Dc-Psi, infiltrato dai piduisti. Mentre il neopresidente del Consiglio Craxi evita con cura di rinnovare il decaduto Consiglio di amministrazione dell'ente, di fatto congelandone l'attività e la programmazione futura, il vicepresidente della Rai, il socialdemocratico Giampiero Orsello, Codice P2 E.19.77, manifesta grande indulgenza verso gli arrembaggi del "fratello di Loggia" Berlusconi. Del resto, da tempo l'ombra della P2 – col suo progetto di dissolvere l'ente di Stato per sostituirlo col monopolio televisivo privato – grava sulla Rai ai massimi livelli: oltre al vicepresidente Orsello, dagli elenchi gelliani risultano affiliati alla P2 anche il vicedirettore generale Giampaolo Cresci, il direttore del "Radiocorriere Tv" Gino Nebiolo, il direttore del Tg1 (la più seguita testata giornalistica nazionale) Franco Colombo, il direttore del Gr2 Gustavo Selva. E quando, con tre anni di ritardo, il governo procederà finalmente al rinnovo dei vertici Rai (ottobre 1986), Craxi insedierà alla presidenza della Tv di Stato Enrico Manca, secondo gli elenchi del Venerabile maestro piduista affiliato alla Loggia segreta in data 30 aprile 1980 (tessera 2148, codice E.15.80, gruppo centrale, fascicolo 0864, grado "apprendista").

Il 16 ottobre 1984, su ordine di tre pretori (Giuseppe Casalbore a Torino, Eugenio Bettiol a Roma, Nicola Trifuoggi a Pescara), squadre di agenti della finanza e poliziotti sequestrano, nelle sedi dei tre *networks* di Berlusconi e di altre grosse emittenti private, cassette di programmi già registrati, mentre vengono disattivati i ponti di frequenza. In pratica, i magistrati decretano il divieto ai *networks* di trasmettere. Buona parte della stampa, ritenendo di interpretare la pubblica opinione di massa, critica l'operato dei pretori: reclama il ripristino di *Dallas* e *Dynasty*, scrivendo di inaccettabile censura...

I pretori precisano di avere agito a norma di legge in seguito alle denunce dei responsabili di quelle televisioni private che rispettano la legge trasmettendo i loro programmi solo in ambito locale e che vedono nello strapotere dei grandi *networks* un pericolo mortale per la propria esistenza. «Ho semplicemente applicato la legge», dichiara Casalbore. «È stato violato l'articolo 215 del Codice postale. La Corte costituzionale ha ribadito con tre sentenze diverse che le trasmissioni televisive sono libere, ma soltanto se limitate all'ambito locale e regionale. Quando invece mettono in pericolo il monopolio della Rai, devono avere un'autorizzazione del ministero».

Berlusconi, Leonardo Mondadori e Mario Formenton per Rete Quattro, Gianni Ferrauto per Euro Tv, e altri titolari di grosse emittenti, insorgono: benché palesemente fuori dalla legge come scritto nella comunicazione giudiziaria inviatagli, inoltrano ricorso al Tribunale della libertà, e chiedono un deciso intervento del Parlamento volto a sbloccare la situazione.

Il più risoluto difensore dei "pirati dell'etere" è, manco a dirlo, "Il Giornale nuovo": «Il discorso è grave per quanto riguarda i posti di lavoro, assillo del Paese. I dipendenti delle tre maggiori televisioni private soltanto – Canale 5, Italia 1 e Rete Quattro – sono circa cinquemila... Tre pretori, che abbuiano intere regioni televisive, che propalano il disagio tra gli inserzionisti pubblicitari, sola fonte di introito per le televisioni libere, mettono a repentaglio l'occupazione di migliaia di impiegati e tecnici e nessuno dovrebbe reagire» [4] – nientemeno che un velato ricatto: il Dio Economico dovrebbe prevalere anche al di là e contro le leggi dello Stato...

All'accorato lamento del "Giornale" segue un viaggio-lampo di Berlusconi a Roma. Il 20 ottobre 1984, il presidente del Consiglio Bettino Craxi concede udienza ufficiale al "Signor Tv", e qualche ora dopo, con una tempestività da catastrofe nazionale, firma un apposito decreto-legge [5] che neutralizza l'intervento dei pretori, legalizzando l'illegalità. L'avventura di Berlusconi e il disegno piduista vengono salvati dall'inevitabile disastro solo grazie allo "statista" Bettino Craxi.

Il *blitz* berlusconiano a Roma è stato preceduto da un'accorta quanto superflua regia: Berlusconi «ha fatto inondare di telefonate furenti il centralino di Palazzo Chigi e gli apparecchi dei tre pretori "colpevoli", ha infine minacciato un referendum popolare per far valere la libertà di antenna. E alla fine ha vinto. Silvio

---

[4] "Il Giornale nuovo", 17 ottobre 1984.

[5] La Costituzione (art. 77) prevede l'adozione di "provvisori provvedimenti con forza di legge", cioè decreti-legge, limitatamente a «casi straordinari di necessità e d'urgenza»: è difficile ritenere che l'Assemblea costituente, nell'approvare l'art. 77, pensasse di includere nei «casi straordinari di necessità e d'urgenza» il caso di un imprenditore privato in flagrante violazione di leggi vigenti, e che per "necessità e urgenza" intendesse riferirsi alle nuove puntate dei *serials* televisivi e dei quiz di Mike Bongiorno.

Berlusconi ha impiegato non più di ventiquattr'ore per convincere il presidente del Consiglio Craxi e il presidente della Rai Sergio Zavoli, i segretari di partito e alcuni parlamentari, che stavano per essere investiti da una massiccia ondata di impopolarità, più insidiosa di tutti gli scandali di regime messi insieme, se si fosse impedito ai telespettatori di godersi in santa pace le proprie serate televisive: *Dynasty*, *Dallas*, i Puffi... Quando infine Berlusconi piomba a Roma, i giornali raccontano già ampiamente questa levata di scudi dei telespettatori. Egli può dunque parlare esplicitamente ai suoi interlocutori politici: chi mi è amico deve muoversi, deve porre un altolà ai pretori. Ma questo va fatto in fretta, prima che altri pretori possano essere tentati di accodarsi all'iniziativa e prima che gli inserzionisti pubblicitari piantino grane. Chi è contro di me lo deve dire apertamente e deve uscire allo scoperto. Se i comunisti se la sentono, dicano pure agli italiani che sono d'accordo con i pretori e che vorrebbero chiudere le televisioni private più importanti» [6].

Qualche giorno dopo la trasferta romana, seguita da accese polemiche, Berlusconi parla delle sue "amicizie politiche", e in particolare di Craxi: «Sgombriamo il campo da questa storia del rapporto preferenziale. In primo luogo con Craxi siamo amici da tanti anni, quando lui ancora non era così importante; in secondo luogo lo considero un uomo provvidenziale, che ha impedito ai socialisti di finire chissà dove; in terzo luogo è un presidente del Consiglio che ho trovato attento e impegnato sui problemi della libertà di espressione televisiva, come il suo comportamento in questi giorni sta dimostrando. Ma, per carità, questo non vuol dire che gli altri non lo siano altrettanto». Infatti, Craxi non è il solo alleato di Berlusconi, anche se ne è il principale e il più potente; dalla sua parte sono schierati anche settori socialdemocratici e la destra democristiana, e perfino i pittoreschi e stravaganti seguaci di Pannella, a nome dei quali si esprime il neo-pannelliano dell'ultima ora Enzo Tortora: «È una beffa, anzi un'infamia. Ma l'Italia e gli spettatori sono cresciuti. Non credo che tollereranno quest'offesa grave e profonda alla libertà» [7].

Berlusconi ha dalla sua anche buona parte della stampa. Lavorare per i suoi *networks* è un punto di arrivo per molti giornalisti; inoltre, l'asse Craxi-Forlani-Berlusconi è l'assetto di potere vincente di metà anni Ottanta: avversarlo, significa autoemarginarsi.

---

[6] "L'Espresso", 28 ottobre 1984.

[7] "Oggi", 31 ottobre 1984.

Così, l'arrogante padrone di tre *networks* che operano fuori dalla legge forti della mancanza di una qualsivoglia normativa, può esprimersi con accenti di populismo dittatoriale, dichiarando che il «pubblico non ha sentito la nostra attività come un reato, ma anzi l'ha giudicata un beneficio che gli volevano ingiustamente togliere», cioè a dire, l'illegalità dichiarata legale a furor di popolo...

Nel novembre 1984 si tiene a Roma un *summit* di politici per esaminare il complesso nodo dell'emittenza televisiva privata. Il presidente del Consiglio è assente (è in visita ufficiale ad Algeri), ma nonostante gli impegni governativi extranazionali trova il tempo di intervenire: in una serie di colloqui telefonici, Craxi invita a non prendere "decisioni affrettate"; ciò significa che si può certo discutere, ma che non si deve decidere alcunché – c'è tempo per decidere una qualunque legge che limiti in qualunque modo il suo sodale Berlusconi...

Tra le piccole emittenti Tv serpeggia il malumore. Interpretando questo disagio ormai diffuso, Costantino Federico, proprietario di Telecapri, denuncia Berlusconi alla magistratura per «concorrenza sleale» e chiede che vengano poste immediate limitazioni al monopolio che è stato formato da Canale 5, Italia 1 e Rete Quattro; Berlusconi – sostiene Telecapri – non può controllare l'80 per cento dell'emittenza privata e del mercato pubblicitario. L'iniziativa dell'emittente caprese – una "pulce" al cospetto dell'"elefante" Fininvest – è un indice della diffusa ostilità nei confronti di "Sua Emittenza" da parte di molte stazioni Tv private. Anche Euro Tv, il consorzio che fa capo all'industriale Calisto Tanzi, attacca il boss dell'etere, accusandolo di espansionismo selvaggio sia per aver creato un monopolio, sia per i suoi spregiudicati metodi di raccolta pubblicitaria.

L'operato di Berlusconi suscita perplessità crescenti anche in Parlamento, e tra i giuristi: Giuseppe Branca e Francesco Bonifacio (ex presidenti della Corte costituzionale), il magistrato Adolfo Beria d'Argentine e il giurista Enzo Roppa, lamentano che il settore televisivo e l'etere pubblico siano diventati un terreno di conquista alla mercé del primo che se lo prende...

Il 28 novembre 1984, il decreto-legge voluto da Craxi per salvare il suo sodale Berlusconi (detto infatti "decreto-Berlusconi"), e varato "urgentemente" il 20 ottobre dal Consiglio dei ministri, viene bocciato dalla Camera perché ritenuto incostituzionale. Ma il successivo 6 dicembre, Craxi firma il decreto "Berlusconi bis", minacciando la crisi di governo nel caso non venga convertito in legge (il 31 gennaio 1986 verrà infatti approvato a maggioranza):

l'arroganza del potere al servizio di interessi privati celebra così la sua apoteosi.

Nel novembre 1986, il ministro delle Poste Antonio Gava annuncia che una bozza di regolamentazione del sistema radio-televisivo è pronta: occorre solo che il Consiglio dei ministri la discuta e la trasformi in disegno di legge. La proposta è stata messa a punto dopo un lungo e laborioso patteggiamento fra i partiti.

La grossa novità del progetto Gava (articolato in 28 punti), è che alle emittenti private saranno concessi l'interconnessione e la diretta; in altri termini, i *networks* potranno riprendere in diretta qualsiasi avvenimento, diffonderlo sull'intero territorio nazionale anche in collegamento tra più reti, e potranno realizzare telegiornali senza alcuna limitazione: si tratta di un nuovo regalo a Berlusconi e ai suoi *networks*, che possono così sfidare la Rai a tutto campo; un regalo che gli viene fatto al momento giusto, quando cioè la Fininvest dispone della capacità tecnica e finanziaria per affrontare questo nuovo impegno (il solo telegiornale richiede un investimento valutato in circa 500 miliardi). E la gratitudine berlusconiana verrà manifestata al corrotto binomio di potere Dc-Psi per bocca di Fedele Confalonieri: «La nostra informazione sarà omogenea al mondo che vede nei Craxi, nei Forlani e negli Andreotti l'accettazione delle libertà» [8].

Il progetto Gava prevede anche norme antitrust: ad esempio, nessun privato potrà controllare più di due reti, e se ne possiede una terza dovrà cederla; la norma, all'apparenza, minaccia il terzo *network* di Berlusconi, Rete Quattro, ma anche qui si nasconde l'impronta Fininvest, che infatti in quello stesso periodo ventila la cessione di Rete Quattro perché poco produttiva in termini di ascolto e di raccolta pubblicitaria.

Voci insistenti danno per imminente la "pace televisiva" tra la Rai e Berlusconi. «In genere», scrive Antonio Padellaro concludendo una sua inchiesta sulla Rai, «chi chiede la pace sa di non poter più vincere la guerra, e anche se il nuovo e socialista presidente della Rai [*il craxiano Enrico Manca, NdA*] si è presentato come strenuo difensore del servizio pubblico (ci mancherebbe altro!), è chiaro che il suo partito lo ha mandato a viale Mazzini per impedire la sconfitta del polo privato» [9].

---

[8] "L'Europeo", 25 agosto 1989.

[9] "Corriere della Sera", 10 novembre 1986.

L'arrembaggio tra nani e ballerine

Mentre la legge di regolamentazione dell'emittenza privata rimane una vaga ipotesi, e il mercato pubblicitario si rivela una miniera d'oro, nei primissimi anni Ottanta Berlusconi si muove lungo due direttrici: da un lato, rafforza il *cast* "artistico" del suo *network* Canale 5; dall'altro, sviluppa ulteriormente la sua già enorme forza pubblicitaria. L'obiettivo è uno solo: l'affermazione e il consolidamento del suo monopolio nel settore dell'emittenza privata, attraverso l'egemonia sul mercato pubblicitario.

Per Publitalia 80, il mercato pubblicitario è terra di conquista da occupare con ogni mezzo, perfino attraverso il cosiddetto "cambio merce" (cioè la vendita di spot pagati dagli inserzionisti "in natura" con i loro prodotti). Per questo viene creata la Organizzazione commerciale vendite srl: capitale sociale 500 milioni, scopo sociale il «commercio all'ingrosso e al minuto di prodotti acquisiti a parziale compenso di servizi pubblicitari» (prodotti che poi l'Ocv rivende a supermercati e negozi).

Nella selvaggia giungla dell'etere la questione pubblicitaria è nevralgica, e dunque nevralgica è la questione degli "indici di ascolto" dei vari *networks*. Attendibili stime del maggio 1982 offrono dell'*audience* il seguente quadro: le tre reti Rai al 63 per cento (la sola Rai 1 al 30 per cento); le reti private al 34 per cento; le reti estere al 2,3 per cento. Tra le emittenti private, il primato è del *network* berlusconiano Canale 5, con il 13 per cento dell'*audience*, seguito dalla rusconiana Italia 1 col 9,5 per cento, dal circuito Stp-Rv con l'8,7 per cento, e dalla mondadoriana Rete Quattro con l'8 per cento. Interessante anche la stima del fatturato pubblicitario relativo all'anno 1982: 280 miliardi alla Rai (51 per cento); 110 miliardi a Canale 5 (20 per cento); 70 miliardi a Italia 1 (13 per cento); 45 miliardi a Stp-Rv (8,2 per cento); 42 miliardi a Rete Quattro (7,8 per cento).

Benché il direttore tecnico di Canale 5, Adriano Galliani, affermi che «considerate nel loro insieme, le televisioni private non guadagnano, ma perdono», la piovra berlusconiana prosegue la sua trama egemonica. «Al Tv Forum di Livorno, svoltosi in marzo [1982], gli uomini dell'editore-palazzinaro dicevano ai proprietari delle emittenti private, con l'aria dei benefattori: "Unitevi a noi nella guerra alla Rai e avrete il pane assicurato, perché Canale 5 non vuole la pubblicità locale. Ne ha già troppa di quella nazionale e vi lascia libera l'altra metà del mercato"... Sarebbe interessante, per esempio, sapere che fine hanno fatto tutti i discorsi sulla legge di regolamentazione. E che fine hanno fatto anche i miniprogetti che avrebbero dovuto dare almeno una regolata all'occupazione dei canali, la cui gestione anarcoide sembra favorire il vero scopo di Berlusconi, che sta occupando a man bassa; vera e propria piovra dell'etere. Il vuoto legislativo consente al *boss* milanese di muoversi a suo totale piacimento. Nessuno, infatti, può frenarne l'espansione, poiché non esiste ancora alcuna norma antitrust per le televisioni private, così come non ci sono punti di riferimento per le frequenze. C'è poi il progressivo cedimento delle emittenti medio-piccole che consente a Berlusconi di mettere le mani, a prezzi stracciati, su realtà in disfacimento o comunque terrorizzate dalla prospettiva che Berlusconi possa raddoppiare con un'altra rete. Per pagare il giusto prezzo delle amicizie politiche e le esigenze propagandistiche di un partito (il Partito socialista)» [10].

Con l'acquisto di Canale 56 dal gruppo Rizzoli, secondo un'autorevole fonte Fininvest nel luglio 1982 Berlusconi è proprietario di 27 emittenti e di 600 ripetitori (di cui 100 acquistati nel primo semestre dell'anno), degli studi televisivi situati a Milano 2, degli studi di Telealtomilanese, e di altri studi in diverse città d'Italia, con circa 500 dipendenti. E benché le voci di sue presunte difficoltà finanziarie siano ricorrenti, il neo-editore piduista intensifica la "campagna acquisti" per il suo *network*, ingaggiando a suon di miliardi attricette, cantanti, ballerine, presentatori, comici, soubrette e registi (tra gli altri, Augusto Martelli, Sandra Mondaini, Raimondo Vianello, Johnny Dorelli, Paolo Villaggio, Lory Del Santo), mentre si vocifera di una sua offerta di dieci milioni di dollari al Comitato olimpico di Los Angeles per trasmettere in esclusiva i giochi olimpici previsti nel 1984.

Certo è che nel 1982 nessun imprenditore è in grado di impegnare gli ingenti capitali di cui Berlusconi sembra disporre, e dei quali

---

[10] "Paese Sera", 8 luglio 1982.

in effetti dispone senza tuttavia che se ne conosca l'origine né la provenienza; lo stesso assetto societario sempre più inestricabile, e la reale situazione patrimoniale del suo nascente impero, risultano essere impenetrabili. Né comunque alcun altro imprenditore ritiene di rischiare ingenti capitali in un settore "selvaggio" che prima o poi una legge dovrà regolamentare: ma non è il caso di Berlusconi, il quale – in forza soprattutto del suo strettissimo legame col potente segretario del Psi – può saccheggiare l'etere e il mercato pubblicitario a proprio piacimento, con la certezza di avere il potere politico dominante dalla propria parte e dunque con l'assoluta garanzia di una franchigia legislativa fino a quando non abbia portato a compimento il suo piano di completa egemonia dell'emittenza privata.

La selvaggia politica pubblicitaria che vede soprattutto il principale *network* privato – Canale 5 – infarcito da raffiche di spot, suscita tuttavia la ribellione dei registi. «Gli spot che interrompono ogni cinque-sei minuti i nostri film», scrivono Fellini e Zeffirelli in un esposto alla magistratura, «finiscono per svilire e snaturare il contenuto del soggetto»; alla loro protesta si uniscono via via Francesco Rosi, Ettore Scola, i fratelli Taviani, Luigi Comencini, Lina Wertmüller, Luigi Zampa, Suso Cecchi d'Amico, Age e Scarpelli, e molti altri [11].

Ai primi di settembre 1982, si registra un primo colpo di scena: l'editore Edilio Rusconi cede il suo *network* Italia 1 a Berlusconi. Proprio mentre si ventilava l'ipotesi di una "fusione" tra Italia 1 e Rete Quattro anche allo scopo di contrastare lo strapotere di Canale 5, Berlusconi si aggiudica il *network* della Rusconi pagando 30 miliardi di lire. È uno scacco matto ai danni di tutto il settore: Canale 5 e Italia 1, insieme, arrivano a coprire un terzo dell'*audience* televisiva nazionale, con un fatturato pubblicitario che sfiora quello della Rai-Tv.

La mondadoriana Rete Quattro accusa il colpo, e tenta di reagire acquistando per circa 35 miliardi il pacchetto-produzioni della Publikompass (circa 500 film, telefilm e *serials*, per oltre duemila ore di trasmissione). Ma il nodo scorsoio che stringe il suo futuro è

---

[11] «Gli spot pubblicitari, che interrompono i film trasmessi dalle televisioni private, non solo danneggiano l'unitarietà e l'identità del film stesso riducendolo a mero veicolo pubblicitario, ma anche l'onore e la dignità artistica del suo autore»: così sentenzierà la Prima sezione del Tribunale di Roma, accogliendo il ricorso del regista Pietro Germi contro Canale 5 (il *network* berlusconiano che aveva trasmesso il film *Serafino* interrotto da otto serie di stacchi pubblicitari...).

nella raccolta pubblicitaria, rispetto alla quale si trova schiacciata tra i due colossi Rai-Tv e Canale 5-Italia 1. La Mondadori ritiene di aggirare l'esiziale problema nel febbraio 1983, quando propone a Berlusconi la cessazione della "guerra al ribasso" verso gli utenti pubblicitari, e un comune "armistizio" inerente i circa 40 maggiori inserzionisti attraverso la stipula di contratti-standard. Berlusconi si finge interessato alla proposta, e chiede una settimana di tempo per sottoscrivere l'accordo; ma nel corso di tale settimana, la sua Publitalia contatta tutti i quaranta maggiori inserzionisti e stipula con essi vantaggiosi contratti di esclusiva per i propri *networks*, così che Rete Quattro ne rimanga esclusa. Per il superstite *network* mondadoriano è l'inizio della fine.

Intanto, nel maggio-giugno 1983 si svolge la campagna elettorale per le consultazioni politiche (26-27 giugno), e risulta subito evidente il nevralgico ruolo dell'emittenza televisiva privata nella contesa politica. Mentre la Rai-Tv non può trasmettere spot elettorali di partiti e candidati, limitandosi alle equanimi (e spesso soporifere) "Tribune politiche" sotto l'occhio della Commissione parlamentare di vigilanza, i due *networks* berlusconiani divengono il principale mezzo di comunicazione di candidati e partiti: centinaia di costosi spot pubblicitari dilagano su Canale 5 e Italia 1, e la loro gestione economica diviene per Berlusconi un importante strumento di pressione nei confronti dei partiti di governo e dei loro esponenti. Ovviamente, la presenza di Craxi e del Psi sui *networks* berlusconiani è preponderante, e contribuisce in modo decisivo al (relativo) incremento elettorale del partito, grazie al quale Craxi potrà accedere alla presidenza del Consiglio.

Forte della presidenza del Consiglio nelle mani del suo sodale Craxi (estate 1983), Berlusconi si prepara a espugnare anche Rete Quattro costringendo intanto alla resa Rete A del milanese Alberto Peruzzo – «La pubblicità di Rete A verrà raccolta tramite la concessionaria di Berlusconi, che diventerà così anche la nostra concessionaria», dichiara infatti l'editore, annunciando la propria capitolazione allo strapotere Fininvest.

La resa di Rete Quattro alla piovra berlusconiana avviene nella primavera del 1984. Berlusconi e Mondadori formano una società, la Sedit, al 50 per cento ciascuno; i termini dell'accordo sono piuttosto macchinosi: Berlusconi si impegna a versare 105 miliardi in quattro anni senza interessi, pubblicizzerà sulle sue emittenti i periodici Mondadori per un monte ore del valore di 25 miliardi di lire; Mondadori, a sua volta, cede l'intero magazzino delle produzioni di Rete Quattro, e accorda pubblicità sulle proprie testate ai programmi televisivi delle due reti Fininvest per l'equivalente di 12 miliardi.

Con l'acquisizione di Rete Quattro, nell'agosto del 1984, Berlusconi diviene l'assoluto padrone dell'etere. Le sue tre emittenti nazionali, unite alle numerose consociate e affiliate in ambito locale, eguagliano per ascolto e per fatturato pubblicitario la Rai. Canale 5 e Italia 1 coprono rispettivamente il 95 e l'80 per cento dell'intero territorio nazionale. È entrato in funzione anche un nuovo centro di produzione: oltre 8 mila metri quadrati, 8 studi, tutte le più moderne dotazioni tecnologiche – questa imponente macchina televisiva costa ogni giorno circa mezzo miliardo di lire.

Attraverso l'operazione Rete Quattro, Berlusconi entra anche nella casa editrice Mondadori con una piccola quota di minoranza – poi dirà a Pino Farinotti di Rete Quattro: «Non solo ho salvato Rete Quattro, ma anche la Mondadori... Avevano accumulato duecento miliardi di passivo in due anni e mezzo. Non credo che sarebbero riusciti a tenere ancora per molto. E poi lei dovrebbe conoscere il valore del magazzino che ho rilevato: non vale più di 35 miliardi di lire. E sa che l'ho pagato invece 105 miliardi. C'erano in gioco trecento posti di lavoro. Nell'economia delle varie valutazioni nessuno parla dei posti di lavoro. Parlano di altre cose, le solite, i favori fatti e ricevuti, i soliti misteri...» [12].

Certo è che a tutta prima i quattrocento dipendenti di Rete Quattro non accettano il passaggio dell'emittente mondadoriana allo spregiudicato Berlusconi: ignorano le difficili condizioni finanziarie in cui effettivamente versa la Mondadori, e ritengono il loro posto di lavoro più garantito dalla casa editrice... Così il coordinamento sindacale del gruppo Mondadori e Rete Quattro dichiara lo stato di agitazione di tutti i dipendenti per contestare l'operazione; i lavoratori della Mondadori temono soprattutto che la cessione di Rete Quattro sia solo il primo passo verso l'acquisizione berlusconiana della stessa casa editrice...

Ma l'ineffabile neo-editore piduista veste i filantropici panni del salvatore della Patria e dichiara: «I fatti sono questi. Mondadori era alla ricerca di un partner che lo aiutasse a tenere in vita un *network* da sempre in grave passivo per l'impari confronto con la televisione di Stato. Era nostro preciso interesse che Rete Quattro

---

[12] Dirà, anni dopo, un alto dirigente della Mondadori: «Il nostro errore fu quello di non capire che era impossibile contrastare Berlusconi sul piano finanziario: lui poteva avvalersi di risorse finanziarie illimitate "estero su estero", quasi avesse a disposizione una parte del Tesoro della P2» (fonte degli Autori).

continuasse ad esistere. Ci siamo resi conto che per la Mondadori eravamo l'unico concorrente in grado di dare una valorizzazione al suo magazzino programmi e consentirle contemporaneamente di restare nel settore televisivo. Avevamo dei vantaggi evidenti e si trattava di salvare un'azienda che minacciava, con la sua crisi, di coinvolgere in una crisi grave anche la casa madre».

Le polemiche che accompagnano le scorribande dell'editore craxiano-piduista lasciano il tempo che trovano. Berlusconi domina ormai l'emittenza privata, e rivaleggia col monopolio televisivo di Stato – una situazione impensabile solo pochi anni prima. Né si perita di sollevare ambigue cortine fumogene, come quando scrive: «Ho l'impressione che nel grande dibattito che si è innescato sul futuro delle televisioni private, le forze politiche stiano perdendo di vista un elemento molto importante: la funzione della pubblicità in generale, e della pubblicità televisiva in particolare in una economia moderna. Molti si ostinano a considerare questa pubblicità come una spesa marginale delle aziende, una specie di torta da dividere più o meno equamente tra i vari mass media sotto la sapiente regia del Palazzo» [13].

Il mercato pubblicitario non sembra precisamente entusiasta degli arrembaggi berlusconiani e della selvaggia politica pubblicitaria della Fininvest. Felice Lioy, direttore dell'Upa (Utenti pubblicità associati, che raggruppa le più grosse aziende inserzioniste), dichiara infatti: «Le aziende italiane utenti di pubblicità hanno incoraggiato fin dall'inizio la nascita e lo sviluppo delle emittenti private stanziandovi quote crescenti dei loro investimenti pubblicitari. Sei, otto mesi fa questa dinamica si è spezzata, scontentando sia gli spettatori che gli inserzionisti. L'eccesso di affollamento pubblicitario infatti sta raggiungendo punte insopportabili e induce il telespettatore a cambiare canale o a spostarsi altrove. I pochi spettatori residui, assaliti da una congerie di annunci, non ne ricordano nemmeno il contenuto. E così gli investimenti di miliardi da parte delle aziende che noi rappresentiamo vanno in fumo a causa di questo sovraccarico di spot... Ormai tutti sanno che, degli spot trasmessi, soltanto alcuni sono pagati, mentre la maggior parte di essi viene data in omaggio per una folle politica commerciale che spinge gli imprenditori televisivi più forti a tentare di cacciare i più deboli regalando agli inserzionisti decine di spot. E possono farlo, perché alle emittenti televisive non costano nulla... Noi cominciamo a correre ai ripari e ad investire in altri

[13] "Corriere della Sera", 9 novembre 1984.

mezzi come la stampa, le affissioni, la radio che ha un costo-contatto basso, le sponsorizzazioni in varie forme, le emittenti indipendenti locali. E ci sarà un ritorno di attenzione anche verso le reti Rai... Da tempo noi ci adoperiamo per dare vita ad una normativa concordata che contenga la pubblicità entro limiti stabiliti, ma i principali *networks* si sottraggono ad una ragionevole regolamentazione. E fra l'altro ci dispiace che Berlusconi abbia recentemente dichiarato, nel corso della conferenza con la stampa estera, che Canale 5 e Italia 1 hanno raggiunto un accordo con l'Upa che stabilirebbe il 16 per cento quale massimo affollamento pubblicitario, in quanto non solo tale accordo non è mai stato preso, ma una proposta in questo senso fattaci da Berlusconi è stata risolutamente respinta dall'Upa perché ritenuta del tutto inaccettabile». (Saranno gli stessi canali televisivi berlusconiani ad annunciare, nel febbraio 1986, che il proprio affollamento pubblicitario verrà ridotto a partire da aprile...)

Allo scopo di attenuare l'immagine esclusivamente "mercantile" dei suoi *networks*, e in previsione di *news* e telegiornali, Berlusconi ingaggia numerosi giornalisti: tra gli altri, Vittorio Buttafava, Arrigo Levi, Gigi Moncalvo, Guglielmo Zucconi, Giorgio Bocca, e i "fratelli" piduisti Maurizio Costanzo e Roberto Gervaso.

Se Rete Quattro conferma di essere un *network* in difficoltà anche sotto il controllo berlusconiano, l'ultimo trimestre del 1984 non porta fortuna neppure a Canale 5 e a Italia 1: la disaffezione da tempo latente tra i telespettatori, assediati da centinaia di spot pubblicitari, va assumendo caratteri evidenti, con un sensibile calo di *audience* e con un conseguente calo di pubblicità. L'obiettivo monopolistico, pur raggiunto, è stato oneroso anche per le apparentemente inesauribili casse berlusconiane. Tra l'altro, il magazzino di Rete Quattro (rilevato, come si è visto, per l'astronomica somma di oltre cento miliardi), non può essere utilizzato: gli americani lo hanno bloccato eccependo di avere venduto i diritti di trasmissione dei loro programmi alla Mondadori, e non alla Fininvest; per usufruirne, Berlusconi deve rinegoziare il tutto, dollari alla mano...

È in questa situazione di obiettivo raggiunto e di nascenti difficoltà, che Berlusconi volge lo sguardo oltre confine. In Europa, la Tv commerciale è agli albori, e si prospetta la possibilità, in Francia e in Spagna, di dare vita a una "internazionale socialista dell'etere": così come l'Italia è governata dal socialista Craxi, in Francia il presidente è il socialista François Mitterrand, e in Spagna governa il socialista Felipe Gonzalez...

VIII

BISCIONE STRANIERO
E DIAVOLO ROSSONERO

Un craxiano a Parigi

L'"operazione *douce France*", benedetta da Craxi, parte nel 1984. Berlusconi fa la spola Milano-Roma-Parigi a bordo del suo aereo privato. Il presidente francese Mitterrand si dice favorevole alla nascita di emittenti private all'interno del sistema televisivo francese. Anzi, per cercare di arginare l'invasione culturale americana, si pensa di costituire un consorzio europeo.

A nome dei socialisti francesi, i primi sondaggi in Europa li conduce Jacques Pomonti. Il governo francese tratta con il Lussemburgo la futura gestione del satellite francese a diffusione diretta della Tdf 1 (Télé-diffusion de France), che verrà lanciato tra qualche tempo. Poi tutto sfuma perché nel frattempo si profila un'insidia politica: l'editore inglese Rupert Murdoch (conservatore) sta per accordarsi con la banca belga Lambert, che detiene la maggioranza del pacchetto azionario della Clt, Compagnia lussemburghese di telediffusione; dare via libera a Murdoch, come viene ipotizzato in un primo tempo, può costituire un'apertura politica a destra; oltretutto, nel marzo 1986 sono previste in Francia le elezioni politiche... Così, prende corpo e consistenza la candidatura dell'italiano Silvio Berlusconi, autorevolmente accreditato sul piano politico dal Psi, notoriamente motivato sul piano del disimpegno culturale e sociale, e ormai esperto del settore.

Dopo vari contatti, giovedì 21 novembre 1985, presso la sede del ministero dell'Informazione, in rue Saint-Dominique, l'accordo viene siglato. I quattro canali disponibili vengono così suddivisi: uno alla televisione di Stato, il secondo al magnate inglese Robert Maxwell (politicamente vicino ai laburisti e perciò gradito ai socialisti di Mitterrand), il terzo a La Cinq di Berlusconi, il quarto a La Six.

Soci di Berlusconi ne La Cinq sono Christophe Riboud e Jérome Seydoux. Seydoux è titolare, o socio, di una compagnia aerea, di alcune banche, di un'industria alimentare, e di una flotta mercantile, ma è conosciuto soprattutto per essere il numero uno della società cinematografica Gaumont – un portafoglio di partecipazioni che prelude, forse, a un buon pacchetto di spot pubblicitari da inserire nella neonata La Cinq...

La società France Cinq, proprietaria della nuova rete, parte con un capitale iniziale di 50 milioni di franchi, che viene poi aumentato a 500 milioni. Le quote sono così suddivise: 40 per cento a Berlusconi, il 60 per cento ai francesi. A capeggiare gli azionisti francesi sono Seydoux e suo fratello Michel (produttore cinematografico); quote minoritarie appartengono alla Ifop (proprietà di Christophe Riboud), a Radio Europe 1, a Radio Montecarlo, ai quotidiani "L'Evénement du jeudi" e "Libération". Una compagine azionaria variegata, dal punto di vista economico e politico, che si suppone possa superare l'ostilità del fronte conservatore che avversa la nascita di La Cinq.

Il varo di La Cinq, infatti, è accompagnato da molte polemiche. Alcune riguardano vizi di forma e di procedura di un qualche rilievo attribuiti a Bernard Miyet, capo di gabinetto del ministro Fillioud; è opinione diffusa che l'accordo societario sia stato stipulato in tutta fretta per porre l'opposizione liberale-neogollista, capitanata rispettivamente da Valéry Giscard D'Estaing e Jacques Chirac, davanti al fatto compiuto [1]. Viene rilevata la mancanza del richiesto decreto ministeriale che autorizza Fillioud a sottoscrivere impegni del genere, la mancanza del parere dell'alta autorità competente in materia di telediffusione, l'assenza dell'obbligo della rettifica. Ma La Cinq è oramai cosa fatta, con una concessione contrattualmente regolamentata [2].

---

[1] A Chirac (sindaco di Parigi, e dopo le elezioni del marzo 1986 nuovo capo del governo) viene attribuita la definizione di Berlusconi «Un commerciante di zuppa italiana». Prima del varo ufficiale di La Cinq, avvenuto il 20 febbraio 1986, Chirac dichiarerà: «Non voglio Berlusconi a nessun costo, non perché neghi le sue competenze professionali, ma perché il potere socialista gli ha fatto delle concessioni inique».

[2] Interruzioni pubblicitarie: proibite per la Tv di Stato, consentite per La Cinq. Programmazione film: tre anni dopo l'uscita del film per la Tv di Stato, due anni fino al 1990 per La Cinq. Restrizione alla programmazione dei film: per la Tv di Stato, il 60 per cento dev'essere di provenienza della Comunità europea, e di questo la metà di produzione francese; per La Cinq, nei primi cinque anni 25 per cento di film francesi, e dopo come il servizio pubblico. Palinsesto: vietati i film il sabato, la domenica prima delle 20,30, il mercoledì e il venerdì sera alla Tv di Stato; consentita la proiezione di film il sabato e la domenica mattina, e il resto come per il servizio

Benché regolamentata, la nascita di La Cinq suscita vasta eco polemica in terra francese – Berlusconi (che in Italia, viceversa, opera nel settore televisivo senza limitazione di alcun genere), pur lamentando di aver dovuto negoziare e accettare "limiti e condizioni", risponde così alle polemiche: «Sono andato in Francia con le credenziali della capacità imprenditoriale e della serietà del nostro gruppo televisivo, e dopo pochi mesi di trattative il governo francese ha stipulato con me e i miei soci Seydoux e Riboud un regolare contratto di concessione che ci affida per diciotto anni la diffusione di programmi televisivi sull'intero territorio francese, comprese le informazioni, compresa la diretta, compreso il canale-satellite. Nel quadro di tale contratto ho, insieme ai miei soci, negoziato e accettato limiti e condizioni, in una logica d'equilibrio economico-politico che è risultato plausibile e conveniente a entrambe le parti. I francesi hanno criticato senza conoscere. Io ho chiesto a diversi giornalisti: ma lei che spettacolo italiano ha visto? Nessuno. Pensano alla nostra televisione come a una televisione a basso costo, senza gusto, senza professionalità. Ci vuole pazienza, bisogna farsi conoscere, farsi capire, un lungo lavoro di tessitura». Infatti, forti sono le perplessità in Francia rispetto alla "qualità" dei programmi televisivi berlusconiani (il cui fiore all'occhiello è il pecoreccio show *Drive in*); c'è chi già lamenta il marchio "troppo italiano" del palinsesto di La Cinq – «La Cinq», scrive "Libération" (che detiene una piccola quota dell'emittente), «è una Tv importata chiavi in mano dall'Italia».

Alla personale avventura del "craxiano a Parigi" Silvio Berlusconi, il mensile "Prima comunicazione" dedica un efficace ritratto: «Scorrazza per Parigi a bordo di una Renault 25 turbo sei cilindri a iniezione, grigia metallizzata, appena comprata e targata Milano. È guidata dal fido Della Pina, un emigrato della seconda generazione che era tassista a Parigi e che è il primo assunto nella nuova impresa televisiva di Silvio Berlusconi. Passa le sue giornate al numero 8 di rue Copernic, all'incrocio con l'avenue Kléber, che è

---

pubblico, a La Cinq. Tasse: 1,5 per cento delle risorse destinato a sostegno del cinema per entrambe le reti. Programmi francesi: per la Tv di Stato, quote diverse secondo il genere dei programmi; per La Cinq, 30 per cento di programmi francesi entro tre anni, 50 per cento entro cinque anni, 50 per cento del *budget* dopo i cinque anni. Produzione propria: nessuna quota, ma circa il 41 per cento del *budget* per la Tv di Stato; 250 ore di produzione originale minima annua entro il terzo anno e 500 ore dal quarto anno per La Cinq. Informazione: obbligatoria per la Tv di Stato, facoltativa per La Cinq. Durata del servizio: illimitata per la Tv di Stato, 18 anni salvo proroga per La Cinq.

una delle grandi vie che partono da place de l'Étoile, e il numero 3 di boulevard Malsherbes all'incrocio con place de la Madeleine. Al primo indirizzo c'è la sede della Satellite, un palazzo multiuffici dove la Fininvest è installata in due stanze dal maggio scorso. La seconda è la sede della Chargeur Réunis, la società del socio di Berlusconi, Jérome Seydoux... Pranzo con tramezzini serviti da un cameriere in guanti bianchi di Seydoux che, da buon protestante, è austero e tirchietto; cene in albergo, leggere come una piuma. Un carnet di appuntamenti zeppo, che la sua segretaria, Marinella, riesce a gestire miracolosamente. Ma da martedì 14 gennaio la vita di Berlusconi si è un po' stabilizzata: il produttore Goffredo Lombardo gli ha ceduto il suo appartamento a Parigi, che sta a place de l'Étoile. È accanto a quello dove fu girato il film *Il giorno dello sciacallo*, che racconta del mancato attentato al generale De Gaulle durante le cerimonie del 14 luglio all'Arco di Trionfo...».

L'11 marzo 1986, cinque giorni prima delle elezioni politiche, il governo francese si affretta ad aggiudicare i quattro canali video del futuro satellite Tdf 1. Come dice la sigla (che sta per "Telediffusione diretta francese"), una volta in orbita il satellite consentirà di trasmettere quattro programmi diversi in altrettante lingue e di raggiungere le case di circa 300 milioni di europei.

Anche in questa frettolosa assegnazione preelettorale, la parte del leone è per Berlusconi: gli vengono assegnati tre canali su quattro del satellite. Infatti, un canale viene attribuito in esclusiva a La Cinq, e due al Cetc, cioè al Consorzio europeo per la Tv commerciale del quale il *tycoon* di Arcore detiene il 25 per cento delle quote (il resto è suddiviso tra il suo socio Seydoux, il gruppo tedesco di Leo Kirch, e l'inglese Robert Maxwell). Né ha avuto rilievo il fatto che l'ambasciata di Francia a Roma abbia inviato a Mitterrand un rapporto "riservato" (poi apparso sul settimanale "L'Evénement du jeudi"), richiamando l'attenzione sulla «incapacità del gruppo Berlusconi di trovare un reale equilibrio economico»: il presidente francese non ha tenuto l'informazione in alcun conto, e ha accordato la preferenza all'italiano amico di Craxi.

Il lancio del satellite, inizialmente previsto per il novembre 1986, viene poi rinviato alla primavera del 1987: sono insorte difficoltà tecniche, e soprattutto è venuta meno la certezza che i massicci investimenti richiesti renderanno presto e bene – per poter ricevere i programmi via satellite, l'utente deve munirsi di una antenna speciale del costo di circa 7 mila franchi (oltre un milione e mezzo di lire)...

Vinte le elezioni del 16 di marzo e divenuto primo ministro, il conservatore Chirac ottempera all'impegno preelettorale di rivedere la regolamentazione dell'emittenza televisiva, e incarica il ministro per la Cultura e le Comunicazioni François Leotard di elaborare una nuova normativa riguardante i media audiovisivi. Gli orientamenti del nuovo governo sono illustrati dallo stesso Leotard: «Vogliamo eliminare le deplorevoli condizioni con cui è stata data [*dai socialisti, NdA*] la concessione a La Cinq, rete alla quale sono stati accordati vantaggi esorbitanti e ingiustificati» – segretezze, arbitrii, cortine fumogene, "vantaggi esorbitanti e ingiustificati", accompagnano dunque Berlusconi anche in terra francese.

Il progetto del nuovo ministro francese, tuttavia, incontra vari ostacoli allo stesso interno della maggioranza governativa, e dunque slitta nel tempo. Ma l'11 aprile 1986 il Consiglio di Stato riscontra nella concessione accordata a La Cinq una violazione delle norme relative alla diffusione dei film, e ne decreta la sospensione; ne consegue che La Cinq dovrà rinegoziare la materia con il nuovo governo conservatore, molto meno indulgente del precedente verso il "socialista" Berlusconi.

Con il rimaneggiamento degli assetti televisivi seguito ai mutamenti governativi, della compagine societaria di La Cinq entra a far parte, con circa il 40 per cento, Robert Hersant [3], editore di destra (pubblica "France Soir" e "Le Figaro"); attraverso Hersant, il primo ministro Chirac intende controbilanciare le "simpatie socialiste" di *monsieur Silviò* (che conserva il 25 per cento dell'emittente). Ma il rapporto Hersant-Berlusconi risulterà molto travagliato.

A pochi mesi dal festoso debutto del 20 febbraio 1986, l'emittente francese di Berlusconi offre ben poco. Privata dei film, è una Tv dimezzata, una "Berluland" (come dicono in Francia, con riferimento al circo Disneyland) senza smalto. I programmi cominciano la sera alle 20,30 e per circa due ore offrono *serials* e telefilm americani o brasiliani; per il resto, vengono mutuate da Canale 5 *Pentathlon, Jonathan, Viva le donne* (ribattezzato *Cherchez la femme*), e qualche altro programma "italiano" riadattato. L'affollamento pubblicitario dell'emittente è limitato al 10 per cento.

L'avventura di Berlusconi, appena nata, segna il passo, con La Cinq in uno stato di evidente precarietà, e un futuro europeo

---

[3] Il nuovo socio di Berlusconi ne La Cinq è piuttosto imbarazzante: già militante dell'organizzazione fascista Jeune front, nel 1945 Hersant venne condannato a una lieve pena detentiva, ma a una ben più grave condanna morale: 10 anni di "indegnità nazionale".

piuttosto incerto. Ma l'intrepido Sua Emittenza da Arcore non demorde nei suoi sogni continentali, e rinnova il suo attivismo in due direzioni concomitanti: nei singoli Paesi tenta di ottenere l'autorizzazione a gestire in proprio una emittente, e al tempo stesso cerca altri partner e nuove adesioni al Consorzio europeo: è il "modello francese", con La Cinq da un lato e la gestione del satellite dall'altro, riproposto su scala europea.

Dopo la Francia, Berlusconi sbarca in Spagna. A Madrid si assicura per 6 miliardi di lire gli Estudios Roma, un grosso centro di produzione dotato di studi e teatri di posa in grado di realizzare film e programmi Tv.

D'intesa con Antonio Asencio (presidente del gruppo editoriale che pubblica alcuni quotidiani regionali spagnoli, il settimanale "Tiempo", e che controlla la società di produzione audiovisiva Univision), Berlusconi concorre alla concessione di una delle tre reti private che il 4 aprile 1986 il governo del socialista Felipe Gonzalez ha deciso di autorizzare.

Nel maggio 1986, il magnate della Tv privata italiana presenta la propria candidatura alla gestione delle due future reti televisive private belghe – una francofona e una fiamminga; sono in corsa anche grosse imprese private, come Radio Télé Lussemburgo alleata dell'editore inglese Rupert Murdoch – per fronteggiarle, Berlusconi cerca partner belgi. Avvia anche contatti preliminari in Olanda, dove si incontra con i principali industriali del Paese. Inoltre, punta oltre Atlantico, proponendo a Dan Iannuzzi (proprietario delle stazioni televisive canadesi Mtv e Mtn) di associarlo al 20 per cento dietro pagamento di 4 miliardi di lire: l'intento è soprattutto quello di riciclare, attraverso queste emittenti, i programmi di Canale 5, di La Cinq, e del futuro *network* spagnolo (infatti, le due stazioni di Iannuzzi possono potenzialmente contare su un pubblico di un milione di italo-canadesi, sui francofoni del Quebec, e sugli ispanici delle zone nord-orientali degli Stati Uniti).

Intervenendo al convegno "Quale Tv per l'Europa?" tenutosi a Milano nel maggio 1986, Berlusconi dichiara: «Siamo in Francia, Spagna, Portogallo, Svezia, Olanda, Belgio, Germania Ovest, Grecia. Il nostro disegno finale è quello di tenere unite le nuove realtà della Tv da un filo di interessi partecipativi in ognuna delle situazioni dei vari Paesi. È necessaria una stretta collaborazione fra le Tv commerciali per confrontarsi con le televisioni pubbliche e per reagire alle costose proposte americane (oggi il 95 per cento dei nostri acquisti sono produzioni Usa) e giungere a una grande produzione europea» [4]. Benché, al solito, le parole del presidente Fininvest colorino di roboanti suggestioni una realtà assai più modesta (la "presenza" di Berlusconi nei Paesi enunciati è più teorica e intenzionale, che pratica e concretamente avvenuta come lui lascia capire), il suo intento è di sollecitare l'orgoglio europeo contro l'egemonia Usa: «Uniamoci per battere lo strapotere americano... In tutti i Paesi ci sono dei gruppi che stanno pensando di "fare una televisione". Ma pochi sanno esattamente che cosa bisogna fare. Credo di aver contribuito non poco a questa passione per la Tv commerciale. Sono andato in tutti i Paesi d'Europa a parlare con tutti. Ho spiegato ai politici che non ci devono temere. Noi non abbiamo nessun interesse a schierarci con una parte contro un'altra. Non vogliamo sparare contro nessuno. E possiamo dare molto, almeno tre cose: 1) un aumento della qualità della vita, perché c'è più pubblicità, c'è più informazione sui prodotti, tante piccole e medie aziende possono affacciarsi sui grandi mercati e farsi conoscere; 2) aumento della possibilità di evasione e di intrattenimento; 3) un aumento della qualità delle trasmissioni delle Tv pubbliche perché si sentono stimolate dalla nostra concorrenza. Infine, cresce anche il grado di democrazia. Durante le campagne elettorali attraverso gli schermi delle Tv di Stato appaiono soltanto pochi leader nazionali. In Italia, invece, nelle ultime elezioni dagli schermi delle Tv commerciali sono passati più di mille candidati» [5] – un seducente cocktail politico-affaristico volto a suggestionare l'Europa, ma il suo sapore è troppo "all'italiana" per attecchire...

L'11 giugno 1986, il Consiglio dei ministri francese approva il decreto di François Leotard: in forza degli 80 articoli del decreto che il Parlamento convertirà in legge all'inizio di luglio, a Berlusconi vengono revocate le concessioni per La Cinq e per il satellite francese. Il corrispondente da Parigi del "Giornale nuovo", Paolo Romani, scrive l'indomani: «Volge all'epilogo l'avventura francese di Silvio Berlusconi. La legge sulla riforma del sistema audiovisivo è pronta, non appena il Parlamento l'avrà ratificata La Cinq dovrà cessare le trasmissioni... La legge comprende... la rescissione dei contratti d'affitto per i canali del satellite Rdf 1»; il quotidiano berlusconiano pubblica anche un comunicato della Fininvest,

[4] "Corriere della Sera", 5 maggio 1986.

[5] "L'Espresso", 20 aprile 1986.

che lamenta il «significato esclusivamente politico del ritiro unilaterale della concessione» [6].

Dopo la revoca delle concessioni, gli inserzionisti cominciano a defilarsi da La Cinq. Christophe Riboud, uno dei soci dell'emittente berlusconiana a Parigi, lo ammette senza mezzi termini: «A giugno gli spot già prenotati dai clienti per tutto l'anno valevano 430 milioni di franchi. Oggi, per effetto delle rinunce, i nostri introiti sono scesi a 350 milioni». Federico Rampini, corrispondente da Parigi del "Sole-24 Ore", scrive: «Per frenare questa emorragia non è bastata la politica di sconti che La Cinq ha messo in opera durante l'estate, giungendo a offrire agli inserzionisti tre spot al prezzo di uno. A questo punto sembra difficile che Berlusconi riesca a raggiungere l'obiettivo che si era dato all'inaugurazione della Cinq, cioè un fatturato pubblicitario di 800 milioni di franchi per tutto il 1986. Ed è probabile che nel suo primo (e forse ultimo) anno di vita, La Cinq superi quel deficit di 250 milioni che l'amministratore della Fininvest si era fissato come limite» [7].

Nell'ottobre 1986, il governo francese revoca a La Cinq il veto di trasmettere film: il ripensamento fa seguito alle pressioni dell'industria cinematografica francese, che per la mancata vendita dei film a La Cinq ha visto sfumare un fatturato di circa 5 milioni di franchi. Tuttavia le nuove condizioni sono pesanti: tra le pellicole che La Cinq potrà mandare in onda, metà dovranno essere di produzione francese, e la teletrasmissione non potrà avvenire prima di tre anni dall'uscita nelle sale cinematografiche. La boccata d'ossigeno arriva comunque troppo tardi: La Cinq verrà messa all'asta al miglior offerente...

Ma l'ingloriosa avventura berlusconiana in terra francese registra altri frangenti neri. Catherine Tasca [8] (ministro delle Comunicazioni) e Gabrielle De Broglie (presidente della Cncl – Commissione nazionale per la comunicazione e la libertà) accusano le Tv private di non rispettare i codici imposti dalla legge: nel caso di La Cinq, la pubblicità trasmessa dall'emittente supera i limiti fissati dalla Cncl, e disattende l'impegno assunto di privilegiare i programmi europei e francesi – il duo Berlusconi-Hersant si vedrà infliggere una multa equivalente a 15 miliardi di lire. Il 14 aprile

[6] "Il Giornale nuovo", 12 giugno 1986.

[7] "Il Sole-24 Ore", 4 settembre 1986.

[8] Catherine è figlia di Angelo Tasca, nel 1921 tra i fondatori del Partito comunista italiano.

1988, "Il Sole-24 Ore" scrive: «Tempi duri per La Cinq, l'emittente francese di Silvio Berlusconi e Robert Hersant: per non aver pagato l'affitto dei suoi studi di produzione, la rete televisiva si è vista congelare i conti bancari su decisione dell'autorità giudiziaria».

Nell'ottobre 1990 – a cinque anni dall'inizio dell'avventura televisiva – Hersant si disimpegna da La Cinq, cedendo le sue quote al colosso editoriale Hachette; Berlusconi può mantenere il suo ininfluente 25 per cento e limitarsi a fare lo *sleeping partner*, oppure contrattare la sua uscita dall'emittente...

Alla fine degli anni Ottanta, dunque, l'ambizioso disegno berlusconiano di una "Tv Europea" del Biscione può dirsi naufragato. La Cinq è in caduta libera, gravata da un deficit di centinaia di miliardi di lire. Il satellite lanciato il 20 novembre 1988 dai tedeschi è in grave avaria ed è inutilizzabile; quello francese è ancora allo stadio progettuale. L'immagine di Berlusconi non è esattamente positiva, e la sua reputazione è dubbia: «Berlusconi non rispetta alcuna regola», dichiara ad esempio Patrick Le Lay, presidente della potente Tf1, «e pratica l'adescamento del pubblico con film erotici». André Rousselet, ex capo di gabinetto di François Mitterrand, nell'ottobre 1990 alla domanda di "Paris Match" se intenda lasciarsi sedurre da un Berlusconi definito «suonatore di mandolino» o, invece, abbandonare il suo balcone e chiudere la finestra, risponde: «Chiudere la finestra».

In Spagna, Telecinco vivacchia; in Germania, Telefunf stenta a decollare; Capodistria langue... Partito lancia in resta, Berlusconi ripiega dai suoi sogni di gloria continentale. Del suo televisivo "sogno europeo" è rimasto poco o niente.

Il 4 maggio 1988, Berlusconi annuncia di avere stipulato un mega-contratto con la Tv sovietica (la più grande emittente televisiva del mondo, con i suoi 80 mila dipendenti): «Per la prima volta», dichiara trionfante nel corso di una conferenza-stampa, «le aziende europee potranno raggiungere un mercato di 280 milioni di utenti attraverso 100 milioni di televisori. Questo contratto, della durata di tre anni, riguarda tre fasce orarie: dalle 10 alle 14 sulla seconda rete pansovietica; dalle 16 alle 20 sulla prima rete pansovietica; dalle 22 alle 24 sulla rete didattica e informativa. Esso rappresenta una continuazione della politica di Gorbaciov, che già da un anno e mezzo ha liberalizzato i rapporti commerciali tra i ministeri dell'Urss e le aziende straniere»; Berlusconi precisa inoltre che il genere di pubblicità trasmessa sarà solo di tipo commerciale (con esclusione di prodotti alcolici e per fumatori), e che gli spot non interromperanno i programmi.

L'avventura berlusconiana nella patria del comunismo è stata ratificata nel precedente febbraio, a Mosca, nel corso della manifestazione "Reklama 88" (esposizione fieristica dedicata alla pubblicità e alle tecniche di marketing, àmbiti nei quali l'Urss sta muovendo i suoi primi passi). Le ragioni per le quali il regime sovietico abbia repentinamente deciso di sottoscrivere un simile accordo con il notorio e fiero anticomunista Berlusconi rimangono misteriose.

Nel settembre 1993, nell'ambito dell'inchiesta giudiziaria "Mani pulite", il giudice che indaga sul versante delle "tangenti rosse" interroga Flavio Di Lenardo (ex manager di una società del settore librario legata agli Editori Riuniti, casa editrice del Pci). Secondo Di Lenardo, tra la fine dell'86 e l'inizio dell'87 la Fininvest premeva sugli Editori Riuniti, alternando profferte di denaro e minacce di querele, affinché non venisse pubblicato l'annunciato libro dei giornalisti Ruggeri e Guarino *Berlusconi. Inchiesta sul signor Tv*; nel contesto di questa presunta "trattativa" (che – secondo il Di Lenardo – coinciderà con il ritiro di una querela di Berlusconi a carico degli Editori Riuniti, e con il rifiuto degli stessi Editori Riuniti di ristampare il libro di Ruggeri e Guarino rescindendo il contratto di edizione con gli autori), secondo Di Lenardo vi sarebbe stata anche la stipula del contratto tra Berlusconi e la Tv sovietica, contratto propiziato dai "buoni uffici" del proprietario degli Editori Riuniti, cioè il Partito comunista italiano.

Il Cavaliere in groppa al Diavolo

Sempre più teso ad affermare una sua dimensione affaristico-me-cenatesca, preda di una progressiva megalomania protagonistica, dedito a un vieto populismo da "Grande comunicatore", verso la metà degli anni Ottanta Berlusconi appunta la sua ingombrante attenzione su quella che è la sola, vera grande passione dell'italiano-medio: il calcio. E poiché intende tra l'altro conferire al suo oscuro impero già romano-svizzero un'immagine di "milanesità", le sue mire cadono sul Milan Calcio, gloriosa squadra (10 scudetti, vari trofei internazionali) in gravi difficoltà [9].

La società calcistica rossonera ha alle spalle un recente passato travagliato, e naviga in pessime acque. Aveva cominciato l'editore Andrea Rizzoli, il cui impero giornalistico, solidissimo con suo padre Angelo, aveva conosciuto con lui i primi, gravi dissesti. Poi era stata la volta di Felice Riva, industriale cotoniero, fuggito nell'allora dorato Libano in seguito al *crack* della sua azienda. Quindi era toccato all'industriale metallurgico Vittorio Duina, anch'egli oberato di cambiali e assegni non onorati (per parecchie centinaia di milioni), poi fallito, e deceduto in un tragico incidente in Sud America. Le redini della società erano passate all'industriale petrolifero Albino Buticchi, che qualche anno prima nella sua villa in Liguria aveva tentato il suicidio, sparandosi alla testa e rimanendo miracolosamente vivo, ma cieco. Il suo successore, Felice Colombo, aveva vissuto l'umiliazione del carcere per illeciti sportivi, facendo precipitare il Milan in serie B per la prima vol-

---

[9] Berlusconi aveva tentato di entrare nel consiglio di amministrazione della società rossonera già nei primi anni Settanta: a sbarrargli la strada era stato Franco Carraro, che aveva preferito cedere le sue azioni all'industriale Albino Buticchi (motivo ufficioso: la scarsa caratura dell'allora "palazzinaro rampante" come possibile timoniere di una grande società di calcio).

ta nella sua storia. L'ultimo della serie, Giuseppe Farina, non ha avuto miglior fortuna: dopo una caotica e fallimentare gestione, è fuggito in Kenia, sottraendosi alla giustizia ma non al severo giudizio di soci e tifosi...

Le prime indiscrezioni secondo le quali Berlusconi sarebbe in corsa per la presidenza del Milan risalgono all'ottobre del 1985. Sondano cauti il terreno i suoi collaboratori più fidati: l'avvocato Vittorio Dotti, Fedele Confalonieri, Adriano Galliani (ex vicepresidente del Monza): occorre saggiare la disponibilità dei dirigenti più influenti nel consiglio di amministrazione (cioè Rosario Lo Verde, Gianni Nardi, Gaetano Morazzoni, e la "bandiera" della società, l'ex calciatore Gianni Rivera); occorre accertare la consistenza del passivo della società e il patrimonio del parco giocatori, valutare le possibili proiezioni sportive della squadra in campo internazionale. Occorre soprattutto scoprire la ragnatela societaria allestita dallo spregiudicato Giussy Farina – compito tutt'altro che arduo, per superesperti di ardita "ingegneria societaria" come i dirigenti Fininvest.

La realtà è complessa e infausta. Anzitutto, il capitale sociale dell'Associazione calcio Milan è controllato al 64,9 per cento dalla finanziaria Ismil (Iniziative sportive Milan), la quale a sua volta è controllata per il 52 per cento dalla Fin Milan spa, della quale Farina detiene il 40 per cento, il vicepresidente Nardi il 4, e il restante è suddiviso fra molti soci con quote minime. Alla Ismil fa capo, per il 70 per cento, la Milan Promotion (anch'essa sotto il controllo personale di Farina), che ha per scopo lo sfruttamento pubblicitario dell'immagine della squadra fino al 1992. Il bilancio della società è in profondo rosso: in soli tre anni, il passivo è raddoppiato (nel 1983 era di 2,3 miliardi, nel 1984 di 5, e nel 1986 di 6,1). Ma si scopre inoltre che Farina ha utilizzato 2 miliardi della società Milan per acquistare l'83 per cento della Vicesport di Vicenza (società della quale è proprietario), e che vi sono alcuni miliardi di arretrati da versare al fisco per l'Irpef [10]...

[10] A questa situazione si aggiungono, via via, altri fatti sconcertanti. Si scopre che il presidente Farina, appassionato filatelico, ha siglato uno strano contratto con Franco Gazzi (titolare della Filasta, una tra le più grandi case di aste filateliche d'Italia, con sede a Milano): Gazzi, che dopo la conoscenza con Farina è entrato nel consiglio di amministrazione del Milan, cede al presidente francobolli rari e di valore; Farina, a sua volta, si impegna con lui per far disputare al Milan, nei prossimi sette anni, un'amichevole annua a Rovereto, con la squadra locale – va da sé che Gazzi è cointeressato nella società sportiva di Rovereto... In una postilla viene

Fatto è che, col presidente Farina latitante in Africa, gli organi disciplinari della Federcalcio pongono in stato di mora la società Milan, mentre la magistratura spicca numerosi avvisi di reato a carico di quasi tutti i componenti del consiglio di amministrazione e dei sindaci della società. Coi clamori della cronaca (giudiziaria), il mondo del calcio è in subbuglio: una situazione disastrosa, quella del Milan – talmente disastrosa da essere ideale per il magnate Berlusconi, che può candidarsi a salvatore della patria rossonera, rilevando per pochi denari una situazione fallimentare...

«Nel novembre 1985», ricorda Gianni Rivera, «sono stato contattato dal braccio destro di Berlusconi, Fedele Confalonieri. Mi ha detto di essere riuscito a convincere Silvio a comprare il Milan, e mi ha domandato come fare. Gli ho risposto che sarebbe stato impossibile subentrare a Farina, finché questi non avesse deciso di andarsene. Gli ho consigliato, perciò, di mettersi in contatto con Gianni Nardi, che sapevo stava concordando con Farina una soluzione dei loro problemi economici».

Nel febbraio 1986 diviene pubblica la notizia che Nardi non solo è creditore nei confronti di Farina, ma che è legato a Rivera da affari in comune. Nel corso di una riunione dei delegati regionali dei Milan club, tenutasi all'Hotel Hilton di Milano l'1 febbraio 1986, Rivera ammette: «Sono legato a Nardi da affari, anche se fino a poco tempo fa l'ho considerato un uomo a caccia di pubblicità. Solo quando ho conosciuto la sua situazione di creditore nei confronti di Farina ho cercato di aiutarlo»; nell'occasione, Rivera annuncia anche le sue «dimissioni irrevocabili» da vicepresidente del Milan, e polemizza apertamente con Berlusconi: «Ho deciso di parlare e di uscire allo scoperto perché nella mia posizione di tifoso del Milan mi fa ribollire di rabbia il solo pensiero che qualcuno possa volere il fallimento della società. Non possiamo permettere che questa squadra venga distrutta solo perché una persona ha sbagliato. Purtroppo, personalmente non possiedo i 5 o 6 miliardi necessari per tacitare tutti i creditori e continuare nell'attuale gestione, altrimenti l'avrei già fatto... Ero presente domenica 19 gennaio alla trattativa, e sono rimasto sorpreso dall'atteg-

---

indicata la cifra che il Milan come società, e non nella persona di Farina, si impegna a risarcire al Rovereto per ogni eventuale amichevole annullata: 70 milioni di lire. Successivamente, si apprenderà che Farina è esposto finanziariamente verso Gianni Nardi per alcuni miliardi... A tutto questo si aggiunge la posizione personale di Rivera, il quale, tramite una sua società, ha anche un contratto con la società Milan per la fornitura di materiale sportivo (tute e maglie con la "erre" stilizzata, divise, palloni)...

giamento assunto dai legali di Berlusconi, che stanno cercando in tutti i modi di far affondare il Milan e poi recuperarlo per poche lire. Berlusconi dovrebbe interessarsi in prima persona alle trattative per acquistare il Milan». Le dichiarazioni del leggendario Rivera mettono a rumore la tifoseria rossonera (ma su invito del nuovo presidente provvisorio Lo Verde, Rivera revoca poi le sue dimissioni).

Il 13 marzo 1986 viene depositata alla cancelleria del Tribunale di Milano la trascrizione ufficiale delle dimissioni di Farina da presidente e l'assunzione della carica presidenziale da parte di Lo Verde. In pari data, l'assemblea dei soci (presenti quindici consiglieri di amministrazione) delibera di aumentare il capitale sociale a 10 miliardi. È il primo passo verso l'ingresso di Berlusconi nella società rossonera.

Il primo atto di Berlusconi nuovo presidente del Milan è il versamento all'erario di 3 miliardi e 800 milioni per l'Irpef arretrata (condizione indispensabile per liberare le azioni rossonere dal sequestro conservativo deciso dalla magistratura). L'esordio ufficiale del clan Berlusconi sul campo avviene domenica 16 febbraio, a Como, dove il Milan pareggia. Sulle tribune sono presenti Paolo Berlusconi, Giancarlo Foscale, Adriano Galliani e il presentatore di Canale 5 Cesare Cadeo (un esordio calcistico in sordina, forse proprio perché manca Silvio Berlusconi, impegnato in Francia con il lancio della sua La Cinq).

Sistemate le pendenze con il fisco, sciolta la Milan Promotion, chiuso il capitolo Vicesport, pagati ai calciatori gli stipendi arretrati di gennaio e febbraio, liquidate anche le rate per l'acquisto del centravanti Mark Hateley (una "dimenticanza" di Farina), Berlusconi può procedere al suo trionfale ingresso nel mondo del calcio. Il primo contatto con i calciatori avviene in grande stile, l'1 marzo: assieme al figlio Pier Silvio e a Galliani, Berlusconi scende dall'elicottero Agusta 109 bianco e blu sul campo di gioco di Milanello (il centro sportivo dei rossoneri); durante la colazione, stringe la mano a tutti i presenti, dona ai calciatori un calice d'argento firmato Cartier, ostenta sorrisi e promette nuovi acquisti per riportare alla luce la stella rossonera. Per impossessarsi della società, ha dovuto sborsare circa 20 miliardi, e altrettanti s'impegna a spenderne per il potenziamento del parco-giocatori.

Il 24 marzo 1986, al Teatro Manzoni, si tiene la prima assemblea degli azionisti milanisti. Sono presenti 148 soci per un totale di 629.615 azioni. Viene eletto il nuovo consiglio di amministrazione, così formato: Silvio Berlusconi (presidente), Paolo Berlusconi (vicepresidente e amministratore delegato); consiglieri: Fedele Confalonieri, Vittorio Dotti (noto tifoso dell'Inter...), Cesare Cadeo, Carlo Bernasconi, Gigi Vesigna (direttore di "Tv sorrisi e canzoni"), Marcello Dell'Utri, Sergio Travaglia (fraterno amico di Silvio, presidente di una multinazionale di detersivi, il quale si occuperà dello sfruttamento pubblicitario dell'immagine del Milan), e infine l'editore Leonardo Mondadori. Desta sorpresa l'estromissione di Gianni Rivera – un'esclusione contestata da tre azionisti di minoranza: Maurizio Goffini, Angela e Maria Luisa Crespi, i quali detengono 98 azioni su circa un milione di titoli: sono i soli, per dedizione a Rivera, che si oppongono al nuovo padrone milanista. L'ex calciatore accetterà poi di entrare a far parte della "grande famiglia Fininvest" con un vago incarico di *public relation man* (incarico che ben presto abbandonerà perché del tutto formale).

Sul piano sportivo-finanziario, Berlusconi agisce com'è nel suo costume: forte di una fideiussione bancaria di diciotto miliardi, non bada a spese e dà corso a una campagna-acquisti da capogiro, assicurandosi il difensore Dario Bonetti (2 miliardi), l'attaccante Daniele Massaro (3 miliardi e 300 milioni), l'attaccante Roberto Donadoni (5 miliardi), il portiere della Nazionale Giovanni Galli (5 miliardi e 200 milioni), l'attaccante Giuseppe Galderisi (4 miliardi)... La spesa totale è di poco superiore ai 23 miliardi di lire: un'ingente massa di denaro che, si dice con allarme nell'ambiente calcistico, rischia di stravolgere e destabilizzare in modo definitivo il mercato del pallone. «Abbiamo lavorato per il futuro più che per l'immediato», gongola Berlusconi durante l'incontro con i giornalisti nella sua villa di Arcore il 15 maggio. «Con ciò non voglio dire che, se ci trovassimo a lottare per lo scudetto già l'anno prossimo, ci tireremmo indietro. Anzi».

Le premesse per un ritorno in grande stile del Milan ai vertici del calcio ci sono tutte. Con il suo irruente e demagogico populismo, Berlusconi galvanizza la delusa tifoseria milanista fin dalle prime battute: «Nelle mie attività» – proclama – «mi sono abituato a essere il primo, anzi mi sono talmente abituato che ci resterei davvero male ad essere il secondo nel calcio. Il Gruppo adesso è come un iceberg: la parte non visibile è il resto dell'attività, quella che brilla agli occhi di tutti è il Milan. Adesso siamo costretti a far bene – questo è l'imperativo categorico del Milan». Il 18 luglio viene presentato ufficialmente alla tifoseria il Milan targato Fininvest: all'Arena di Milano atterrano in rapida successione tre elicotteri noleggiati per l'occasione, dai quali scendono, tra le ovazioni dei circa diecimila tifosi presenti, i calciatori rossoneri e lo *staff* di dirigenti e accompagnatori – una tipica berlusconata hollywoodiano-brianzola... Il clamore è grande.

«Ho preso una società sull'orlo del fallimento», dichiara tronfio il Presidentissimo in persona, «ora è un club modello. Ho convinto il Comune di Milano a modificare l'anello superiore dello stadio di San Siro, ho portato a termine la campagna-acquisti che volevo, ho battuto il record di abbonamenti». A persuadere anche i tifosi più restii, ha provveduto una martellante campagna pubblicitaria su Canale 5 e Italia 1 (anche questa una novità nello stantìo mondo del calcio): gli spot delle emittenti mostrano fasi di gioco, con reti ovviamente segnate solo dal Milan alle squadre avversarie, mentre una voce fuori campo invita suadente: «Regàlati una nuova domenica con l'azzurro del cielo, il verde del prato, il rosso e il nero del nuovo Milan. A San Siro c'è un posto sicuro per te, per familiari e amici tuoi. Con il nuovo Milan è facile abbonarsi, puoi farlo anche nelle quattrocento agenzie della Cariplo. Regàlati una nuova domenica con la voglia di vincere del nuovo Milan»; il sistema ha funzionato, tanto che per la società rossonera è il record: quasi sessantamila abbonamenti.

Un'altra novità berlusconiana nel Milan sarà la presenza nello staff tecnico-sociale del dottor Adalberto Spinelli, psicologo del gruppo Fininvest, che si affianca al medico sociale della squadra, dottor Giovanni Monti. «Lo psicologo», commenterà l'allenatore Nils Liedholm, «può essere utile: ci sono alcuni giocatori che soffrono quando il lunedì dopo la partita si vedono appioppato dai giornali un 5 in pagella». Piuttosto, la presenza dello psicologo Fininvest nel Milan testimonierà della tendenza a instillare anche nel club calcistico le caratteristiche da "setta" già evidenti nella Fininvest: i fortunati dipendenti del Biscione devono essere "plasmati" per meglio aderire alla setta berlusconiana, adepti di Sua Emittenza e del suo multimediale Potere...

Il tornado-Berlusconi che scuote il mondo del calcio nella seconda metà degli anni Ottanta, suscita l'entusiasmo della tifoseria milanista, ma anche ironiche perplessità. Dopo averne criticato la campagna-acquisti («come si sia potuto valutare 5.200 milioni il distratto portiere Giovanni Galli, che in Messico e in Italia para soltanto a sprazzi...»), Luigi Firpo scrive: «Possibile che Berlusconi, uomo cui fiuto e intraprendenza non sono sin qui mancati, si sia imbarcato in una impresa sconsiderata, credendo che bastino i soldi, le calate sul prato in elicottero, le parate in calzoncini e scarpe bullonate, a forgiare una vera squadra? Qualcuno può anche credere che il Silvio, ormai con i piedi al caldo, si sia voluto comprare un giocattolo di lusso, dicendosi milanista sfegatato da

sempre. Questo spiegherebbe le intemperanze passionali, la sac-
centeria del dietologo che vieta ai giocatori le crostate di frutta, la
minaccia di tagliare i premi partita, gli accenni a Liedholm, vecchio
saggio che potrebbe anche sgombrare la panchina per far posto
a qualcun altro. Ma non è così. Credo che Berlusconi pensi agli
affari anche quando dorme, o forse non dorme mai» [11].

Il clamore che ne accompagna il miliardario ingresso sulla scena
calcistica amplia a dismisura la popolarità di Berlusconi. Del resto,
il *tycoon* di Arcore si muove a meraviglia in un ambito gretto, su-
perficiale, greve e permeato di fanatismo come quello del calcio
nazionale – un ambito che si rivela subito un nuovo terreno di
conquista affaristico, ricco delle allettanti "sinergie" tanto care
alla retorica imprenditoriale berlusconiana.

Essendo il mondo dello sport anzitutto e soprattutto una vastis-
sima ribalta promozionale di massa, una sterminata platea di po-
tenziali utenti-consumatori, la Fininvest vi irrompe in forze. Il
Biscione berlusconiano si insinua nel basket (con la squadra della
Philips), nel rugby e nell'hockey (con le squadre Mediolanum),
nella pallavolo (con la Gonzaga): il "sano" e "formativo" mondo
dello Sport, la "educativa palestra di vita" dell'agonismo (come
reciterà dagli schermi dei *networks* la retorica berlusconiana) sono
per l'ambigua e chiacchierata Fininvest un rigenerante, depurati-
vo palcoscenico pubblicitario e promozionale celebrato e moltiplicato dai suoi *networks* televisivi, ai quali possono inoltre assicurare *audience* e pubblicità e garantire spicchi di palinsesto.

E tuttavia, anche nel mondo sportivo – e in particolare nell'ambito più importante, quello calcistico – gli ingenti capitali berlusconiani non risultano essere precisamente produttivi, in termini di
profitto. «Il Milan», titola ad esempio la "Gazzetta dello Sport"
del 14 luglio 1989, «incassa 65 miliardi, ma ne spende 78». Anche
nell'ambito calcistico, ciò che la vieta e menzognera retorica berlusconiana proclama essere "geniale imprenditoria" e "formidabile *business*", a conti fatti si rivela essere la consueta "operazione
d'immagine" costruita perfino sui debiti che confluiscono nelle
segrete stanze dell'impero Fininvest. «A Berlusconi», scrive "La
Stampa" il 14 febbraio 1990, «il Milan è servito prima come immagine, poi come interessante veicolo economico: è una fonte
di liquidità di 60-70 miliardi annui, mentre le passività del Milan
(appartenente a Rete Italia) attenuano gli attivi di altre aziende

[11] "La Stampa", 5 settembre 1986.

del gruppo – senza dimenticare che gli acquisti dei giocatori in pratica non costano nulla, venendo risolti con fideiussioni. Per alcuni, insomma, i debiti finiscono per diventare perfino una voce positiva».

L'irruzione della Fininvest nel mondo del calcio, benché economicamente deficitaria, verrà comunque celebrata in modo adeguato il 18 dicembre 1989. In occasione dei novant'anni di storia calcistica della squadra del Milan, viene commissionato alla Zecca dello Stato il conio di una medaglia celebrativa; ma sulla medaglia non vi è effigiato il ritratto di un qualche storico campione milanista, bensì quello del Grande Presidente – è il conio del "Berluscone d'oro"...

Le prodezze calcistiche del Milan targato Fininvest sono ormai negli annali del football nazionale e internazionale. Attraverso campagne-acquisti miliardarie come mai si erano viste prima, né in Italia né all'estero, il Milan, alla fine degli anni Ottanta, è la più forte squadra calcistica del mondo – oltre a essere il solo club calcistico al mondo che possa vantare il diretto collegamento con ben tre *networks* televisivi nazionali. Una "marcia trionfale" non priva di ambiguità, strumentalizzazioni, arroganze, tronfiaggini, da parte di un Berlusconi sempre più ingombrante e pervicacemente teso a imporre la sua preminenza in ambito sportivo a suon di miliardi; ma anche segnata di frangenti oscuri.

Una vicenda sintomatica, in questo senso, è quella relativa al passaggio alla squadra milanista del giovane calciatore del Torino Gianluigi Lentini, nell'estate del 1992, per l'astronomica somma di 18,5 miliardi. Sotto il titolo *Berlusconi è stato padrone del Toro*, il quotidiano "La Stampa" del 19 dicembre 1993 scrive: «Berlusconi è stato per tre mesi il padrone del Torino. Lo svela un'altra clamorosa confessione di Borsano [*già presidente del Torino Calcio, e parlamentare craxiano, NdA*] ai magistrati. Nel corso dei quattro interrogatorî con i sostituti procuratori Sandrelli e Prunas, l'ex presidente granata ha svelato anche le modalità di pagamento di Lentini da parte del club rossonero: "Per l'anticipo di 7 miliardi avuti in marzo, il Milan non volle assegni in garanzia. Avevo le azioni del Torino e diedi quelle in pegno. Quando firmammo il contratto di cessione del calciatore le riebbi, e stracciammo la scrittura privata che tutelava entrambe le parti". In Procura si escludono violazioni al Codice penale per quest'aspetto, ma se le dichiarazioni di Borsano venissero confermate da una inchiesta della Federcalcio emergerebbe un grave illecito sportivo. In sostanza il Milan avrebbe giocato buona parte del campionato avendo in mano anche il Torino, ciò che per il codice sportivo è un illecito. Borsano ha anche detto: "Ho trattato con Galliani, ma Berlusconi non poteva non essere al corrente". Per i fondi neri, il presidente di Fininvest e Milan dovrebbe essere sentito dai magistrati torinesi come teste. La vicenda si è svolta tra la fine di febbraio e l'inizio dell'estate '92, periodo in cui si perfezionò l'acquisto del calciatore e Borsano venne eletto in Parlamento con oltre 36 mila voti nella lista del Psi, dopo un'onerosa campagna elettorale. Anche il trasferimento di Lentini fu piuttosto movimentato e, alla fine, si risolse con la resa della Juve a vantaggio del Milan. Secondo Borsano, "Il Milan ha offerto al giocatore un contratto d'oro: quattro miliardi al netto delle tasse. Ma il fatto curioso è un altro. In Lega, a distanza di pochi giorni, vennero depositati due contratti. Questo, subito dopo sostituito da un secondo per un miliardo e mezzo. Nel frattempo io avevo già firmato con il Milan, ottenendo di far alzare l'accordo ufficiale da 14 miliardi a 18 miliardi e mezzo. Mi chiedo come mai Lentini possa aver improvvisamente accettato una riduzione così drastica" [...]». Secondo il presidente del Torino (amico di Bettino Craxi e deputato del Psi), il Milan gli ha accreditato parte dei fondi neri, in contanti, presso una banca di Lugano, e il saldo glielo ha liquidato in Italia, con Cct.

Scrive Peter Freeman: «Seguendo l'esempio di molti dei suoi colleghi indagati, il deputato socialista Gian Mauro Borsano ha deciso di vuotare il sacco. Nei giorni scorsi, l'ex presidente del Torino Calcio ha depositato nelle mani dei magistrati che stanno indagando sul *crack* delle sue società finanziarie un voluminoso e, pare, ben documentato memoriale. Nel corso delle sue confessioni, Borsano ha ammesso di avere percepito "in nero" svariati miliardi corrispostigli per la cessione di alcuni calciatori del Torino, tra i quali Gianluigi Lentini, ceduto nell'estate del 1992 al Milan di Berlusconi. Per questa operazione Borsano avrebbe incassato sottobanco 6 miliardi e mezzo, soldi transitati su conti svizzeri e successivamente utilizzati sia per compensi fuori busta che per saldare i conti con i creditori delle sue società. Borsano non si è limitato a chiamare in causa il Milan [...]. Inutile, a questo punto, nascondersi dietro un dito o parlare di fenomeno circoscritto. La realtà che sta emergendo dall'inchiesta dei magistrati torinesi... è infatti quella di un calcio da tempo ridotto a terra di conquista da parte di personaggi dell'imprenditoria fortemente collusi con il potere politico e da questo agevolati nelle più spregiudicate operazioni [...]. Dalla confessione di Borsano ora apprendiamo che non solo lo staff milanista era dedito all'evasione fiscale, ma che, secondo quanto avrebbe dichiarato l'ex presidente della società granata, in occasione di un prestito concessogli da Berlusconi, il presidente del Milan, in violazione alle regole federali, gli avrebbe chiesto in garanzia una parte delle azioni del Torino. Se tali accuse fossero confermate, ce ne sarebbe quanto basta per chiudere una volta per tutte la carriera sportiva, ma anche quella politica, del Cavaliere di Arcore» [12].

Alle clamorose notizie di "ordinaria corruzione" che piovono sul Milan, un disinvolto Berlusconi replica: «Cado dalle nuvole. Nego qualsiasi coinvolgimento in questa storia» [13]. Il 14 gennaio 1994, davanti ai giudici del Tribunale di Torino che indagano, l'amministratore delegato del Milan, Adriano Galliani, si limita a dichiarare che «la trattativa col Torino per Lentini è stata condotta tutta da me, solo da me... Mi sono occupato solo io della vicenda», e dopo il goffo tentativo di scagionare il padrone del Milan, alle contestazioni dei giudici nel merito delle confessioni di Borsano, Galliani dichiara: «Mi avvalgo della facoltà di non rispondere»...

---

[12] "il manifesto", 19 dicembre 1993.

[13] In "La Stampa", 19 dicembre 1993. Berlusconi dichiara anche: «Sul caso Lentini noi abbiamo una posizione limpida, anche se il prezzo versato al Torino per il suo acquisto fu troppo elevato. Colpa di un'altra società [*la Juventus, ndr*] che si è inserita nella trattativa quando noi avevamo già raggiunto un accordo per 14 miliardi e che ci ha costretti a versarne altri quattro e mezzo. Anch'io non ero molto d'accordo, anzi ero perplesso...».

Affari di cinema tra socialisti

Alla fine degli anni Ottanta, la Fininvest è massicciamente presente anche nel settore cinematografico – una presenza che spazia dalla produzione, alla distribuzione, alla gestione delle sale cinematografiche. In Italia, le principali società del gruppo sono la Pentafilm spa e la Pentadistribuzione srl (entrambe domiciliate a Roma), rispettivamente con 20 miliardi e 100 milioni di capitale, in compartecipazione al 50 per cento coi produttori Mario e Vittorio Cecchi Gori; seguono Silvio Berlusconi Communications, Cinema 5 spa, Cinema 5 Gestione spa, Safim cinematografica spa, anch'esse con sede a Roma, e con un capitale sociale che va da un miliardo a 5 miliardi. All'estero, le società più importanti, partecipate al 50 per cento dalla Fininvest, sono la Penta International Ltd di Londra, e la Penta American Pictures di Santa Monica.

Il maggior impegno della Fininvest nelle produzioni cinematografiche e televisive risale al 1987, quando sono state avviate 47 produzioni con soci italiani e altre 14 coproduzioni con partner stranieri. In quello stesso anno, Reteitalia spa, della Fininvest, entra col 50 per cento nella Artisti Associati International, col 20 per cento nella Dmv Distribuzione, e col 22 per cento nella Dania Film (nell'aprile 1988, la partecipazione nella Dania viene elevata al 33 per cento). La Fininvest acquisisce inoltre il controllo della Cannon Management e del suo circuito di una quarantina di sale cinematografiche: l'acquisizione avviene mediante il pagamento di 60 miliardi di lire al cedente, cioè al faccendiere socialista Giancarlo Parretti.

«Cameriere, albergatore, prestanome, dirigente, socialista, editore, finanziere d'assalto, *business-man*. Tappe di una carriera al fulmicotone. È quella di Giancarlo Parretti, inquietante uomo di affari di Orvieto che in pochissimi anni, dal niente, è diventato padrone della Dinocittà di Hollywood, della Cannon e della Pathè cinematografica... Insomma, un personaggio di spicco dell'economia mondiale. Un affarista che vanta amicizie importanti tra i socialisti italiani, francesi e spagnoli, e saldi rapporti imprenditoriali con altri due Re Mida italiani: Silvio Berlusconi e Florio Fiorini» [14]. Secondo il "Wall Street Journal" e "Business Week", i cospicui capitali di cui Parretti dispone sarebbero denaro in odore di P2 proveniente dalle filiali estere del vecchio Banco Ambrosiano, e ottenuto grazie ai buoni uffici di Florio Fiorini (ex dirigente finanziario dell'Eni, già coinvolto nello scandalo delle tangenti Eni-Petromin e nel tentativo di salvataggio, con pubblico denaro, del banchiere piduista Roberto Calvi).

Nel 1990, il duo Parretti-Fiorini è alle prese con la più spericolata delle imprese: il truffaldino tentativo di scalare la leggendaria casa cinematografica hollywoodiana Metro Goldwyn Mayer. Alla ricerca di soci da coinvolgere nella proibitiva e onerosissima scalata, i due si rivolgono anche a Berlusconi – ecco la cronaca dell'incontro, così come lo rievocherà Florio Fiorini nelle sue "memorie dal carcere".

«Milano, estate 1990. Sono a Linate, sezione aerei privati. Ore 9 del mattino. Sto aspettando Parretti che deve arrivare direttamente da Los Angeles col suo Gulfstream IV. Dobbiamo andare dal Cavalier Berlusconi per chiedere di aiutarci nella scalata della Mgm dopo l'abbandono della Time-Warner. È un incontro decisivo anche per convincere quelli del Credit Lyonnais che qualcuno della professione crede nella nostra idea. Parretti atterra. Formalità. Manco mi saluta. "Florio, hai visto l'aereo di Silvio? Ha comprato anche lui un Gulfstream IV e ci ha messo sopra i colori della Fininvest, bianco e marrone. Appena compriamo la Mgm io ci metto sopra il leone ruggente". Lì per lì non capisco. "Scusa Giancarlo, ma non ho capito, Silvio chi?". "Ah, Florio, che hai dormito con una puttana che ti ha succhiato tutto il cervello a pompini? [...] Il Berlusconi, Silvio, no?". "Ah, ho capito, il Cavalier Berlusconi", dico io. "Certo", dice Parretti, "Silvio, tra socialisti ci si dà del tu... Berlusconi ci ha mandato a prendere in elicottero perché ci riceve alla sua villa di Arcore". Con lui [*Berlusconi, NdA*] abbiamo già fatto qualche affare. Ci ha comprato i cinema italiani della Cannon. Ci ha aiutato ad organizzare la "Cinema V" in Europa con l'idea che prima o poi facciamo una *joint venture* anche per gli altri Paesi europei, Inghilterra, Olanda, Francia, Pae-

[14] A. Cipriani, *Mafia. Il riciclaggio del denaro sporco*, 1989.

si Nordici... Arriviamo a Arcore. Villa principesca, anzi reale. Con l'elicottero abbiamo calcolato male i tempi, siamo un po' in anticipo. Il maggiordomo scusa Berlusconi: il Cavaliere sta ancora facendo *jogging* nel parco. Se intanto vogliono visitare la villa... Con piacere. Ciò che mi impressiona di più è il sottosuolo: sono installati dei teleschermi da cui, tramite delle antenne paraboliche, si possono captare quasi tutte le televisioni del mondo. Cose da fantascienza [...]. Arriva Berlusconi, tutto rilassato. Gli spieghiamo l'operazione. Perché non viene con noi in società? "Non è che non mi fido. Ma la mia esperienza è che i miei affari vanno bene solo dove posso gestire le aziende. In Spagna, per esempio, La Cinco la gestisco io e fo soldi a palate. In Francia, sono socio come in Spagna, ma la gestione ce l'hanno i francesi. Oddio, bravissimi, ma perdite astronomiche. Io ho il mio esercito di formichine meneghine che controllano tutto. Il successo dei miei affari è lì". Riconosciamo che la gestione della Mgm alle formichine meneghine non è possibile: a parte Parretti che si intromette in tutto, c'è il nostro partner Globus, e poi c'è il divo Alan Ladd. Va bene. Allora potrebbe comprare i diritti per Spagna, Paesi che parlano spagnolo, Italia. Questo gli va bene. La Mgm vende tradizionalmente alla Rai, e Berlusconi è molto contento di levare i successi della casa del leone, da *Via col vento* agli *007*, a viale Mazzini. Ci mettiamo d'accordo. "Vedete i contratti con il Bernasconi. Naturalmente avrete bisogno di scontare i contratti [...]. Sì, ma solo per 50 milioni di dollari. Il resto preferisco farveli scontare io dalla mia azienda di *factoring*. Non voglio che andiate in giro a offrire la mia firma a cani e porci". Grazie Cavaliere [...]. Berlusconi ci invita a colazione. "Sono un po' a dieta", dice, "se vi accontentate di quello che hanno preparato per me...". Ma le sembra, Cavaliere, un po' di dieta non fa male a nessuno. Durante la colazione, Parretti con una pazienza e una circospezione da certosino riesce a chiamare Berlusconi "Silvio", a farsi chiamare "Giancarlo", ed a passare al tu. Uscendo mi fa: "Hai visto, rompicazzo, io mi do del tu con Berlusconi e tu sei rimasto al 'Cavalier Berlusconi', 'Dottor Fiorini'...". "Certo, Giancarlo, ma io non sono mica socialista come voi due"» [15].

[15] F. Fiorini, *Ricordàti... da lontano*, Videopool, 1993, pagg. 145-47. Fiorini scrive questo libro di ricordi mentre è detenuto nel carcere svizzero di Champ Dollon in seguito alla bancarotta della Sasea.

IX

L'ASSALTO ALLA REPUBBLICA

Nelle spire del Biscione craxiano

Il 23 luglio 1989 si insedia il VI governo Andreotti. All'interno della Dc, la destra ha preso il sopravvento sulla sinistra capeggiata da Ciriaco De Mita (XVIII Congresso, febbraio 1989), e la nuova segreteria Forlani, sostenuta da Andreotti, ha stipulato con Craxi l'accordo di potere detto "Caf" (appunto Craxi-Andreotti-Forlani) [1] tradottosi infatti nel VI governo Andreotti. Nella nuova compagine, i socialisti occupano tra l'altro, oltre alla vicepresidenza (Martelli) e al dicastero degli Esteri (De Michelis), quello di Grazia e Giustizia (Vassalli) e quello delle Finanze (Formica).

Il Venerabile maestro della P2, Licio Gelli, dal febbraio 1988 è di nuovo in Italia, a piede libero (è stato estradato dalla Svizzera, dopo la sua provvidenziale fuga in terra elvetica del maggio 1981, e l'estradizione, accordata dalle autorità elvetiche limitatamente ai soli reati di carattere fiscale, costituisce il suo "ombrello protettivo" rispetto alle numerose inchieste della magistratura che lo vedono coinvolto e per le quali non può comunque essere perseguito), e ha ripreso a tessere la sua trama affaristica [2]. L'originario

---

[1] «Adesso, Forlani e il suo santo protettore-ispiratore, San Giulio Andreotti, potevano davvero far festa. Adesso li attendeva il bottino che spetta ai vincitori. Un bottino da spartire a metà con Craxi, ma pur sempre succulento. I posti chiave nel nuovo governo ormai alle porte, con la poltronissima di presidente già messa in caldo per le terga andreottiane. La presidenza dell'Iri, da togliere subito a quel demitiano antemarcia del professor Prodi Romano, da Bologna. L'Eni. Le grandi banche pubbliche. La Rai-Tv, coi telegiornali per primi. I grandi affari. Insomma, tutto ciò che, in un'Italia arcaica, si chiamava il sottogoverno, ma che oggi era l'oggetto vero del governo, la preda numero uno nella lotta per il governo» (G. Pansa, *op. cit.*, pag. 116).

[2] Nella richiesta di autorizzazione a procedere per associazione di stampo mafioso

"Piano di rinascita" della sua Loggia massonica segreta, sciolta a norma di legge ma di fatto ancora attiva, ha ormai perso molta della sua ragion d'essere politica e dei suoi presupposti, sia per la crisi della sinistra e per il travaglio del Pci (il cui segretario, Achille Occhetto, sta maturando la proposta di una costituente che trasformi il Pci in una nuova forza politica "laburista"), sia perché alcuni di tali presupposti hanno comunque avuto compimento.

Infatti, a fronte della grave crisi del Pci e della sinistra italiana, alla massima carica della Repubblica siede Francesco Cossiga, a sua volta fautore della Repubblica presidenziale (cioè a dire l'approdo finale del "Piano" piduista); il potere esecutivo è saldamente controllato dalla destra Dc e dal Psi craxiano, e gestito dalle rapaci mani del trio Craxi-Andreotti-Forlani (i cui nomi erano infatti indicati nel "Piano" della P2 quali possibili referenti politici); l'emittenza televisiva privata, così come era stata concepita e prospettata dal "Piano", è egemonizzata dal "fratello" Silvio Berlusconi, il quale occupa l'etere pubblico con tre *networks* la cui *audience* arriva a superare l'esausta e imbrigliata Rai-Tv e che sono ormai di fatto il più formidabile mass media nazionale; e del resto, è stato proprio Berlusconi a salutare il ritorno in Italia del Venerabile maestro, dichiarando sarcastico: «Anche io, come cinquanta milioni di italiani, sono sempre in curiosa attesa di conoscere quali fatti o misfatti siano effettivamente addebitati a Licio Gelli... Anni di inchieste sono serviti soltanto a offrire alle varie fazioni politiche un terreno di lotta, e di calunnia, facile quanto strumentale» [3].

Nell'ambito della formazione del nuovo governo Andreotti (un pentapartito Dc-Psi-Pri-Psdi-Pli), la questione della legge sull'emittenza televisiva e antitrust ha avuto grande peso: nell'impossibilità di trovare un'intesa tra i partiti della maggioranza (e soprat-

---

avanzata il 27 marzo 1993 dalla Procura di Palermo a carico di Andreotti è scritto tra l'altro: «Marino Mannoia ha riferito di avere appreso da Stefano Bontate e da altri uomini d'onore della sua famiglia che Calò Giuseppe, Riina Salvatore, Madonia Francesco e altri dello stesso gruppo ("corleonese") si avvalevano di Licio Gelli per i loro investimenti a Roma. Parte di questo denaro era investito nella "Banca del Vaticano". Gelli era il "banchiere" di questo gruppo come Sindona lo era stato per quello di Bontate Francesco e di Inzerillo Salvatore». Secondo il pentito Marino Mannoia, Roberto Calvi sarebbe stato ucciso dal mafioso Francesco Di Carlo per ordine di Pippo Calò: «La causale dell'omicidio risiedeva nel fatto che Calvi si era appropriato di un'ingente somma di denaro che apparteneva a Licio Gelli e a Calò».

[3] "Corriere della Sera", 15 dicembre 1988.

tutto all'interno della Dc), il governo ha potuto essere varato solo grazie all'ennesimo accantonamento del problema.

Il "decreto-Berlusconi" del governo Craxi, convertito nella legge 10 (gennaio-febbraio 1985), il 14 luglio 1988 era stato oggetto di una nuova pronuncia della Corte costituzionale: la Corte aveva minacciato di dichiarare l'incostituzionalità della truffaldina legge 10 poiché priva di reali garanzie di pluralismo non prevedendo alcun limite alle concentrazioni; tuttavia, poiché si trattava di una legge transitoria, la Corte aveva inopinatamente ritenuto di accordare al legislatore ulteriore tempo per porvi rimedio attraverso una reale, organica legge di regolamentazione del settore [4]. Ma il 22 febbraio 1989, il pretore di Varazze si è di nuovo rivolto alla Corte in merito alla costituzionalità della legge 10; e benché i giudici della Consulta, in grave imbarazzo, fidino che il nuovo governo dell'estate 1989 ponga rapidamente rimedio alla questione, il presidente Andreotti, esponendo al Parlamento il programma del suo nuovo gabinetto, alla classica maniera andreottiana sottolinea sì l'importanza e la necessità della legge televisiva e antitrust, ma afferma che «la materia richiede ulteriori approfondimenti».

Così come nei precedenti governi Goria e De Mita, anche nel governo Andreotti il ministero delle Poste (competente in materia di telediffusioni) è affidato al repubblicano Oscar Mammì, il quale da tempo – e con molta calma – lavora alla messa a punto della legislazione televisiva e antitrust (legislazione che in verità sembra stare a cuore, nell'ambito del pentapartito governativo, alla sola sinistra democristiana). «La commedia degli inganni sulla riforma del sistema televisivo continua, anche se la messinscena appare sempre più scadente ad ogni replica», scrive Massimo Riva nell'aprile 1989. «[...] La triste verità è che questo governo (come, del resto, quelli che lo hanno preceduto) farebbe volentieri a meno di dettare una qualunque disciplina per il settore. Tutto sommato alle forze maggiori del pentapartito sta bene la situazione di fatto

---

[4] Il comportamento della Corte costituzionale nella vicenda della legislazione in materia televisiva risulterà sconcertante: i giudici della Consulta, infatti, pur riconoscendo l'incostituzionalità della legge 10 (concepita tre anni prima da Bettino Craxi a uso e consumo del suo sodale Berlusconi), in quanto "transitoria" (!) veniva ritenuta "temporaneamente" legittima; ma al tempo stesso, la Corte precisava che qualora in futuro fosse stata nuovamente chiamata a pronunciarsi in merito, ne avrebbe senz'altro sentenziato l'incostituzionalità – un inverecondo pasticcio: una legge dichiarata incostituzionale, solo temporaneamente ritenuta costituzionale, che sarebbe tornata incostituzionale in un eventuale futuro indefinito...

che si è creata sul mercato in forza della legge della giungla tuttora praticata. Da un lato, c'è la Rai che è assoggettata a un regime di stretto controllo partitico; dall'altro c'è Berlusconi che gode del pieno appoggio dei socialisti, cioè di un partito che può imporre quel che gli piace visto che tiene la pistola puntata alla tempia del governo [...]. Quel che si vuole», prosegue Riva, «è soltanto razionalizzare l'esistente in virtù dei torbidi rapporti di comparaggio che legano alcuni partiti al duopolio televisivo imperante. A conferma che questo è il vero e unico obiettivo perseguito è venuta una curiosa sortita del ministro Mammì. Egli ha ricordato che il potere legislativo fa le leggi come gli pare e che, solo successivamente, la Corte costituzionale può pronunciarne la illegittimità. Avvertimento che si presta a una sola lettura: facciamoci pure una legge incostituzionale, vedremo poi che cosa dirà la Corte, tanto più che la sua giurisprudenza potrebbe mutare col tempo. A maggior ragione – aggiungiamo noi sospettosi – se nel frattempo si potranno cambiare il presidente e qualche giudice [...]»[5].

L'assetto di potere instaurato dal "Caf" nella primavera-estate del 1989 (alla cui ombra la corruttela partitocratica assumerà le immani dimensioni che verranno rivelate, nel 1992-93, dall'inchiesta giudiziaria "Mani pulite") registra la risoluta opposizione del più diffuso quotidiano nazionale, "la Repubblica"; del resto, il direttore-fondatore dell'influente quotidiano, Eugenio Scalfari, esprime da tempo la sua aperta avversione per la destra Dc, e soprattutto per Bettino Craxi. Da uguale tempo, Craxi riserva a "la Repubblica" e a Scalfari intimidazioni, insulti e minacce[6]; il 16 marzo 1989 il segretario del Psi telefona di persona a Carlo De Benedetti (azionista nella proprietà del giornale): «Li faccia smettere! [...] Questa è una guerra totale. E da questa guerra uno dei due esce distrutto. Io non ho intenzione di farmi distruggere. Anzi, sono io che vi distruggo. Ho carte e documenti che vi distruggeranno»[7].

---

[5] M. Riva, *Il coperchio del governo sulla pentola Berlusconi*, "la Repubblica", 15 aprile 1989.

[6] L'inizio delle ostilità tra Scalfari e Craxi risaliva al primo governo presieduto dal segretario del Psi (1983); il direttore di "Repubblica" aveva accostato lo spregiudicato leader socialista al brigante Ghino di Tacco; l'autoritario Craxi, cui arrideva il favore più o meno marcato di tutta la stampa nazionale, mal sopportava gli attacchi e le critiche del quotidiano di Scalfari, e si riprometteva da tempo di trovare il modo per condurre anche "la Repubblica" nell'alveo del suo disegno autoritario.

[7] Cfr. G. Pansa, *op. cit.*, pag. 83.

Il 10 aprile 1989, la Mondadori assume il controllo dell'Editoriale L'Espresso (e quindi anche del quotidiano "la Repubblica"). La decisione di cedere alla casa editrice di Segrate (controllata dalla Cir di Carlo De Benedetti) la proprietà del suo giornale viene motivata da Scalfari con la necessità di assumere una dimensione adeguata ai grandi mutamenti avvenuti nel mercato dell'informazione e della comunicazione.

Con l'acquisizione dell'Editoriale L'Espresso, la Mondadori diviene la maggiore casa editrice nazionale, forte del controllo di una catena di quotidiani locali oltre che della "Repubblica", e di una serie di importanti settimanali d'opinione – come "Panorama", "L'Espresso", "Epoca". Il 31 agosto 1979, la Cir di De Benedetti aumenta al 71 per cento la propria quota di azioni privilegiate Mondadori; unita al "patto di sindacato" con la famiglia Formenton, la Cir ha il pieno controllo della casa editrice. Nella compagine azionaria della Mondadori Editore vi sono anche Silvio Berlusconi e Leonardo Mondadori, detentori di un'ininfluente quota minoritaria.

La nascita della "Grande Mondadori", con il consolidarsi del solo polo editoriale svincolato dalla diretta o indiretta influenza del potere politico dominante demo-craxiano, e anzi a esso avverso, suscita l'irata reazione del Psi e della destra democristiana, reazione che a tutta prima si manifesta attraverso una virulenta campagna "politica".

Il 27 giugno 1989, le agenzie di stampa diffondono una minacciosa dichiarazione di Craxi, resa nel corso dei lavori della Direzione socialista: «C'è in Italia un gruppo editoriale che conduce contro la mia persona e contro il nostro partito una campagna di odio e denigrazione che, per continuità, intensità, scientificità, non ha precedenti in tutta la storia della democrazia repubblicana». Le parole di Craxi vengono ribadite dai vari ciambellani socialisti: «[Gli attacchi al Psi dei giornalisti Repubblica-Espresso] mirano non soltanto a indebolire i socialisti, ma a destabilizzare il sistema», tuona il *boss* lagunare Gianni De Michelis. Il piduista craxiano Fabrizio Cicchitto è più sottilmente politico: «Oggi, nei confronti del Pci... è in atto un tentativo [da parte del gruppo Scalfari-De Benedetti] di rifargli immagine e cervello in una versione ambiguamente *liberal* e certamente antisocialista». Il 28 luglio, il quotidiano "Il Giorno" (alla cui direzione Craxi ha imposto il craxiano Francesco Damato) scrive: «Il disegno di Scalfari e del gruppo Mondadori: imbalsamare il sistema politico e salvare il Partito comunista in crisi e svuotato d'identità».

Alla campagna craxiana contro il gruppo editoriale che rifiuta di assoggettarsi al potere del "Caf", e che anzi osa avversarlo, prende parte attiva anche la destra Dc. Il 24 agosto "Il Giorno" scrive: «Sono in gioco gli sviluppi della nostra democrazia... I giornali del gruppo Mondadori-De Benedetti non hanno soltanto una carica anticraxiana: ne hanno una anche contro la Dc». L'addetto-stampa di Forlani (e futuro ospite del carcere milanese di San Vittore nell'ambito dell'inchiesta "Mani pulite"), Enzo Carra, scrive: «Se in Italia c'è un partito antisocialista, è perché nelle redazioni italiane, in tutte le redazioni, i giornalisti comunisti (e quindi anticraxiani per definizione) sono presenti in forze...». Un anonimo leader Dc confida al giornalista di "Repubblica" Giampaolo Pansa: «[Voi del gruppo Repubblica-Espresso] vi sentite più forti dentro la Grande Mondadori. E certamente lo siete. Ma questa forza sarà anche il vostro limite. Non vi lasceranno campare... Ricordatevi che, dentro Segrate, Craxi ha un agente dormiente, Berlusconi, [il quale] quando gli verrà data la carica si muoverà... Attenti ai vostri passi, ai serpenti sotto le foglie... Sento tirare attorno a voi una brutta aria» [8].

Alla fine del novembre 1989, "l'agente in sonno" Silvio Berlusconi, ricevuta la carica craxiana, è all'attacco – le spire del Biscione piduista si stringono attorno al gruppo Mondadori-Repubblica-Espresso.

Alla fine del novembre 1989 trapela la notizia: la famiglia Formenton ha rotto unilateralmente il patto che la lega alla Cir di De Benedetti, e si è alleata con Fininvest e con Leonardo Mondadori. «L'operazione... prevederebbe il pagamento di 320-350 miliardi ai Formenton, più la garanzia della poltrona di presidente al giovane Luca [...]. Berlusconi avrebbe trovato l'appoggio finanziario di primarie aziende di credito» [9]; Berlusconi avrebbe inoltre garantito ai Formenton un ulteriore "ombrello finanziario" di 150 miliardi. La notizia del "ribaltone" ai vertici della Mondadori, perseguito e conseguito dal *tycoon* piduista a colpi di centinaia di miliardi, desta sensazione.

Su "la Repubblica" del 3 dicembre, sotto il titolo *La libertà di stampa non si compra*, Eugenio Scalfari scrive: «[...] Non è compito mio occuparmi delle motivazioni economiche che possono avere indotto la famiglia Formenton a questo giro di valzer [...]. Ma importa invece capire quali effetti un'alleanza di questo genere

[8] G. Pansa, *op. cit.*, pag. 83.

[9] "Corriere della Sera", 2 dicembre 1989.

può avere nel settore dell'informazione, cioè nel punto più sensibile di quel sistema di libertà che distingue un regime democratico e lo fa diverso da ogni altro [...]. Ho ancora nelle orecchie le parole che il *boss* della Fininvest disse qualche settimana fa, illustrando la filosofia del "suo" futuro telegiornale: "Vorrei fare un prodotto orientato sulle idee di Andreotti, Craxi e Forlani", che tradotto in parole semplici significa voler mettere il potere dei media al servizio del potere politico anziché usare i media per controllarlo [...]. È cresciuto in questo Paese un potere televisivo abnorme, grazie all'inesistenza d'una legge che disciplinasse la ripartizione delle frequenze, l'incetta della pubblicità, i limiti di concentrazione. L'impero berlusconiano si estende ormai a tutte le reti private, e non soltanto ai tre canali ufficialmente di proprietà della Fininvest; anche le altre reti, da Capodistria a Odeon Tv a Italia 7, sono infatti sotto il controllo della Fininvest per interposte persone: tutti lo sanno, nessuno se ne preoccupa, nei palazzi del Potere, visto che cane non mangia cane. Se questo impero – le cui dimensioni non hanno riscontro in nessun altro Paese europeo – dovesse annettersi anche la Mondadori, il Paese si troverebbe di fronte a una concentrazione editoriale e pubblicitaria di proporzioni che definire allarmanti è dir poco; con rischi estremamente seri per l'assetto della democrazia, per i rapporti tra democrazia e capitalismo, e per i poteri di controllo sulla gestione dei pubblici affari. Ci avvieremmo, cioè, verso un regime di tipo plebiscitario e verso forme di manipolazione del consenso quali in Italia non si sono più conosciute dalla caduta del fascismo in poi».

La "guerra di Segrate" tra Fininvest-Formenton e Cir-De Benedetti per il controllo della Mondadori si dispiega nelle aule del Tribunale di Milano. «A questo si è arrivati», scrive ancora Scalfari su "la Repubblica" del 12 gennaio 1990, «per assenza di leggi, latitanza dell'autorità, intimidazione della giustizia, padrinaggi politici e arroganza del potere e del denaro. Gli obiettivi – chiarissimi ormai – sono due: impadronirsi di una grande impresa editoriale, e mettere il bavaglio alla libera stampa. Questo non è capitalismo e libero mercato, ma guerra di bande per ridurre al silenzio chi non si piega ai loro voleri».

Il Venerabile maestro della Loggia P2 segue con partecipata attenzione l'assalto della Fininvest al gruppo Mondadori-Espresso. Mentre a fine gennaio 1990 il piduista Berlusconi si insedia alla presidenza della Mondadori, Gelli esulta: «Sono contento. Sono contento perché quando gli affari vanno bene a persone che se lo meritano, a me non può che fare piacere [...]. Quello di Berlusconi è un passo appropriato, sulla sua lunghezza d'onda. Direi un "fatto" che gli spetta...» [10].

La parlamentare Dc Tina Anselmi (già presidente della Commissione parlamentare d'inchiesta sulla Loggia P2) dichiara: «Negli scorsi anni, le forze politiche hanno fatto un patto – hanno detto: chiudiamo, non parliamo più della P2. Così gli uomini di Gelli ne hanno approfittato, e in questo silenzio hanno rimesso in piedi la struttura, il loro potere, hanno ristabilito una loro presenza in aree così significative che oggi il problema riemerge».

Sulla "Repubblica", Scalfari scrive: «Se l'operazione berlusconiana andrà in porto, noi vedremo a capo del più grande gruppo multimediale un membro della Loggia P2, debitamente individuato come tale dalla Commissione parlamentare d'inchiesta, e del resto reo confesso di iscrizione alla Loggia. Per appartenenza alla Loggia P2 sono stati licenziati dai loro incarichi alti ufficiali, dirigenti ministeriali, dirigenti di banche pubbliche e private, *managers* pubblici e privati, giornalisti. Passata la festa, gabbato il santo: oggi un membro di quell'associazione segreta, sciolta per legge perché ritenuta sovversiva contro lo Stato, sta per assidersi al vertice della Mondadori, dopo aver monopolizzato tutte le reti televisive private esistenti in questo Paese senza eccezione alcuna [...]. Se sta nascendo un regime col volto di Silvio Berlusconi, questo regime e quel volto avranno nei prossimi mesi ed anni la nostra più meditata e rigorosa attenzione. Dopotutto, viviamo in tempi di *glasnost*, non è vero? Ebbene, la *glasnost* in casa nostra certo non mancherà» [11].

Un preoccupato segnale di allarme arriva anche dalle pagine della rivista dei gesuiti "Civiltà Cattolica", che nel maggio 1990 scrive: «Il significato di questi tentativi di monopolizzare gli strumenti di informazione è chiaro: è la ricerca di un potere capace di condizionare ideologicamente, politicamente ed economicamente le odierne società di massa».

Dopo alterne vicende di carattere legale, e in seguito all'approvazione della legge Mammì (antitrust), Berlusconi dovrà infine rinunciare al controllo di "Repubblica" e "L'Espresso". Nell'aprile 1991, Fininvest e Cir-De Benedetti raggiungono un accordo che nella sostanza attribuisce la proprietà della "vecchia" Mondadori a Berlusconi, e quella dello scorporato gruppo "Repubblica-Espres-

---

[10] Cfr. "Panorama", 21 gennaio 1990.

[11] "la Repubblica", 7 gennaio 1990.

so" alla Cir; mediatore tra le parti in contesa, fino alla stipula dell'accordo, è il faccendiere Giuseppe Ciarrapico (futuro imputato di associazione a delinquere finalizzata alla truffa) per conto di Giulio Andreotti [12] (futuro inquisito per associazione mafiosa, e indiziato di concorso nell'omicidio Pecorelli).

Nell'ambito della lunga battaglia giudiziaria tra Berlusconi e De Benedetti per il controllo della Mondadori, un ruolo di rilievo lo svolge il giudice messinese Diego Curtò nella sua veste di presidente della Prima sezione civile del Tribunale di Milano.

«Curtò è stato coinvolto nella *telenovela* Mondadori in due occasioni. Le cronache riportano senza troppi particolari di un incontro di più di un'ora tra Diego Curtò e Silvio Berlusconi. La mattina del 30 gennaio del 1991, il padre-padrone della Fininvest, scortato dai suoi avvocati, sale gli scaloni del Palazzo di giustizia e si infila nello studio del presidente-vicario. Solo pochi giorni prima la Corte d'appello di Roma aveva dato ragione alle truppe alleate di "Sua Emittenza", alla famiglia Formenton, svincolandola dall'impegno preso due anni prima con De Benedetti di vendere alla Cir il pacchetto-Amef, la società di controllo della Mondadori. La partita aveva quindi appena segnato un punto molto importante a favore di Berlusconi. Che cosa si sono detti il giudice e il litigante? All'incontro non assistono testimoni [...]. Fattostà che al pomeriggio le agenzie cominciano a battere tam-tam di pace da De Benedetti a Berlusconi e ritorno. E che dopo poco tempo, il 5 marzo, il capo di Curtò, il presidente del Tribunale di Milano Edoardo Lanzetti, restituisce al clan Formenton il diritto di voto per il suo pacchetto-Amef nelle assemblee Mondadori, anche se è ancora sotto sequestro. Il pacchetto ritrovato consentirà di far tornare Berlusconi & C. al comando di Segrate. Curtò poi rientra nell'*affaire* Mondadori qualche mese dopo. Nel dicembre '91, infatti, sequestra le azioni di Leonardo Mondadori, in seguito alla causa di divorzio con Katherine Price. Toglierà il sequestro il 6 febbraio successivo. L'8 febbraio i giornali annunciano: Berlusconi ce l'ha fatta, è l'imperatore di Segrate, grazie anche al 10 per cento dissequestrato e cedutogli da Leonardo. "Io stesso ho disposto la re-

---

[12] Benché inizialmente Andreotti avesse appoggiato l'assalto di Craxi-Berlusconi alla Grande Mondadori, col comune obiettivo politico di controllare "la Repubblica", l'antica ruggine con Craxi, e il timore di un suo eccessivo potere nei mass media (tramite il sodale Berlusconi), indurrà Andreotti ad attivarsi per una soluzione che nei fatti limita l'espansionismo berlusconiano, e ridimensiona al contempo il gruppo De Benedetti (privato tra l'altro dell'autorevole settimanale "Panorama").

voca del fermo provvisorio sulle azioni – ha raccontato ai tempi Curtò – per non ostacolare la conclusione di un'operazione che aveva come scadenza metà gennaio"» [13].

Il giudice Curtò aveva già sentenziato in favore di Berlusconi nell'ottobre del 1988, nell'ambito di una causa civile promossa a suo carico da Emilio Pellicani (segretario del faccendiere sardo Flavio Carboni) [14]. Curtò finirà in carcere nel 1993, reo confesso di corruzione nell'ambito della maxitangente pagata in occasione della vicenda Enimont; l'anno prima, il suo inopinato "romanzo" *Didimo e il suo giudice* era stato edito dalla Mondadori berlusconiana, mentre suo figlio Giandomenico risulta essere alle dipendenze della Fininvest.

[13] "il manifesto", 4 settembre 1993.

[14] Cfr. pag. 152.

La legge Mammì di Berlusconi

Mentre fra intricate e controverse vicende giudiziarie infuria la guerra per il controllo della Mondadori (con la temporanea prevalenza della Fininvest), nel marzo 1990 il Senato dibatte la legge di regolamentazione del settore televisivo. Il "Caf" ha dovuto rassegnarsi – il governo Andreotti non può più eludere il problema: la Corte costituzionale minaccia di emettere la sentenza che cancellerebbe la legge-Berlusconi (con il conseguente *black-out* dei *networks*); lo stesso assalto berlusconiano al colosso Mondadori, prefigurando una imponente concentrazione di mass media, suscita grave allarme, oltre che nell'opposizione comunista, anche nella sinistra democristiana (presente nel governo Andreotti con cinque ministri). Il disegno di legge in esame al Senato, firmato dal ministro repubblicano Oscar Mammì, è frutto di annose contese e di scontri, segrete pressioni, mediazioni e ripensamenti: nella sostanza, esso è concepito in modo tale da garantire a Berlusconi il possesso di tutti e tre i suoi *networks* e l'egemonia nella raccolta pubblicitaria, anche se di fatto sancirebbe il divieto, per la Fininvest, di mantenere il controllo del "Giornale" di Montanelli e di acquisire quello del quotidiano "la Repubblica".

Il 22 marzo 1990, il Senato approva il testo della legge presentato dal governo, ma con alcuni emendamenti "limitativi" in materia pubblicitaria (proposti dal Pci, e votati a scrutinio segreto anche da senatori della maggioranza) che il governo non accetta. Le vicende della Mondadori, i perduranti contrasti sulla legge Mammì che dividono anche il pentapartito, le pressioni della *lobby* berlusconiana sui parlamentari, le polemiche per l'anomalo ruolo assunto in materia dalla Corte costituzionale, rendono incandescente il clima politico e mantengono il governo a un passo dalla crisi – è davvero in gioco il futuro della democrazia repubblicana.

A maggio, mentre la legge Mammì sembra essersi nuovamente

arenata, il presidente della Corte costituzionale, Francesco Saja, attraverso informali interviste conferma che la Consulta sentenzierà l'incostituzionalità della vigente legge 10 Craxi-Berlusconi "prima delle ferie estive": con ciò assicurando al Parlamento altri tre mesi di tempo, ma quale proroga ultimativa. Berlusconi, da parte sua, dichiara di non temere ulteriori "colpi di mano" di Pci e "franchi tiratori" della maggioranza al compiacente testo della legge messo a punto dal ministro Mammì, poiché si dice certo che il governo sottoporrà i passi salienti della legge al "voto di fiducia": diversamente – assicura – si avrà una crisi di governo e la legge Mammì verrà accantonata; il "Corriere della Sera" commenta la sortita di Berlusconi titolando *Va in onda il diktat di Berlusconi*.

Il 12 luglio, la legge Mammì approda alla Camera. Dopo un lungo dibattito e dopo una ultimativa sollecitazione di Craxi, il giorno 26 il presidente Andreotti decide – come "previsto" dal privato cittadino Silvio Berlusconi, e come preteso da Craxi – di sottoporre l'approvazione degli articoli più controversi al "voto di fiducia", con ciò eliminando tutti gli emendamenti e la segretezza del pronunciamento dei deputati, e subordinando all'approvazione pura e semplice di tali articoli la stessa sopravvivenza del suo governo. A quel punto, la sinistra Dc si ribella al *diktat* Andreotti-Forlani-Craxi-Berlusconi, e i cinque ministri che la corrente democristiana esprime (Fracanzani, Mannino, Martinazzoli, Mattarella e Misasi), insieme ai tredici sottosegretari, si dimettono dal governo. Ma con la compiacente collaborazione del presidente della Repubblica Cossiga, il giorno 27 – cioè l'indomani – Andreotti presenta alla Camera cinque nuovi ministri Dc, con ciò salvaguardando la propria poltrona a Palazzo Chigi, poltrona garantita da Craxi il quale a sua volta tutela così gli interessi politico-affaristici suoi e di Berlusconi.

Il 1º agosto, la Camera approva a maggioranza la legge Mammì nel testo originario predisposto dal governo; il 5 agosto, a scrutinio palese, approva anche il Senato. L'occupazione dell'etere pubblico da parte di Berlusconi viene sanzionata dalla legge – il monopolio televisivo privato della Fininvest è avallato dallo Stato.

Durante la fase dei vari adempimenti previsti dalla legge Mammì (domande e documentazione per concorrere all'attribuzione delle concessioni, e soprattutto la preparazione del Piano delle frequenze) ha luogo un nuovo colpo di mano da parte della Fininvest: nell'autunno 1990, tre nuovi *networks* occupano proditoriamente l'etere – Tele + 1, Tele + 2, Tele + 3; formalmente, la Fininvest ne detiene solo una quota minoritaria (per non violare le norme antitrust della legge appena istituita), ma in realtà essi vengono originati da Berlusconi, e non a caso anche i tre nuovissimi *networks* otterranno la concessione governativa [15].

Stabilito in dodici il numero delle concessioni nazionali, ben sei di esse verranno attribuite ai *networks* che direttamente (Canale 5, Italia 1, Rete Quattro) e surrettiziamente (Tele + 1, 2 e 3) Berlusconi controlla. Non solo: per aggirare il dispositivo della legge Mammì che nega alla Fininvest la possibilità di detenere la proprietà del "Giornale" di Montanelli, Berlusconi nel 1992 cederà la quota di maggioranza del quotidiano a suo fratello Paolo: un espediente formale, in aperta violazione dello spirito della legge.

E del resto, la legge Mammì è stata concepita su misura per la stessa Fininvest, ed è volta principalmente a ratificarne la posizione dominante nell'ambito dell'emittenza privata: «Ho visto con i miei occhi i lobbisti della Fininvest», confermerà il giornalista Sandro Curzi, «lavorarsi i deputati, nell'estate '90, sempre all'opera su e giù per il Transatlantico di Montecitorio, quando la legge Mammì, dopo un tormentatissimo iter e dopo le dimissioni di cinque ministri, ottenne l'approvazione del Parlamento... Anzi, credo che se i magistrati guardassero un po' meglio, troverebbero tante cose interessanti in quel dibattito parlamentare, quando, a colpi di "voti di fiducia", venivano approvati vari articoli della legge Mammì – una legge fatta apposta per Berlusconi». E Giulio Cesare Rattazzi (segretario del "terzo polo" di emittenti locali) testimonia: «L'ingegner Mezzetti, un uomo della Fininvest, era in permanenza nelle stanze del ministero delle Poste. Un giorno, un sacerdote, titolare di una Tv delle Marche, don Dino Issini, chiese di entrare in una stanza, com'era suo diritto, per consultare alcuni documenti sul Piano delle frequenze; l'usciere gli spiegò candidamente che quella stanza era chiusa, e che le chiavi le aveva Mezzetti. La porta venne aperta a forza, e la questione venne pubblicamente denunciata. Ma non successe niente» [16].

Secondo il deputato della sinistra Dc Sergio Mattarella, «quella legge è l'esempio di come un Parlamento sia stato sottomesso agli interessi di un privato: si sono fatte norme che assicurano a Berlu-

---

[15] In pratica, Berlusconi si è "ritagliato" un ulteriore pezzo di etere sfruttando le frequenze eccedenti delle sue tre reti, e altrettanto ha fatto con le frequenze di Telecapodistria (suscitando le vibrate e vane proteste del gruppo nazionale italiano in Istria). Ma i risultati di *audience* di quelle che diverranno *pay-tv* saranno inferiori alle attese.

[16] "la Repubblica", 2 giugno 1993.

sconi un certo numero di spot ogni ora, si sono approvati emendamenti per garantire a Berlusconi di smaltire le giacenze di magazzino». E c'è chi ricorda quando, a metà degli anni Ottanta, proprio in previsione della legislazione antitrust, il sodale di Craxi pensò bene di intensificare i suoi rapporti con la stessa Dc: «Il Cavaliere chiese un colloquio con l'allora capogruppo democristiano alla Camera, Virginio Rognoni. Ma dovette accontentarsi del suo "vice", il bresciano Ciso Gitti. E per mezz'ora, con un ossessivo "Perché noi cattolici...", cercò di convincerlo che era "assai utile alla causa della Dc" il dare una mano al suo nascente *network* televisivo... Ma erano solo i primi passi: in seguito, Berlusconi sarebbe diventato un assiduo frequentatore dello studio romano di Andreotti, e avrebbe ospitato Forlani sulla sua "barchetta" in Sardegna...» [17]. Secondo l'ex segretario Dc De Mita, «Berlusconi ha avuto dal Psi una solidarietà oltre ogni limite, fino a fare pensare a un'identicità assoluta di posizioni fra i socialisti e Berlusconi... Non so il perché di questa solidarietà ferrea, non me lo voglio chiedere... So solo che quando sulle vicende che riguardavano le Tv di Berlusconi si ricercava una norma equa che tenesse d'occhio l'interesse generale, sul fronte socialista ci si imbatteva sempre in un muro di risposte pretestuose, oppure s'incontravano parole d'ordine quasi militari: solidarietà di maggioranza governativa, voto di fiducia, disciplina!».

[17] "Corriere della Sera", 3 giugno 1993.

Tangenti romane fino in Lussemburgo

Nell'ambito dell'inchiesta "Mani pulite", nel maggio 1993 la magistratura spicca mandato di cattura per corruzione a carico dell'ex direttore generale dei Telefoni di Stato Giuseppe Parrella. In carcere, Parrella conferma, tra l'altro, di avere consegnato, tra il 1988 e il 1990, oltre 10 miliardi (destinati all'illecito finanziamento del Partito repubblicano) nelle mani di Davide Giacalone, segretario-collaboratore del ministro delle Poste Oscar Mammì: il denaro proveniva in parte dalla Federal Trade Misure (la società che aveva avuto dal ministero delle Poste l'appalto miliardario relativo all'elaborazione del "Piano per le frequenze" previsto dalla legge Mammì). Parrella dichiara inoltre che al ministero delle Poste, Davide Giacalone si occupava personalmente – in nome e per conto del ministro Mammì – del Piano per le frequenze da assegnare alle reti televisive, e che in sostanza era stato Giacalone l'estensore del progetto di legge Mammì; parla anche di «stretti rapporti che intercorrevano tra l'estensore del progetto legislativo, Davide Giacalone, e il dottor Gianni Letta della Fininvest... I due si frequentavano spessissimo, e davano l'impressione di adoperarsi per predisporre insieme la legge in questione...». Parrella racconta infine che un ingegnere del gruppo Fininvest, del quale non ricorda il nome, aveva preso parte al gruppo di lavoro che elaborava il "Piano delle frequenze": «[L'anonimo ingegnere della Fininvest] per volontà di Giacalone interveniva nelle riunioni per esporre il suo punto di vista e per condizionare in tal senso quello degli altri».

L'arresto di Davide Giacalone – e le sue successive ammissioni – preciseranno meglio i contorni che hanno dato forma, accompagnato e propiziato la legge Mammì. «Uno strano triangolo: il magnate della Tv, il ministro repubblicano, il suo giovane ed ascoltatissimo consigliere. Ad accomunare i tre – Silvio Berlusconi, Oscar Mammì, Davide Giacalone – un giro di società, di consulenze, con l'ingombrante presenza di quasi mezzo miliardo finito dalla Fininvest al portaborse. Escono con il contagocce, le indiscrezioni sui verbali di Giacalone, già ragazzo prodigio del Partito repubblicano, oggi inesausta "gola profonda" a disposizione della Procura di Tangentopoli [...]. Giacalone ha fornito ai giudici nuovi dettagli sui suoi rapporti con Oscar Mammì ai tempi del ministero delle Poste e della legge sulla tivù, ha ammesso di essere tuttora socio d'affari dell'ex ministro e della sua famiglia, e ha spiegato che il suo contratto di consulenza con la Fininvest, firmato subito dopo la fine dell'avventura ministeriale, ammonta a 460 milioni [...]. Altrettanto sorprendenti – anche se di rilevanza penale tutta da valutare – i varî passaggi che le indiscrezioni dedicano ai rapporti diretti tra Giacalone e Mammì, e tra Giacalone e la Fininvest. L'acuto ed elegante *enfant prodige* del Pri teneva robustissimi legami d'affari col gruppo di Silvio Berlusconi e contemporaneamente amministrava una società di servizi, le cui quote – visura camerale alla mano – risultano per la maggior parte in mano alla famiglia Mammì. E tutto ciò accadeva poco dopo il varo della legge sull'emittenza che aveva avuto i personaggi del triangolo tra i suoi protagonisti: Giacalone l'aveva preparata e scritta, Mammì l'aveva firmata, la Fininvest ne era stata beneficiata. A firmare il sontuoso contratto di consulenza con la Fininvest, per un importo di 460 milioni, è una società che si chiama "Giac e Giac", controllata interamente da Giacalone. Ma il particolare curioso è che la società ha la sua sede in piazza San Pantaleo, a Roma, in un ufficio di proprietà di un'altra società che si chiama Iros, cioè International Rome Office Service. Frugando tra i libri societari, si scopre che la Iros è controllata al 15 per cento dallo stesso Giacalone, al 15 per cento da Oscar Mammì, al 15 per cento a testa dai figli di questi, Alessandra e Lorenzo, al 10 per cento da un signore toscano che si chiama Tristano Governi. Il 30 per cento che manca è intestato alla Immobiliare Primo Duca, i cui soci sono Alessandra e Lorenzo Mammì. La famiglia dell'ex ministro, insomma, ha in mano la maggioranza assoluta della Iros, amministrata da Davide Giacalone, nello stesso momento in cui Giacalone incassa i ricchi compensi di Silvio Berlusconi. Il rapporto con Mammì, ha spiegato Giacalone al Pm Paolo Ielo e al giudice preliminare Italo Ghitti, era cominciato con una breve collaborazione ai tempi in cui l'esponente repubblicano era ministro per i rapporti con il Parlamento, nel governo Craxi. Ma la svolta arriva quando Mammì passa al ministero delle Poste, e chiama con sé Giacalone con l'incarico di consigliere ma con una missione più specifica: quella di preparare il testo della legge che consacrerà il "monopolio a due" dell'etere tra le reti Rai e quelle di Berlusconi [...]» [18].

La società che nell'estate del 1990 si è aggiudicata l'appalto miliardario (30 miliardi) dal ministero delle Poste governato dal duo Giacalone-Mammì, relativamente al Piano delle frequenze televisive, è la Federal Trade Misure srl, una minuscola società nata a Segrate, nei pressi di Milano 2, quella stessa estate (il 17 luglio), capitale sociale 20 milioni, amministratore Remo Toigo.

Dichiarerà il giornalista Gigi Moncalvo (ex Fininvest, poi collaboratore dell'emittente ReteMia): «Primo: in un Paese vero, è il ministero delle Poste che studia con i suoi tecnici la situazione delle frequenze. Qui, invece, si sceglie una piccola società che fino a quel momento ha solo commercializzato apparecchiature. Che succede? Che la Federal Trade non ha mezzi e uomini per quel tipo di ricerca, e allora deve subappaltare. Gli unici che hanno i mezzi e gli uomini sono la Rai e la Elettronica Industriale, società controllata dalla Fininvest. È quest'ultima che fa i rilevamenti e fornisce i dati. Ora, chiedo alla Guardia di Finanza: esistono le fatture dei pagamenti che la Federal Trade deve, e sottolineo deve, aver fatto a Elettronica Industriale? [...] Un piano, quello delle frequenze, che fa acqua da tutte le parti, con forzature e dati inesatti, con favoritismi evidenti a favore della Fininvest e penalizzazioni per altri. ReteMia trasmetteva su alcune frequenze, ma servivano per le *pay-tv*. Detto e fatto: un giorno, davanti a chi guardava gratis ReteMia è sbucato un signore che ha detto: adesso, su questo canale, trasmettiamo noi, a milleduecento lire al giorno. È su queste cose che nasce il grande sospetto, quello che io chiamo delle tangenti indirette. Parrella ha detto in un interrogatorio che un giorno, invece di un pagamento in contanti, chiese il sessanta per cento delle azioni della Federal Trade [...]. Poi alle Poste arriva il nuovo ministro Vizzini e trova un piano-frequenze già pronto. Che fa? Incarica una ditta tedesca di analizzare il piano. La risposta conferma che il piano è inconcepibile, pieno di errori e valutazioni fuori posto. A quel punto fa presente la cosa agli attori in gioco, e in pratica la situazione torna al punto di partenza. Mi chiedo: perché poi il piano resta comunque in vigore? [...] Telepiù ha un socio estero, un imprenditore serio come Kirch che non avrebbe mai speso trecento miliardi se non avesse avuto la sicurezza delle concessioni Tv. So per certo che – siccome la

[18] "la Repubblica", 27 maggio 1993.

Mammì, alla fine, fotografava l'esistente – qualcuno ha dissemina-
to in Italia in fretta e furia capanni in muratura dotati di antenne
che non trasmettevano. Solo per prendere possesso del territorio.
Sarà anche il Far West, ma a che prezzo? Berlusconi, per quanto
mi riguarda, può aprire tutte le Tv che vuole, ma non può costrin-
gere gli altri a chiudere per raggiungere il suo scopo...» [19].

Nel gennaio 1994, il settimanale "L'Espresso" rivela che la società Telepiù (proprietaria dei tre *networks* Tele + 1, 2 e 3) risulta
essere di proprietà – tra gli altri – della Fininvest per il 10 per cento (massima quota consentita dalla legge Mammì), e per il 25 per
cento di una misteriosa e strana società Cit-Compagnie Internationale de Télécommunications, «una società anonima di diritto
lussemburghese fondata il 30 luglio 1991. È domiciliata al numero
2 di boulevard Royal, a Lussemburgo, nello stesso palazzo dove ha
il suo quartier generale la Banque International à Luxembourg, un
antico istituto del Granducato al centro della cronaca nera della
finanza italiana, perché presso la Bil avevano i loro conti correnti
segreti il latitante Mauro Giallombardo [*funzionario del Psi e segretario particolare di Bettino Craxi, NdA*] e il finanziere Sergio Cusani [*faccendiere socialista e collettore di tangenti per il Psi, NdA*], e le
società occulte del gruppo Ferruzzi amministrate da Pino Berlini.
In verità, all'inizio era proprio una finanziaria della Bil, la Bil
Partecipations, a detenere quel 25 per cento di Telepiù. Poi, forse per evitare confusione con gli interessi della Clt (Compagnie
Luxemburgeoise de Télédiffusion) in cui Bil Partecipations ha una
rilevante quota, le azioni Telepiù sono state intestate alla Cit. Che
cos'è dunque questa Cit? Un salotto buono che raccoglie autentici investitori, o una fiduciaria un po' più sofisticata del solito che
opera per conto terzi? Magari per conto di Berlusconi, che per la
legge Mammì non può avere più del 10 per cento che possiede alla
luce del sole? Una risposta sicura è impossibile. La Cit è amministrata da quattro dirigenti della Bil: Fernand de Jamblinne de
Meux (dimissionario), Carlo Gillet (che siede nel consiglio di
Telepiù), Jean Bodoni e Ferd Wagner. La stessa Bil, tramite una
sua società (la Ib Finance), controlla direttamente il 20,4 per cento
delle azioni della Cit. Il resto del capitale è suddiviso tra numerosi
soci, nessuno dei quali possiede più del 10 per cento. Chi siano
questi azionisti di minoranza non si sa. Secondo alcune indiscrezioni, sarebbero tutti o quasi dipendenti della Bil. Benché siano
state quotate alla Borsa del Granducato il 30 dicembre 1991, le

---

[19] "la Repubblica", 6 giugno 1993.

azioni della Cit non sono mai state trattate, nemmeno per sbaglio. La società, del resto, non svolge alcuna attività e detiene un'unica partecipazione: il 25 per cento di Telepiù, a bilancio per 1,97 miliardi di franchi lussemburghesi, diciamo 100 miliardi di lire, al 30 giugno scorso. I suoi conti sono fatti di quattro numeri in croce e si chiudono con perdite modeste quanto lo possono essere i costi di gestione di un'intestazione fiduciaria. Ma c'è dell'altro. La quota di Telepiù in mano alla Cit interessa a Johann Rupert, presidente del gruppo Richemond [...]. Dopo i colloqui con Berlusconi, Rupert avrebbe raggiunto un accordo di massima per acquisire proprio il pacchetto azionario dei misteriosi lussemburghesi valutandolo, dopo l'ultimo aumento di capitale, cento milioni di dollari, ossia 170 miliardi di lire [...]» [20].

Si dà il caso che il gruppo Fininvest possegga alcune società domiciliate nel compiacente Lussemburgo, cioè a dire la Silvio Berlusconi Finanziaria sa, la Reteinvest Holding sa, la Europa Invest sa, e la Euroloterie sa. Si dà poi il caso che nel "paradiso fiscale" lussemburghese sia transitata buona parte della maxitangente multimiliardaria Enimont destinata al Psi craxiano, e che il denaro illecito sia approdato presso la Banque Internationale à Luxembourg, nella disponibilità di conti correnti intestati al segretario particolare di Craxi, Mauro Giallombardo, e al finanziere craxiano Sergio Cusani; si dà ancora il caso, inoltre, che «la Banque Internationale à Luxembourg, il più grande istituto del Granducato, ha anche creato le società di appoggio ai conti, mettendoci propri funzionari alla guida [...]. In questi casi, è stato spiegato, si usa di preferenza la formula della società di diritto panamense [...]. Gli stessi funzionari sono gli amministratori della Cit, un'altra società fantasma creata dalla Bil in Lussemburgo che per anni è risultata essere il secondo azionista di Telepiù. Ancora più paradossale è l'episodio relativo ad altri tre conti, aperti sulla Bil di Losanna, sui quali sono arrivati vari miliardi per la campagna elettorale del Psi nella primavera del 1992. Il principale è il conto cosiddetto "Norange" [...]. Dalle carte scovate in Lussemburgo, il Pm ha scoperto che Giallombardo e la moglie sono i "beneficiari economici" di Norange, e i loro nomi sono dattiloscritti sui fogli portati in aula. Ma durante l'interrogatorio Giallombardo ha negato tutto, sostenendo che non esiste una propria firma depositata alla Bil di Losanna. Se avesse ragione, ciò sarebbe un'altra prova

---

[20] M. Mucchetti, *Cavaliere, giuri che non è lei*, in "L'Espresso", 21 gennaio 1994.

del "legame di sangue" tra il faccendiere e la banca lussemburghese: forse bastava un accordo sulla parola [...]» [21].

A partire dalla metà degli anni Ottanta, numerose e sempre più insistenti saranno le voci di comuni interessi economici fra Berlusconi e Craxi – la stessa segretezza che circonda la reale composizione della proprietà del gruppo Fininvest sembra legittimare le più disparate (e verosimili) ipotesi e illazioni. «Il Psi aveva per Berlusconi un volto solo: quello dell'amico Bettino Craxi. Amico-amico, o qualcosa di più? Quante ne abbiam sentite sui legami fra questi due potenti. E certi sospetti sono cresciuti sopra un terreno molto fertile: la cura affettuosa, insistente, amorevole che gli interessi di Berlusconi hanno sempre ricevuto dal vertice socialista. Un vertice così pieno d'attenzioni e tanto fedele nella difesa del Biscione da somigliare, nei comportamenti, quasi ad un comproprietario occhiuto e pronto ad ogni intervento. Di qui, una tormenta incessante di voci. "Bettino e Berlusca sono soci in affari", "Bettino è l'azionista occulto della Fininvest", "Le tivù del Biscione sono roba anche di Bettino, ed è per questo che Craxi le ha sempre tutelate, le ha accese quando venivan spente, ne ha protetto i proventi pubblicitari con interventi legislativi a raffica, le ha messe al riparo da troppo rigide norme antitrust"» [22]. Vero è che mai, nell'intera storia della Repubblica, vi è stato un sodalizio tanto stretto fra un segretario di partito e un imprenditore privato, come quello che ha legato Craxi e Berlusconi.

[21] R. Cotroneo, *Il malloppo del Psi nel labirinto dei conti*, in "Corriere della Sera", 16 gennaio 1994.

[22] G. Pansa, *op. cit.*, pag. 26.

La mafia eventuale

Sul finire degli anni Ottanta, l'insediamento della criminalità organizzata nel nord Italia, con Milano quale epicentro del riciclaggio di denaro sporco e di attività finanziarie da parte di Cosa Nostra, è oggetto di allarmate denunce della stampa e delle autorità di polizia. Nell'estate del 1990, il "Corriere della Sera", sotto il titolo *L'allarme lanciato dal presidente della Camera di commercio milanese – Finanzieri alleati della mafia – Società vicine alle cosche*, scrive: «La necessità di un controllo sui movimenti di denaro era stata fatta presente già da qualche anno al mondo politico, con un pressante allarme, dal giudice palermitano Giovanni Falcone, il quale aveva segnalato come nei "computer delle banche e delle organizzazioni finanziarie viaggiassero liberamente i narcodollari della mafia" [...]. Gerardo D'Ambrosio, coordinatore del *pool* antimafia milanese, ammette che "è mancata e sta mancando una grande mobilitazione delle forze di polizia che dovrebbe essere pari a quella spiegata per combattere e vincere il terrorismo, tenendo anche conto che Milano è vicina alle frontiere e crocevia del riciclaggio internazionale" [...]. Come fermare la lunga mano della mafia sulla città? La pista degli appalti truccati, tangenti, affari sporchi con enti pubblici non porta lontano» [23].

L'avvenuto insediamento di Cosa Nostra a Milano e nell'*hinterland*, del resto, risulta quotidianamente evidente da innumerevoli episodi di macro e micro delitti legati a estorsioni, *racket*, spaccio di stupefacenti, regolamenti di conti, attentati, rapine, omicidi; l'infiltrazione mafiosa arriverà a provocare la caduta della giunta comunale craxiana in seguito allo scandalo urbanistico detto "Duomo Connection", mentre lo stesso ministro dell'Interno (alle

[23] "Corriere della Sera", 7 luglio 1990.

233

prese con la criminalità organizzata quale emergenza nazionale) denuncia ufficialmente che la metropoli lombarda è assediata da Cosa Nostra e dalle cosche affaristico-criminali.

Il quotidiano "la Repubblica" avvia un'inchiesta giornalistica sul tema "I milanesi e la mafia", intervistando «chi è protagonista della collettività milanese e del suo lavoro»; il 24 settembre 1991, l'intervistato da Guido Vergani sul tema "mafia a Milano" è Silvio Berlusconi.

«Certo che Milano è malata...», esordisce Berlusconi, «ma non credo che il vero problema sia la pressione mafiosa. Il virus è quello dell'immobilismo... Da tre decenni non solo non è andato in porto alcun grande progetto, ma non c'è stato neppure un segnale della volontà politica di dare a Milano un respiro di autentica città europea [...]. Non ci sono né uomini, né forze, né idee pronte a cimentarsi in un disegno per la città del futuro...». Secondo l'illustre *tycoon* meneghino, nella crisi di Milano non c'entra Cosa Nostra: la responsabilità è «dei movimenti verdi e ambientalisti [che negli ultimi anni] hanno moltiplicato la confusione e gli effetti paralizzanti...». Dopo una vacua dissertazione genericamente critica verso il sistema politico-burocratico (senza mai citare il Psi craxiano, che da quasi un decennio è a capo della giunta comunale) e sulla mancanza di «grandi intuizioni soprattutto nei settori dell'urbanistica», l'intervistato viene infine riportato da Vergani al tema dell'intervista con la domanda: «Ma dove sta il ventre molle di Milano, quello vulnerabile all'assalto mafioso?», e Berlusconi risponde: «Sono troppi anni che non lavoro più nell'edilizia e che non faccio centro su Milano. Sono fuori. Il fiato della mafia non lo avverto [...]. Un po' per le televisioni, un po' per il Milan, la città mi ha, per così dire, adottato; per strada, nei negozi, allo stadio, la gente mi saluta, mi sorride, si complimenta, mi applaude. Lo dico perché vivere in questa dimensione di assoluto privilegio non mi mette in grado di toccare con mano la realtà vera di Milano, di sapere se il negoziante è attanagliato dalla mafia [...]».

X

LA RESA DEI CONTI

La Tangentopoli del Biscione

Con l'arresto del corrotto "socialista" Mario Chiesa (Milano, 17 febbraio 1992), prende avvio la maxi inchiesta giudiziaria detta "Mani pulite". L'inchiesta, condotta dalla Procura di Milano, scoperchia il colossale scandalo di "Tangentopoli" rivelando il sistema corruttivo imperante tra classe politica e imprenditoria pubblica e privata, e assume ben presto un valore epocale: determina infatti il virtuale crollo del regime partitocratico-affaristico che ha sgovernato il Paese negli anni Ottanta dell'era demo-craxiana culminata nell'accordo di potere e di malaffare detto "Caf" (Craxi-Andreotti-Forlani).

L'11 febbraio 1993, Bettino Craxi si dimette dalla segreteria del Psi: sul suo capo pendono innumerevoli avvisi di garanzia emessi dalla magistratura, e numerose richieste al Parlamento di autorizzazione a procedere nei suoi confronti. È la fine di un quindicennio di potere fondato sulla corruzione, sulla concussione, sulla stessa alterazione delle regole e della dialettica democratiche.

Così come numerose delle principali realtà industriali e produttive del Paese, anche il gruppo Fininvest è parte di Tangentopoli – vari tentacoli della piovra berlusconiana entrano infatti nel mirino dei magistrati.

L'8 aprile 1993, il vicepresidente della Fininvest Comunicazioni, Gianni Letta, interrogato dal magistrato Antonio Di Pietro, ammette che nel 1988 l'allora segretario del Psdi Antonio Cariglia lo contattò alla vigilia delle elezioni europee per avere più spazio sulle Tv della Fininvest e per avere "dei contributi" al partito; Letta conferma di avere versato al Psdi una somma, forse di una settantina di milioni, non ricorda bene... (Ma il reato di violazione della legge sul finanziamento ai partiti era stato provvidenzialmente amnistiato fino al 1989.)

Alla fine di maggio 1993, il giudice per le indagini preliminari Italo Ghitti rinvia a giudizio Paolo Berlusconi (fratello di Silvio, e formale intestatario della quota di maggioranza del "Giornale" di Montanelli) per una mazzetta di 150 milioni («in contanti, e in nero», come avrà la bontà di precisare il beneficiario) che avrebbe versata all'ex segretario regionale della Dc Gianstefano Frigerio per partecipare alla spartizione delle discariche lombarde. I legali di Berlusconi avevano chiesto la non punibilità del loro assistito, sostenendo che la mazzetta sarebbe stata un semplice «contributo elettorale» alla Dc lombarda.

Sotto il titolo *Una donna "tradisce" la Fininvest*, il "Corriere della Sera" del 21 giugno 1993 scrive: «Si chiama Valeria Licastro. È la segretaria romana del numero due della Fininvest, Fedele Confalonieri. È lei la donna di troppo nella trattativa per gli spot contro l'Aids. Quella che adesso potrebbe mettere in crisi la versione del gruppo di Silvio Berlusconi sui trecento milioni pagati al ministro Francesco De Lorenzo. Per questi soldi tre giorni fa è stato arrestato Aldo Brancher, braccio destro di Confalonieri. Che però ha difeso la Fininvest: "I 300 milioni – ha spiegato il suo avvocato – sono stati dati per una serie di rapporti che il signor Brancher, attraverso la sua società Promo Golden, ha avuto col ministero". E il *manager* ha aggiunto: "Il ministro mi ha restituito 100 milioni a rate, perché poi gli affari con la Promo Golden non sono andati in porto". Giovanni Marone, segretario di De Lorenzo, però lo contraddice: "Posso affermare – ha dichiarato al giudice Di Pietro – che Brancher e Valeria Licastro si raccomandarono affinché alla Fininvest fosse destinato più spazio nella campagna pubblicitaria contro l'Aids. Privilegio subito realizzato. E Brancher mi portò i soldi in due rate nell'ufficio di Roma della mia agenzia di assicurazioni. Entrambe le volte disse che si trattava di un tangibile riconoscimento a De Lorenzo per l'attenzione mostrata". Ma se Brancher dice la verità, cosa ci faceva la segretaria di Confalonieri assieme a un manager della Fininvest in una trattativa che riguardava la società Promo Golden? È quello che probabilmente vorranno sapere anche i magistrati, decisi a sentire Valeria Licastro nelle prossime ore. Un interesse accresciuto dal coinvolgimento di Brancher anche nelle vicende dei presunti finanziamenti illeciti all'"Avanti!", il quotidiano del Partito socialista. Un'inchiesta condotta dai giudici napoletani. E il nuovo asse Milano-Napoli ha altro lavoro da fare [...]».

Il 12 luglio 1993, il presidente della Fininvest Comunicazioni viene

sottoposto a interrogatorio perché indagato: «[...] Fedele Confalonieri, braccio destro di Silvio Berlusconi, davanti a Paolo Ielo, il
sostituto procuratore del *pool* "Mani pulite" che lo ha interrogato come persona sottoposta a indagine lunedì 12 luglio. Pesante
l'ipotesi di reato per il quale il presidente e amministratore delegato della Fininvest Comunicazioni ha ricevuto un avviso di garanzia:
falso in bilancio per sospetti finanziamenti ai partiti politici. E
Confalonieri affronta le domande di Ielo nella caserma dei carabinieri di via Moscova, un luogo più riservato del palazzo di Giustizia. Non è la prima volta che il numero due dell'impero di Berlusconi ha un faccia a faccia con il magistrato. Già tre settimane
prima, cioè il 22 giugno, si era trovato davanti al giovane pubblico
ministero, ma per un altro episodio: 300 milioni versati in occasione del congresso socialista tenutosi all'Ansaldo di Milano nel
maggio 1989. Violazione della legge sul finanziamento dei partiti,
dunque, il possibile reato, ma coperto dall'amnistia dell'ottobre
di quattro anni fa. Ora Confalonieri deve rispondere della nuova
accusa: aver versato 300 milioni a Pri e Pli nella primavera del 1989
per la campagna delle elezioni europee di quell'anno. Anche
questo fatto dovrebbe ricadere sotto il provvidenziale ombrello
dell'amnistia. Però, insidiosa, ecco l'incognita: quei soldi, ammesso che siano stati effettivamente dati, da dove sarebbero stati
prelevati? E, inoltre, ce n'è traccia nel bilancio della Fininvest del
1989? Domande che per Ielo sono importanti, un altro tassello in
mano al *pool* di "Mani pulite" per avvicinarsi, passo dopo passo,
ai segreti di Berlusconi e della Fininvest: specialmente dopo l'arresto di Aldo Brancher, assistente di Confalonieri, per una mazzetta da 300 milioni all'ex ministro della Sanità, il liberale Francesco De Lorenzo [...]» [1].

Il 2 giugno 1993, il "Corriere della Sera", in una pagina che annuncia *Tutti i guai di "Sua Emittenza"*, scrive tra l'altro: «È forse
questa l'ultima inchiesta – quella che mancava per disegnare la
mappa completa di Tangentopoli. Il "Piano frequenze" che avrebbe dovuto ridisegnare la mappa del potere televisivo in Italia è
adesso un mucchio di carte chiuso in uno scatolone sigillato: ieri
mattina i carabinieri si sono presentati al ministero delle Poste,
direzione dei servizi radioelettrici, ed hanno chiesto che venisse
loro consegnata tutta la documentazione sul piano [...]. Il sostituto
procuratore Maria Cordova, dice chi la conosce bene, è un tipo
deciso. E il modo in cui ha affrontato l'inchiesta sul "Piano fre-

[1] "L'Espresso", 25 luglio 1993.

239

quenze" sta lì a dimostrarlo: due arresti la settimana scorsa (quello dell'ex direttore generale dei telefoni Giuseppe Parrella e del suo aiutante Cesare Caravaggi), altri due l'altroieri: Davide Giacalone, uomo del ministro Mammì e subito dopo consulente di lusso della Fininvest, e l'ex segretario di Parrella Giuseppe Lo Moro. Manette e interrogatori notturni, alla Di Pietro per intenderci. E subito le prime ammissioni. Lunedì sera arriva Silvio Berlusconi, sentito come testimone per più di un'ora (con tanto di avvocato difensore, lo stesso di Giacalone). Ieri pomeriggio tocca invece ad Adriano Galliani, amministratore delegato della Rti. Ovvero della società del gruppo Fininvest che si occupa della gestione degli impianti. Due ore abbondanti, nel corso delle quali Galliani (anche lui sentito come testimone) non ha però parlato solo di aspetti tecnici, ma anche dei rapporti con Giacalone e dei rapporti tra la Fininvest e il ministro delle Poste "prima" che venisse varato il "Piano". Del quale si comincia a sapere qualcosa di più. Per esempio che è costato trenta miliardi. Ma ne valeva molti, molti di più. Trenta miliardi era la cifra stabilita come pagamento dei servizi resi dalla "Ftm srl", la piccola società nata proprio per stendere il "Piano". E da quella montagna di danaro erano state ritagliate, come comincia ad emergere dagli interrogatori degli arrestati, le canoniche fette di tangente per i partiti: Dc, Psi e Pri, stavolta. Con una differenza, però. Che al Pri provvedeva il solito Giacalone, con il miliardo e mezzo ottenuto per il suo interessamento [...]. Agli altri due partiti provvedevano Giuseppe Parrella e Cesare Caravaggi, che si erano fatti cedere come tangente dalla Ftm il sessanta per cento della società. E naturalmente il sessanta per cento degli utili. Questo delle tangenti ai partiti è però in fondo solo un aspetto secondario dell'inchiesta: al giudice interessa molto di più sapere cosa hanno combinato le *lobby* delle Tv commerciali quando ancora il "Piano" era in gestazione: gli interessi in gioco erano molto più grossi dei pochi miliardi di tangenti spillati dai partiti. Berlusconi comunque sembra aver infilato il suo periodo nero: il fratello inquisito per un regalo da 150 milioni alla Dc, la Cordova che vuole sapere tutto sul "Piano frequenze" e su Giacalone. E ieri sera l'ultima tegola: un'inchiesta della Corte dei conti sulle frequenze usate dalla Fininvest per il Giro d'Italia. L'ipotesi è che la concessione abbia procurato un danno all'Erario, visto che il canone pagato dal *network* è inferiore a quello della Rai» [2].

---

[2] Nella medesima pagina, il "Corriere della Sera" informa dell'arrivo a Milano del Procuratore della Repubblica di Palermo, Gian Carlo Caselli, titolando *Collegamenti tra mafia e Tangentopoli*.

Ai primi di luglio 1993, il *newsmagazine* della Fininvest, "Panorama", nel tentativo di ergersi a difesa del proprio editore, offre un generoso spaccato di ambiguità scrivendo dell'ennesima, intricata vicenda sotto il cielo di Tangentopoli: «Martedì 22 giugno: dal Palazzo di giustizia di Milano filtra la notizia che la Guardia di Finanza sta sequestrando documenti negli uffici della Fininvest. È la cinquantasettesima perquisizione. Ma quest'ultima, insieme alla primizia che il nome di Fedele Confalonieri, amministratore delegato della società, è appena finito sul registro degli indagati, accende un caso giornalistico basato su un'incredibile confusione. Il giorno dopo, infatti, molti quotidiani scrivono che tra i consulenti per i problemi fiscali della Fininvest c'è anche un ex funzionario del ministero delle Finanze, andato in pensione per limiti d'età nel 1985. Si tratta di Enzo Viganò, 73 anni, monzese, membro del Cnel (Consiglio nazionale dell'economia e del lavoro) e sino a un mese fa segretario del Sindacato autonomo tasse, presidente della Confsal (sindacato autonomo pubblico impiego) e vicepresidente dell'Ufe (Unione finanziari europei). Il putiferio nasce perché il 30 marzo scorso proprio Viganò era stato arrestato e poi rimesso in libertà dopo 20 giorni trascorsi nel carcere di San Vittore con l'accusa di tentata truffa [...]. Proprio nel corso degli interrogatori per questa vicenda, Viganò, rispondendo a una domanda del magistrato Taddei che voleva sapere quali fossero i suoi introiti, aveva detto di essere consulente fiscale della Fininvest dal 1988, con un contratto rinnovabile di anno in anno, e un compenso fra i 30 e i 45 milioni, sempre e regolarmente denunciati nelle sue dichiarazioni dei redditi. Dopodiché l'11 giugno, a distanza di 42 giorni dal suo arresto, Viganò era stato indagato per "abuso di atti d'ufficio". Poi, martedì 22, era seguita la perquisizione negli uffici della Fininvest. Entrambi provvedimenti chiesti dal sostituto procuratore Taddei. Questi i fatti della vicenda Viganò-Fininvest. La mattina di mercoledì 23 giugno, negli articoli che riguardavano il presidente e amministratore delegato della Fininvest Comunicazioni Confalonieri, "il manifesto", "Il Giorno" e il "Corriere della Sera" hanno sovrapposto e confuso le due notizie. E hanno dato dignità di notizia alle voci più inverosimili. "Il manifesto" ha scritto, per esempio, che Viganò sarebbe stato arrestato con l'accusa di associazione per delinquere di stampo mafioso, e che era specializzato nell'accelerazione di pratiche nel rimborso dell'Iva, così da far ottenere soldi non dovuti; il tutto dietro versamento di tangenti. Quanto al "Giorno", ha scritto che Viganò avrebbe fatto ottenere in tempi brevissimi ai suoi clienti, Fininvest compresa, rimborsi Iva attraverso un meccanismo truffaldino e incassando profumati corrispettivi. Il "Corriere della Sera" ha poi scritto che Viganò sarebbe stato a capo di una organizzazione per le frodi fiscali, e che gli sarebbero stati anche sequestrati immobili per miliardi, due Ferrari e una Mercedes 500. "Tutto falso, naturalmente", ha dichiarato a "Panorama" l'avvocato Vittorio D'Aiello, difensore di Viganò. "Per prima cosa, il contratto che lega Enzo Viganò, privato cittadino, alla Fininvest riguarda un legittimo accordo di consulenza sulla legislazione fiscale. Sottolineo poi che il contratto di consulenza con la Fininvest è iniziato tre anni dopo che Viganò era andato in pensione, uscendo così dall'amministrazione delle Finanze. E per di più Viganò non si è mai interessato di rimborsi o di pratiche della Fininvest [...]» [3].

Nel giugno 1993, finisce in carcere Aldo Brancher, un ambiguo e singolare funzionario della Fininvest. «Arrestato venerdì 18 giugno, costui era ed è a tutti gli effetti un dipendente del gruppo Berlusconi; come tale seguiva "tutte le richieste inoltrate dai partiti a proposito di campagne pubblicitarie per le elezioni". Ma quando raccattava contributi pseudo pubblicitari per i congressi di Dc e Psi (chi può credere che fossero autentiche operazioni commerciali?), anche lui diventava imprenditore in proprio con la misteriosa Promo Golden. E ancor di più quando allungava sottobanco 300 milioni al ministro Francesco De Lorenzo. Nella doppia veste di Brancher, nella prontezza con cui ha negato di avere commesso illeciti, c'è tutto il fascino discreto della mazzetta berlusconiana. Questa non è una rarità: si pensi ai versamenti fatti a Gianstefano Frigerio, ad Antonio Cariglia. Ma va erogata in modo scientifico, cioè – se si può – in forme legali o semilegali. Guai dunque alle tangenti in percentuale su singoli affari. Guai anche ai contributi a fondo perduto, alla Ligresti per intenderci. Molto meglio regalare spot elettorali ai candidati. O comprare spazi pubblicitari sui giornali di partito. O accordare generosi contratti di consulenza agli amici piazzati nei posti chiave. Ma anche quando l'illegalità non può essere evitata, per esempio, perché i pagamenti sono in nero, la Fininvest pretende di essere scagionata: o per non aver commesso il fatto, che va invece attribuito a qualche Promo Golden, o perché il fatto non costituisce reato (tesi di Paolo Berlusconi per la stecca a Frigerio: era solo un contributo personale...). Claudio Signorile teorizzava anni fa la Tangente Trasparente. La Fininvest sembra inseguire quel mito. Con successo, almeno

---

[3] "Panorama", 4 luglio 1993.

finché durano i Brancher: che, come i Greganti, nascono solo nelle organizzazioni monolitiche, con sacche di fanatismo, e ne fanno la fortuna» [4].

Ma il capitolo più esemplare della Tangentopoli targata Fininvest è quello relativo al Piano delle frequenze legato alla legge Mammì. Il 30 maggio 1993, Berlusconi e Adriano Galliani vengono ascoltati in veste di testimoni dal sostituto procuratore Maria Cordova presso il Tribunale di Roma.

Il 4 novembre, l'inchiesta registra sviluppi giudiziari: «Un'accesa discussione tra il presidente della Rti, Adriano Galliani, e Remo Toigo, il rappresentante legale della società Ftm incaricata dal ministro delle Poste di preparare il "Progetto piano frequenze". Sarebbe questo uno degli elementi indicati dal Pm Maria Cordova nella richiesta di emissione di ordini di custodia nei confronti dello stesso Galliani e del vicepresidente della Fininvest, Gianni Letta. Una richiesta che è stata respinta dal Gip Raffaele De Luca Comandini, il quale ha ritenuto "insufficienti" gli elementi elencati dal Pm. La Cordova ha annunciato che ricorrerà al Tribunale della libertà, ma il provvedimento non è stato ancora presentato. Sul contenuto della discussione che sarebbe alla base dell'iniziativa della Procura si è appreso qualche altro particolare. Si sarebbe verificata il 14 febbraio del '91 a Milano, e in quell'occasione Galliani avrebbe sollecitato Toigo a stilare un progetto favorevole alla Fininvest, sottolineando come altrimenti il gruppo ne avrebbe ricevuto un danno ingente dal punto di vista economico. Per convincere Toigo, il presidente della Rti avrebbe anche organizzato un incontro a Roma, al ministero delle Poste. Un vertice nel corso del quale Davide Giacalone (passato poi alla Fininvest come consulente), alla presenza anche di Gianni Letta, avrebbe confermato la necessità di favorire il gruppo di Silvio Berlusconi. A sostegno delle accuse contro Galliani e Letta, secondo Maria Cordova ci sarebbero pure le testimonianze di due dipendenti di Toigo, i quali avrebbero confermato – dopo un iniziale ripensamento – le dichiarazioni dell'amministratore della Ftm. Questo cambiamento di atteggiamento, per De Luca Comandini, rende appunto insufficienti gli indizi per emettere ordini di custodia cautelare per concussione nei confronti di Toigo. Stesso discorso per il reato di corruzione, contestato in concorso a Galliani, Letta e Giacalone (per il quale erano stati chiesti gli arresti domiciliari).

[4] "L'Espresso", 4 luglio 1993.

Secondo il teorema accusatorio, Giacalone, prima ancora di lasciare il ministero delle Poste, avrebbe concordato il suo passaggio alla Fininvest e per questo motivo avrebbe favorito il gruppo. Come testimonianza, Maria Cordova avrebbe indicato una giornalista di "Tv sorrisi e canzoni". Ancora una volta gli elementi sono stati ritenuti insufficienti dal Gip» [5].

Il successivo 9 dicembre, nuovi sviluppi: «Arresti in casa per il vicepresidente della Fininvest, Gianni Letta, e per Davide Giacalone, consulente del gruppo ed ex funzionario del ministro delle Poste Oscar Mammì. È questa la decisione del Tribunale della libertà sul ricorso presentato dal pubblico ministero Maria Cordova contro la mancata emissione degli ordini di custodia cautelare per l'indagine sulle frequenze Tv. I giudici di riesame hanno invece ritenuto che non ci siano elementi per disporre l'arresto di Adriano Galliani [...]. I provvedimenti non sono immediatamente esecutivi: verranno eventualmente eseguiti solo dopo la conferma della Cassazione, alla quale ha annunciato di volere immediatamente ricorrere il difensore di Gianni Letta, Vittorio Virga [...]. Gli indizi alla base della concussione non sono stati ritenuti sufficienti. Per quale motivo? Secondo indiscrezioni, i giudici hanno ritenuto che la richiesta del Pubblico ministero non sia stata tecnicamente motivata: secondo loro ci sarebbe un "vizio di forma". Per questa vicenda dell'operazione "Piano dell'etere" (costato una trentina di miliardi), l'impianto accusatorio è stato invece giudicato valido per il reato di corruzione [...]. Il provvedimento depositato ieri nella cancelleria del Tribunale è molto articolato. Il collegio presieduto da Franco Testa ha spiegato con una lunga motivazione come sia arrivato alla decisione. Su Galliani, i giudici di riesame avrebbero affermato che non poteva non essere a conoscenza degli accordi tra il consigliere dell'ex ministro repubblicano Oscar Mammì e il vicepresidente della Fininvest ma che non ci sono riscontri obiettivi per questa tesi. Sono stati disposti arresti domiciliari sostanzialmente differenti per Giacalone e Letta: per l'ex funzionario ministeriale (passato poi alla Fininvest con un contratto di consulenza di mezzo miliardo) la custodia cautelare deve durare un massimo di due mesi. Arresti domiciliari "duri", invece, per il vicepresidente della Fininvest: il Tribunale della libertà ha imposto il divieto di comunicare con l'esterno [...]» [6].

---

[5] "Corriere della Sera", 4 novembre 1993.

[6] "Corriere della Sera", 10 dicembre 1993.

Le gravi vicende legate alla legge Mammì e al relativo "Piano delle frequenze", protagonista la Fininvest, non si fermano all'agosto 1990, allorquando la legge viene approvata dalla maggioranza parlamentare: proseguono anche nel biennio '91-92, quando il ministero delle Poste è retto dal segretario socialdemocratico Carlo Vizzini [7]: «Il direttore generale Giuseppe Parrella, la gola profonda delle Poste, non ha avuto ripensamenti nel coinvolgere anche Vizzini nel gran mercato del ministero. Attraverso il padre, però: Casimiro Vizzini, per dieci anni, dal '58 al '68, parlamentare Psdi, una condanna a 18 mesi di reclusione (pena sospesa) insieme con il capogruppo Dc Michele Reina per interesse privato in atti d'ufficio, potente *sponsor* del figlio fin dalle elezioni del '76: quando Carlo, a 29 anni, diventa il più giovane deputato della Repubblica italiana. Parrella non ha dubbi: le tangenti per il ministro le incassava il genitore. Nel primo interrogatorio rivela di aver versato, tra il '91 e i primi mesi del '92, tre miliardi e 500 milioni in contanti presso l'ufficio romano di Casimiro, in via Puglie 23, e un miliardo di lire presso un conto estero. Poi, il 31 maggio, interrogato da Antonio Di Pietro, il direttore generale rincara la dose. Per la prima volta coinvolge direttamente anche la Fininvest. E al più alto livello, quello dei super fedelissimi di Silvio Berlusconi: "Casimiro Vizzini, padre dell'onorevole Vizzini, mi fece presente che egli era in buoni rapporti con tale Dell'Utri del gruppo Fininvest e che Dell'Utri era la persona che per conto del gruppo Fininvest si occupava anche a suo favore di versare delle somme di denaro". Marcello Dell'Utri, l'amministratore delegato di Publitalia? O il fratello Alberto? Marcello appartiene alla ristretta cerchia di collaboratori con cui Berlusconi condivide tutte le scelte più importanti. In più, è palermitano ed è amico di vecchia data di Carlo Vizzini. Si conoscono fin dai tempi del liceo, quando il futuro dirigente Fininvest si occupava della squadra di calcio giovanile del Bacigalupo, e il futuro ministro seguiva le vicende del Palermo, di cui il padre era presidente. L'antica consuetudine può spiegare perché dovesse essere un Dell'Utri l'uomo di collegamento tra Fininvest e famiglia Vizzini [...]. Appena entrato nel palazzone dell'Eur, Vizzini vuol dare prova di imparzialità. E prima di accordare alla Fininvest alcuni favori molto discussi (tra cui la diretta e l'autorizzazione per Telepiù), toglie l'appalto per la preparazio-

---

[7] Nel 1991, un travagliato "rimpasto" aveva indotto il Pri a uscire dalla maggioranza che sosteneva il governo Andreotti: infatti, il Pri (cui era assegnato il ministero delle Poste) aveva deciso di sostituire il ministro Mammì; Andreotti si era opposto, e aveva affidato le Poste alle "mani amiche" del socialdemocratico Vizzini.

ne del Piano delle frequenze alla Federal Trade Misure (Ftm), la società fortemente sponsorizzata da Parrella, dal predecessore Oscar Mammì e dal suo segretario-stratega Davide Giacalone, e restituisce l'incarico di studiare la mappa dei canali ai tecnici del ministero. Una decisione che poteva essere presa fin dal primo momento: eppure Mammì e Parrella preferirono appaltare il lavoro a una società esterna per quasi 28 miliardi. Secondo i giudici romani, dietro quella decisione c'era una tangente miliardaria [...]. Per male che vada, però, con i giudici Vizzini ha sempre lasciato la porta aperta a un'altra linea difensiva: quella che a incassare sia stato suo padre, senza dirgli nulla. Papà Casimiro non potrebbe comunque contraddirlo: colpito da un ictus nel gennaio scorso, non è più in grado di far sentire la sua voce» [8].

I tentacoli della piovra berlusconiana, dunque, hanno stretto d'assedio il ministero delle Poste nell'intero periodo di preparazione, approvazione, esecuzione della legge antitrust. L'estensore materiale della legge e collettore di mazzette, Davide Giacalone, diviene, subito dopo l'approvazione della legge Mammì, un "consulente" della Fininvest, con un contratto di circa mezzo miliardo. Quando il Partito repubblicano ha ritenuto di escludere dal ministero delle Poste Oscar Mammì (socio e sodale del corrotto Giacalone), il presidente del Consiglio Giulio Andreotti (referente politico di Gianni Letta) accetta l'uscita del Pri dalla maggioranza governativa pur di mantenere comunque il ministero delle Poste in mani amiche e compiacenti verso la berlusconiana Fininvest – il ministero delle Poste è stato affidato infatti al Psdi, partito col quale Gianni Letta è in eccellentissimi rapporti (comprensivi di illeciti "contributi" in denaro); e infine – secondo la testimonianza di Parrella – mazzette Fininvest sarebbero arrivate al padre del nuovo ministro delle Poste (amico storico del berlusconiano Dell'Utri), il quale ministro è alle prese col varo del piano di ripartizione e assegnazione delle frequenze televisive...

Alla fine del 1993, l'inchiesta giudiziaria "Mani pulite" ha ormai assunto dimensioni colossali, tali da suscitare forti timori in ordine alla possibilità di riuscire a processare nei tempi previsti dalla legge tutti gli imputati: 251 rinviati a giudizio, 1.200 persone ancora indagate, 300 stralci nelle inchieste; 158 sono i parlamentari indagati, e oltre 800 i politici locali raggiunti da avvisi di garanzia. Vi sono decine di vicende ancora insondate e suscettibili di in-

[8] "L'Espresso", 27 giugno 1993.

dagini e sviluppi giudiziari, specie alcune direttamente e indirettamente attinenti l'affare Enimont e il *crack* del gruppo Ferruzzi-Montedison; una di esse riguarda da vicino la Fininvest. «La fattura di Sergio Cusani [*faccendiere craxiano, NdA*] alla Fininvest per un importo di 600 milioni è stata sequestrata dal nucleo regionale di polizia tributaria di Milano. Una fattura strana: perché mai Berlusconi aveva pagato Cusani? La Finanza ha raccolto la testimonianza di Giancarlo Foscale, cugino del Cavaliere e amministratore delegato della Standa: quei soldi sarebbero il prezzo della consulenza prestata, nell'88, dal finanziere socialista per il passaggio della Standa dalla Montedison alla Fininvest. Ma non è così semplice. Quando nel luglio '88 la Fininvest comprò per 769 miliardi il 70 per cento della Standa dalla Iniziativa Meta, nacquero molti interrogativi sulla regolarità dell'operazione. Primo: perché Raul Gardini, presidente della Montedison (che allora controllava Iniziativa Meta), aveva deciso di vendere la Standa, privando così di uno dei cespiti più importanti Iniziativa Meta proprio alla vigilia della fusione di questa società con Ferruzzi Finanziaria? Il secondo interrogativo riguarda una misteriosa operazione finanziaria della Fininvest. Alla vigilia del passaggio del 70 per cento della Standa, la Fininvest confermava che era stata la società di Silvio Berlusconi a rastrellare un pacco del 13 per cento della Standa, ininfluente al fine del controllo, spendendo altri 75 miliardi. Perché Berlusconi spese questa somma? Il mistero si infittì quando si seppe che quel 13 per cento era stato comperato attraverso un giro di società estere. Altro mistero: ai 769 miliardi pagati per il 70 per cento della Standa, Berlusconi dovette aggiungere 200 miliardi per acquisire una serie di immobili di proprietà della società: su questo si aprì una vertenza tra Berlusconi e Gardini che restituì parte della somma, ma poi fu trovato un accordo e l'ultima rata, 40 miliardi, scade il 31 dicembre '93. Infine c'è la perdita denunciata nel bilancio della Standa nei primi sei mesi dell'88: 76,8 miliardi contro una perdita di 21,6 miliardi del primo semestre '87. Come è possibile che la Standa, che aveva chiuso il bilancio dell'87 con un utile consolidato di 24 miliardi, avesse subìto un tracollo così improvviso? I piccoli azionisti protestarono, dubbi circolarono anche in Borsa, ma nessuno ha mai chiarito tutti i misteri dell'operazione Fininvest-Iniziativa Meta» [9].

[9] "L'Espresso", 7 gennaio 1994.

Corruzione naturale

Nel corso dell'inchiesta "Mani pulite" emergerà prepotente un aspetto che – ancorché sottratto ai rigori del Codice penale, e dunque non perseguibile – risulta essere "corruttivo" come, quanto e forse più delle illecite erogazioni di denaro. Ne parlerà il Dc lombardo Gianstefano Frigerio al giudice Di Pietro il 30 novembre 1993: «La Fininvest ha sempre aiutato la Dc sia a livello nazionale sia a livello locale con delle contribuzioni per così dire in natura, cioè con contribuzioni televisive. In ogni campagna elettorale la Fininvest mette a disposizione del livello milanese e lombardo del partito una serie di spazi televisivi e sui mass media per la pubblicità del partito, per i suoi slogan, per le sue iniziative. In secondo luogo, la Fininvest offre spazi pubblicitari televisivi e sulla stampa gratuitamente a una serie di candidati a lei particolarmente amici, cioè fa un vero e proprio lavoro di *lobby*, scegliendo i candidati più allineati politicamente e dandogli spazi televisivi. In termini economici è un contributo molto forte, valutabile per Milano e Lombardia in non meno di mezzo miliardo per campagna elettorale. Questo robusto aiuto ha creato nella Dc una disponibilità cordiale verso le iniziative industriali della Fininvest».

Le confessioni di Frigerio in merito alle "elargizioni in natura" da parte della Fininvest confermano le autorevoli ammissioni in materia di Fedele Confalonieri al magistrato Paolo Ielo il precedente 12 luglio: «Preciso che sin dal 1985 il nostro gruppo aveva elaborato un meccanismo in cui venivano preconfezionati dei pacchetti pubblicitari che venivano proposti in blocco ai partiti politici con prezzo, quantità e posizione di inserimento bloccati... Gli sconti oscillavano dal 40 al 90 per cento, in pratica venivano deliberati solo qualche giorno prima della campagna... Al fine di rispettare le previsioni della legge sul finanziamento dei partiti, Publitalia 80, concessionaria del gruppo per la vendita degli spazi televisivi di pubblicità, deliberava, attraverso gli organi sociali competenti, la concessione di tali sconti, il cui ammontare veniva regolarmente comunicato alla presidenza della Camera dei deputati... L'entità degli sconti, dal 1985 al 1992 compreso, ammontava, nei confronti di tutti i partiti, a circa 15 miliardi per campagna elettorale [10]. Beneficiari degli sconti erano tutti i partiti che compravano pacchetti di spot. I maggiori acquirenti dei pacchetti di spot erano i partiti dell'area governativa, e in particolare Psi e Dc». Ma il sistema "sconto spot" non è il solo "metodo legale" utilizzato dalla Fininvest per finanziare surrettiziamente i partiti, precisa ancora Confalonieri: «Mi riferisco alle comunicazioni d'impresa effettuate in feste di partito ovvero in giornali di partito... Si è trattato, in sostanza, di far pervenire messaggi che rappresentassero l'attività del gruppo e la legittimità del suo operare nel campo televisivo. Ciò era necessario al fine di ottenere il riconoscimento di una legittimazione ad essere concessionari delle frequenze per l'esercizio dell'attività televisiva... Il gruppo Fininvest Comunicazioni ha partecipato ad incontri, feste e congressi dei seguenti partiti: Dc, Pci-Pds, Msi, Pli e Pri... In tali luoghi il dibattito sulla questione televisiva, che era centrale negli anni Ottanta, aveva ampio spazio. In particolare era interesse precipuo della Fininvest Comunicazioni raggiungere con messaggi mirati il personale politico fruitore di tali mezzi di informazione [*cioè i quotidiani di partito, NdA*] e uno dei soggetti decisionali per la politica televisiva in Italia».

Dunque, la *lobby* berlusconiana non deve necessariamente ricorrere a illecite dazioni in denaro, per influenzare, premere, condizionare, blandire i partiti e i singoli esponenti politici: dispone infatti del sostanziale monopolio della Tv privata, cioè del mezzo di comunicazione fondamentale per veicolare il messaggio politico. Una formidabile articolazione di tre *networks* utilizzati dalla Fininvest in due diverse maniere convergenti: accordando "sconti" sulle tariffe degli spot pubblicitari di partiti e singoli candidati durante le campagne elettorali (dato e non concesso che il 90 per cento possa essere ritenuto uno "sconto"...), oppure concedendo "passaggi in video" ai singoli esponenti politici sottoforma di interviste e rubriche "giornalistiche". Ed è quanto la Fininvest ha fatto, a partire dalla metà degli anni Ottanta, in favore della Dc e soprattutto del Psi, fino all'apoteosi del "Caf" (Craxi-Andreotti-Forlani) – il 29 novembre 1991, alla vigilia di "Mani pulite",

---

[10] Nell'arco di otto anni, considerando le varie tornate elettorali (amministrative e politiche), è ragionevole ipotizzare decine di miliardi di "sconti".

Berlusconi in persona ha accolto il presidente del Consiglio in visita a Milano dichiarando: «Credo che per il futuro ci sia bisogno di un'alleanza stabile tra le forze che sin qui hanno garantito lo sviluppo del Paese e sono state l'architrave del sistema... C'è bisogno di un accordo forte tra democristiani e socialisti».

Un mirabile esempio del corruttivo potere Fininvest nei riguardi della classe politica di governo, ambiguamente giocato sul filo del Codice penale attraverso "tangenti in natura", verrà fornito nella primavera 1993 da un ex senatore democristiano: «A svelare ai magistrati di "Mani pulite" che il nuovo Codice della strada celava una vera miniera d'oro per il gruppo Fininvest di Silvio Berlusconi è stato l'ex senatore Dc Augusto Rezzonico, nella decima legislatura parlamentare della Commissione lavori pubblici. Arrestato tre volte in un anno (6 maggio '92, per concussione; 14 agosto, per tangenti a Varese; ed, infine, il 19 maggio '93), l'ex senatore e presidente delle Ferrovie Nord di Milano ha ricostruito a verbale l'operazione Auxilium, un sistema elettronico di segnalazione sulle autostrade brevettato dal gruppo Fininvest. "Ricordo", dice Rezzonico, "che nel febbraio '92 il senatore Dc Michele Chimenti, relatore del disegno di legge sul nuovo Codice della strada, mi contattò per dirmi che un sottosegretario socialista ai Lavori pubblici nel governo Andreotti spingeva in modo insistente perché inserissimo un emendamento particolarissimo, dai risvolti economici rilevantissimi a favore di un ben preciso gruppo imprenditoriale... Chimenti mi fece intendere che sulla faccenda emendamento c'era già un accordo tra le segreterie politiche della Dc e del Psi. Mi chiese però spiegazioni perché si rendeva conto che dietro queste pressioni c'era un *business* valutabile in oltre mille miliardi". Ma chi era tanto interessato al sistema elettronico autostradale? Rezzonico sostiene: "Compresi che dietro c'erano gli interessi della Fininvest, gruppo di Berlusconi, unica o più accreditata depositaria del *know-how* tecnico necessario per la realizzazione di un simile impianto". E continua nel suo racconto Rezzonico: "Noi della Dc aspettammo che qualcuno della Fininvest si facesse vivo – come aveva garantito il sottosegretario socialista – per quantificare tangibilmente in denaro il loro ringraziamento. Nessuno però si fece vivo, e il nuovo codice doveva essere licenziato prima dello scioglimento delle Camere. Noi inserimmo comunque l'emendamento richiesto sperando che qualcuno in seguito mantenesse la parola". Nel marzo '92, Salvatore Donato, della segreteria provinciale della Dc di Milano, informa Rezzonico che Sergio Roncucci (un dirigente della Fininvest già coinvolto nell'inchiesta "Mani pulite" per contributi alla Dc lombarda) vuole incontrarlo per parlare della questione del codice della strada. Dice Rezzonico: "Mi recai dal dottor Roncucci negli uffici della Fininvest in via Paleocapa. Qui prima di tutto Roncucci mi ringraziò per la considerazione in cui la Fininvest era stata tenuta con l'inserimento dell'emendamento e mi confermò l'impegno della Fininvest a far fronte alle contribuzioni a favore della Dc per il piacere ricevuto". Dopo essersi accordati sui dettagli dei pagamenti (il tramite sarebbe stato Salvatore Donato) al senatore Dc viene fatta un'offerta speciale: "Roncucci disse che la Fininvest si sarebbe fatta carico di alcuni spot elettorali per le elezioni. Io gli consegnai una mia foto pubblicitaria". Ma Augusto Rezzonico non ha fortuna: il 5 aprile non viene rieletto, e un mese dopo finisce a San Vittore. Morale: dell'accordo con la Fininvest non ha saputo più nulla» [11].

Un secondo esempio è fornito dal settimanale "L'Europeo", che sotto il titolo *Parlamento muto e governo sordo sulla Fininvest – Taci, Sua Emittenza ti ascolta*, scrive: «Sua Emittenza [...] tiene sotto controllo da tempo i lavori parlamentari: nei 21 mesi di questa undicesima legislatura, i 956 parlamentari hanno presentato in tutto quasi 31.000 tra interrogazioni, interpellanze e mozioni: ma appena 69 volte qualcuno ha osato chiedere spiegazioni sulle vicende di Silvio Berlusconi e della Fininvest [...]. Solo sulla Fininvest i parlamentari non hanno tanta voglia di sapere. E, in ogni caso, anche quando succede che presentino interrogazioni, il governo sceglie la strada della risposta vaga o, meglio ancora, del silenzio. Di queste non-risposte s'è mostrato specialista proprio il principale interlocutore, il ministro delle Poste, il socialdemocratico Maurizio Pagani. [Delle] 69 interrogazioni: 56 riguardano la società Fininvest (43 alla Camera, 16 al Senato), 22 la persona di Berlusconi (18 Camera, 4 Senato). Le interrogazioni che tirano in ballo sia la Fininvest sia il suo proprietario sono 9 [...]. Quando si tratta di Fininvest il ministro delle Poste fa finta di non esistere: avere risposte da Pagani su Berlusconi è quasi impossibile. Pietro Mita, di Rifondazione comunista, ha invano chiesto a più riprese informazioni sui rapporti con la Fininvest di Davide Giacalone e di altri collaboratori dell'ex ministro delle Poste Oscar Mammì finiti in carcere. Nessuna risposta, da undici mesi, nemmeno alle richieste del pidiessino Antonio Bassolino sul "Piano delle frequenze" previsto nella legge Tv. E non può neppure lamentarsi: altri suoi colleghi attendono lumi da ormai sedici mesi sui favoritismi nell'assegnazione, da parte del ministero delle Poste, delle frequenze.

[11] "L'Espresso", 13 giugno 1993.

[...] Nessun cenno per i verdi Massimo Scalia e Vito Leccese che presentano ponderose interrogazioni sulla applicazione in Italia delle norme Cee sul monopolio televisivo. Scalia vorrebbe anche sapere qualcosa sulle partecipazioni azionarie incrociate della berlusconiana Rti e, ricordando come Berlusconi possieda complessivamente 16 società con ampi interessi nel settore e interamente controllate, chiede verifiche e interventi antimonopolistici. Pagani continua a tacere anche quando Antonio Pappalardo chiede informazioni sulla vera composizione azionaria della Tv a pagamento. Il ministro delle Finanze non dice nulla sulle verifiche dei bilanci Fininvest per i 250 milioni che sarebbero stati versati al segretario di Giorgio La Malfa, come amerebbe sapere il solito Tassi. Che avrebbe anche voluto conoscere dall'allora presidente del Consiglio, Giuliano Amato, i motivi dell'acquisto del supercentro commerciale Standa di Desenzano da parte dell'Inadel: una proprietà pagata oltre 20 miliardi, cifra spropositata. I ministri dell'Industria e delle Partecipazioni statali tacciono sull'intervento della Fininvest nell'acquisto dell'azienda campana Micromax. Silente il ministro del Turismo del governo Amato (la socialista supercraxiana Margherita Boniver) verso il pidiessino Renato Nicolini a proposito dei contributi statali per il circuito Cinema 5 [...]. Insomma, funziona quasi perfettamente la macchina berlusconiana di controllo sia del Parlamento che del governo» [12].

Per il suo essere stato parte di un'associazione massonica segreta, per i misteriori capitali grazie ai quali si è sviluppato, per i compromissorî legami col potere partitico che gli hanno consentito di consolidarsi in forma egemonica, l'impero televisivo Fininvest può essere un esiziale pericolo per la democrazia. Berlusconi "finanzia" i partiti politici in modo "legale", e condiziona col suo smisurato potere i governi della Repubblica. In Francia, in Spagna, in Portogallo, nessun imprenditore privato può possedere più del 25 per cento di una sola rete; in Germania e in Inghilterra vi sono solo tre reti nazionali private, e nessun soggetto può controllarne più di una; negli Stati Uniti nessuno può possedere più del 25 per cento dei *networks* nazionali. In Giappone vi sono quattro grandi *networks* privati in concorrenza. In Italia, grazie alla berlusconiana legge Mammì del "Caf", Berlusconi controlla circa la metà dell'*audience* televisiva nazionale, tenendo in ostaggio pluralismo e dialettica democratica.

[12] "L'Europeo", 26 gennaio 1994.

XI

ULTIMA SPIAGGIA
NEL MARE DEI DEBITI

Il rosso del Cavaliere nero

Con la fine del potere craxiano e il crollo del regime Dc-Psi, come per una coincidenza junghiana nel 1992 crollano anche i conti e-conomici del gruppo Fininvest. In base ai dati forniti dall'autorevole *Ricerche & Studi* degli analisti di Mediobanca, l'esercizio 1992 del gruppo Fininvest si chiude con un utile netto di 21 miliardi, e con un indebitamento finanziario di 4.475 miliardi a fronte di un patrimonio netto di 1.195 miliardi. Dati che possono prestarsi a diverse "letture", specie trattandosi di conti berlusconiani [1].

Secondo "la Repubblica", «la Fininvest ha 4,3 lire di debito per ogni lira di capitale», e sommando debiti finanziari e debiti commerciali la passività del gruppo arriva a 7.140 miliardi [2]. Secondo "L'Espresso", posto che i 501 miliardi di crediti evidenziati a bilancio potrebbero essere di «dubbia» riscossione, il «mini-utile di facciata» di 21 miliardi, defalcati «gli utili di competenza degli azionisti di minoranza Standa e Mondadori», diviene in realtà «una perdita effettiva per le casse della Fininvest di 213 miliardi»; quanto al patrimonio netto del gruppo, defalcati «142 miliardi di azioni proprie (Standa) e 709 miliardi cristallizzati in avviamenti» e mutato l'utile di 21 miliardi nella perdita di 213 miliardi, «ecco che il patrimonio netto tangibile si riduce a 110 miliardi – una miseria» [3]. Più sfumata è l'analisi del "Mondo": «I punti di vista restano diversi. Per Mediobanca, l'esposizione finanziaria della

---

[1] Il primo bilancio certificato della Fininvest è relativo al 1985: si trattava tuttavia di un bilancio non consolidato (come invece sarà in seguito), i cui limiti la società di revisione Arthur Andersen espressamente rilevava.

[2] "la Repubblica", 15 ottobre 1993.

[3] "L'Espresso", 17 ottobre 1993.

Fininvest nel 1992 era di 3.428 miliardi. Per la casa del Biscione la cifra giusta era 3.333 miliardi. Ma anche rispettando la classificazione degli uomini di Alfredo Messina, direttore finanziario del gruppo, l'indebitamento netto cresce a un ritmo rilevante. Dai 3.333 miliardi si è passati, secondo quanto risulta al "Mondo", a 3.800 miliardi a fine 1993. Quasi 500 miliardi in più. Che fanno salire, nonostante il raffreddamento dei tassi, gli oneri finanziari a 400 miliardi, un vero salasso» [4].

Particolarmente compromessa risulta essere la situazione della capogruppo Fininvest, la quale «a fine 1992 aveva in bilancio partecipazioni per 2.089 miliardi, ma aveva debiti con le banche per 2.051 miliardi. Ciò vuole dire che la società finanzia le sue partecipazioni pressoché integralmente con debiti; il che ne fa un caso unico tra le grandi holding (eccettuata la Ferfin), le quali finanziano le loro partecipazioni con mezzi propri. Qui si vedono tutti i rischi della politica del debito facile cara a Berlusconi: è impensabile che le partecipazioni della Fininvest possano mai generare un flusso di dividendi tale da compensare gli interessi che la società deve versare a chi gli ha fatto credito. L'altro tallone d'Achille della capogruppo è l'enormità (2.610 miliardi al 31 dicembre 1992) delle fideiussioni che essa ha rilasciato. Molte fra di esse potrebbero rivelarsi bombe a scoppio ritardato, anche perché non appare chiaro chi ne siano i beneficiari. Le fideiussioni risultano infatti in buona parte a favore di misteriosi "Soci" e "Terzi"; in particolare, per 681 miliardi appaiono concesse a fronte di non meglio specificate "operazioni con l'estero", e per addirittura 1.043 miliardi a fronte di "finanziamenti e anticipazioni di conto corrente"» [5].

Il grave indebitamento del gruppo Fininvest è attribuibile da un lato all'eccessivo espansionismo degli anni precedenti, e dall'altro alla contrazione degli utili registrata negli ultimi anni [6]. Secondo il "Corriere della Sera", il profondo rosso dei bilanci Fininvest deriva anche dall'impegno del gruppo nella grande distribuzione:

[4] "Il Mondo", 17 gennaio 1994.

[5] "L'Espresso", 14 gennaio 1994.

[6] Qualche esempio. Nel 1984 il gruppo lancia un prestito obbligazionario di 50 miliardi, e la Video Time finanziaria un secondo di 49 miliardi; le emissioni proseguono nel 1985 per importi minori (3 miliardi Istifi, 1 miliardo Fininvest servizi), ma nel 1987 superano i 60 miliardi. Accesi in tempi di alti tassi, gli interessi sono gravosi. Nel 1988 giungono a scadenza circa 200 miliardi di obbligazioni, l'anno successivo un

«Per ora la Standa ha dato un profitto di 24 miliardi nell'87, una perdita di 56 nell'88, e per l'89 si prevede al massimo il pareggio: tutti dati, quindi, che lasciano un'onda di rimpianti sui mille miliardi investiti» [7].

Varî sono i fattori che hanno determinato la crisi economica del gruppo Fininvest, e sono tali da decretare la virtuale crisi anche del "modello Berlusconi". Anzitutto il venir meno degli appoggi politico-affaristici dei quali ha sempre beneficiato e che sono alla base dell'affermazione del gruppo negli anni Ottanta; in secondo luogo, risulta ormai improponibile la politica berlusconiana di espansionismo selvaggio finanziato dai crediti bancari.

Emerge inoltre evidente quanto vi è stato di patologico nella tumultuosa crescita della Tv privata in Italia, facendone un caso unico al mondo [8]. «Senza contare le stazioni televisive affiliate ai *networks* nazionali, nel nostro Paese dovrebbero essere in funzio-

---

altro centinaio, e così via – importi che cadono in una situazione di indebitamento crescente che contribuiscono a dilatare. Sul fronte degli utili sempre più esigui, dal 1987 al 1988 il fatturato sale da 2.631 a 6.048 miliardi, ma l'utile netto scende da 245 a 181 miliardi; nello stesso periodo, i debiti passano da 1.242 a 3.469 miliardi, con i debiti a breve termine (i più onerosi) che si quintuplicano: da 116 a 652 miliardi – per ogni lira di patrimonio, il gruppo ha già 1 lira e 70 centesimi di debiti.

[7] "Corriere della Sera", 17 gennaio 1990. Che per la Standa la situazione sia difficile è confermato dalle proteste dei fornitori. L'ingegner Antonio Lesi, della Fintrade di Brescia, all'inizio del 1994 lamenta di avere fornito alla Standa articoli di abbigliamento per «un po' di milioni» e a un anno dalla consegna della merce è ancora in attesa del relativo pagamento; l'imprenditore toscano Alfredo Canessa, anch'egli fornitore-creditore, ha ipotizzato che per ottenere il puntuale saldo delle fatture sarebbe necessario acquistare spot pubblicitari destinati alle emittenti del gruppo. Numerosi fornitori si sono rivolti all'autorità giudiziaria attivando decreti ingiuntivi nei confronti della Standa (secondo il Tg2 del 12 gennaio 1994, tali decreti riguarderebbero crediti per 200 miliardi; la Standa ha smentito, ammettendo ingiunzioni di pagamento inferiori a 10 miliardi).

Prima di acquisire la Standa, la Fininvest aveva tentato di scalare la Sme (il colosso alimentare delle Partecipazioni statali) entrando in competizione con Carlo De Benedetti. Nel 1985, De Benedetti aveva firmato il preliminare di acquisto, ma l'intervento del presidente del Consiglio Craxi aveva portato all'annullamento dell'accordo. Craxi intendeva ancora una volta favorire il suo sodale Berlusconi, che acquisendo la Sme avrebbe assunto una posizione dominante anche nel settore della grande distribuzione alimentare; ma per l'opposizione della Dc all'ennesimo disegno affaristico del duo Craxi-Berlusconi, la Sme rimarrà al 51 per cento di proprietà dell'Iri.

[8] A fine 1993, si stimano attive nel mondo oltre 2.000 emittenti televisive, e circa un miliardo di apparecchi Tv. La più parte dei Paesi possiede una sola rete televisiva; ben 1.800 emittenti sono localizzate nei venti Paesi più industrializzati.

ne non meno di 500 stazioni indipendenti, che costituiscono quasi il 30 per cento del numero globale di stazioni esistenti sul pianeta... Stati Uniti (650 stazioni Tv indipendenti) e Italia rappresentano da soli i due terzi delle stazioni televisive esistenti al mondo» [9]. Lo stesso mercato pubblicitario accusa vistosi segnali di saturazione: le stazioni Tv italiane nel loro complesso detengono il record mondiale del tempo pubblicitario trasmesso – circa 700 minuti di pubblicità quotidiana, contro i 540 degli Stati Uniti e i 160 dell'Inghilterra [10].

Che il gruppo Fininvest attraversi una crisi grave e gravida di conseguenze, è dimostrato proprio dal suo virtuale "commissariamento", sanzionato il 5 ottobre 1993: le banche, esposte verso l'impero berlusconiano per somme ingenti, spingono per la nomina del *manager* Franco Tatò al vertice del gruppo con il compito di risanarlo – un compito che Berlusconi non ha voluto o potuto assumersi.

Le indiscrezioni relative all'ingente indebitamento del gruppo Fininvest verso il sistema bancario suscitano clamori e interrogativi. «C'è sempre stata una fitta zona d'ombra sulle origini delle risorse finanziarie Fininvest», scrive Eugenio Scalfari, «ma un dato è certo: Berlusconi ha sempre goduto e gode tuttora, pur in tempi di recessione e restrizione, d'un sostegno bancario senza precedenti per un'impresa che non dispone di garanzie reali ma soltanto di garanzie "immateriali" di avviamento. Un sostegno bancario assicuratogli da referenti politici, che si mantiene ora che quei referenti sono scomparsi, a causa della stessa dimensione che quel sostegno ha raggiunto. Fonti attendibili parlano di seimila miliardi di debiti: fonti ufficiali di quattromila. Chi, tra le aziende editoriali italiane, ha mai ricevuto un credito bancario di tali proporzioni?» [11].

[9] C. Sartori, *La grande sorella*, Mondadori, 1989, pagg. 30-31. Secondo un censimento di fonte Rai, nel gennaio 1990 le emittenti private attive in Italia sarebbero state 992.

[10] Uno studio dell'International Institute of Communications, relativo al 1987 (ma con dati validi anche per gli anni successivi), stimava che in Italia gli spot interrompessero film, telefilm e varie produzioni di importazione Usa per l'87 per cento del trasmesso. Nel medesimo studio si rilevava come i Paesi della Cee importassero in media 32.000 ore annue di produzioni varie, a fronte di una produzione propria di sole 7.500 ore; delle 32.000 ore-Cee, oltre un terzo – cioè 11.000 – finivano in Italia, e di queste 11.000, 9.500 erano per le reti Fininvest.

[11] "la Repubblica", 18 luglio 1993.

Il campione del "libero mercato" replica alla reprimenda scalfariana dichiarando: «Se entro alcuni giorni il signor Scalfari non porterà le prove di queste sue affermazioni, mi riterrò autorizzato a far sapere a tutti gli italiani, con tutti i mezzi a mia disposizione, che è un pubblico mentitore e un calunniatore». Scalfari rincara: «Berlusconi mi invita a fornire prove sulle interferenze politiche nell'erogazione del credito [...]. A me risulta che in testa vi siano il Monte dei Paschi di Siena (vertice sotto avviso di garanzia), la Banca Popolare di Novara (vertice in galera), la Banca Nazionale del Lavoro (quella di Atlanta e dintorni) [12] [...]. [I debiti della Fininvest] sono assistiti da garanzie reali? [...] Non si era detto che il patrimonio immobiliare era uscito dalla Fininvest insieme alla proprietà del "Giornale" e passato dal fratello Silvio al fratello Paolo? Non s'era detto che il fratello Paolo aveva pagato quel patrimonio? Quella roba è dunque già stata venduta, e vendere due volte gli stessi beni non si può».

In effetti, sarà proprio l'allarme suscitato nel sistema bancario dai sinistrati conti Fininvest a determinare l'avvento, al vertice del gruppo, del *manager* Franco Tatò: «Gli istituti di credito hanno rafforzato negli ultimi mesi l'attenzione sulla Fininvest. D'altra parte a garanzia dei fidi bancari il gruppo del Biscione ha dovuto impegnare il 54 per cento delle azioni ordinarie della Standa (con la Cariplo), e il 51 per cento delle ordinarie Mondadori (con il Credito Italiano). Come fronteggiare una situazione così complicata? Il compito, indubbiamente difficile, pesa soprattutto sulle spalle di Franco Tatò, nominato da poco amministratore delegato della Fininvest» [13].

Orfano del potere politico democraxiano, ridimensionato nella gestione diretta del gruppo Fininvest oppresso dai debiti, consapevole che il suo monopolio televisivo verrà presto o tardi sottoposto a una *autentica* legislazione antitrust, Berlusconi esce allo scoperto – la Fininvest, del resto, non è mai stata solo un'attività imprenditoriale...

L'alfiere del "libero mercato" (purché protetto dal potere politico), il campione della "iniziativa privata" (purché privata fino a

---

[12] L'elenco scalfariano è ovviamente parziale: mancano ad esempio la Comit, il Credito Italiano, e soprattutto la Cariplo (guidata dall'ex esponente della destra Dc Roberto Mazzotta, politico già molto apprezzato da Berlusconi sul finire degli anni Settanta).

[13] "Il Mondo", 29 novembre 1993.

essere occulta), si accinge a scalare il potere politico in prima persona, allo scopo di appropriarsi direttamente di quanto Craxi non può più garantirgli. Con il crollo del regime partitico Dc-Psi, la mistificatoria immagine berlusconiana del Superimprenditore genialmente vincente, la fasulla retorica del Magico Imprenditore capace di costruire miliardari imperi dal nulla, mostra ormai la corda, e rischia di essere smascherata e ricondotta alla sua reale dimensione: quella di un'avventura politico-affaristica affrontata con indubbia abilità ma resa possibile solo e unicamente dai "poteri forti" che l'hanno generata, alimentata e preservata nel suo tumultuoso divenire – poteri forti ancora occulti (capitali anonimi provenienti dalla Svizzera), non più occulti (banche piduiste), da sempre palesi (Craxi e la destra Dc); poteri forti allarmati dal vuoto politico dell'Italia 1993, e assai turbati dalla concreta prospettiva di effettivi mutamenti alla guida del Paese.

Le prime indiscrezioni sul "Partito del Biscione" trapelano nell'estate del 1993, poco prima dell'insediamento di Franco Tatò al vertice del gruppo Fininvest. Per ironia della sorte, sarà uno *scoop* del quotidiano "la Repubblica" [14] a rivelare il progetto partitico Fininvest. Le linee portanti del partito berlusconiano rivisitano il bagaglio ideologico della Destra, tra luoghi comuni e demagogie varie: Buongoverno, Normalizzazione, Libero Mercato, Proprietà Privata, Identità Nazionale, Maggioranza Silenziosa, Anticomunismo, Efficienza & Ordine... Soprattutto, forte è in esso il richiamo al "Piano di rinascita democratica" elaborato quasi un ventennio prima dalla Loggia massonica segreta P2.

---

[14] Nell'edizione di venerdì 22 ottobre 1993, il quotidiano pubblica stralci di un documento politico ("Bozza di preambolo") pervenutogli in forma anonima da ambienti Fininvest, commentando: «Un programma politico, dettagliato e totale, politica estera compresa. Gli strumenti per far eleggere i candidati che lo sottoscriveranno e su quel programma si impegneranno. Le strutture per creare, allargare e orientare il consenso. Non c'è reato e non c'è peccato: in democrazia si può e si deve partecipare alla politica e, se possibile, organizzarla. Ma non si era mai visto, in Italia, in Europa e nelle democrazie parlamentari, che a organizzare e a ipotecare il futuro politico di un Paese si impegnasse in prima persona un grande gruppo finanziario e editoriale [...]. Non si era mai visto e speriamo non si veda davvero un sistema dove dalla culla allo stadio, dal frigorifero al Parlamento, dalla camera da letto al Tg, il marchio sia uno solo e sempre lo stesso. Questo partito che cumula e mischia formaggini e deputati, miliardi e etica, uomini di spettacolo e volontari del nuovo ordine somiglia appena nato a un regime. Loro la chiamano modernità, ma in fondo è una vecchia idea e di Giulio Cesare Imperatore ce n'è stato uno solo. E neanche era di Milano».

Forza, Italia piduista

I tratti caratterizzanti del partito-Fininvest si precisano nell'autunno del 1993: «È un progetto studiato alla mia maniera», assicura Berlusconi, «un progetto imprenditoriale nel quale non è stato trascurato nulla: dal generale al particolare» [15]. La sua identità politica, sotto il vessillo populista di una modernistica Destra, cela la riproposizione, attualizzata, del corruttivo "Piano di rinascita" elaborato dalla Loggia P2 a metà anni Settanta: stessi presupposti, analoghi concetti, medesimo approdo. Fantasiosamente chiamato "Forza Italia", il nuovo "prodotto atipico" targato Fininvest, vent'anni dopo il "Piano" della Loggia segreta, ripropone infatti il disegno di una restaurazione autoritario-efficientista, con l'obiettivo di mantenere il controllo del potere impedendo alla sinistra l'accesso al governo.

Così come la Loggia P2, anche il partito berlusconiano non nasce in seguito a istanze socio-politiche, a fermenti sociali: entrambe le "associazioni" vengono costituite per iniziativa di uomini di potere, con l'obiettivo di farne uno strumento di potere; esse, infatti, prima ancora di annoverare iscritti-affiliati, già dispongono di leader e "programma" politico, rispetto ai quali ricercano "qualificate" adesioni e alla maniera delle sette cooptano adepti. Come la

---

[15] «Penne, spille, gagliardetti, e un proselitismo da setta. Così nasce "Forza Italia". Naturalmente la collezione è stata pensata e voluta da Silvio Berlusconi in persona. Fa tutto da sé, il Cavaliere. Si è inventato un partito, gli ha dato un programma, si cerca i candidati e perfino gli avversari giusti. Si è ispirato al proprio passato di cantante per comporre anche le note dell'inno...», scrive "L'Europeo" del 22 dicembre 1993. Il berlusconiano "Panorama", compiaciuto, scrive invece: «"Forza Italia" all'americana. Un'imponente sede a Roma; una campagna di reclutamento quasi frenetica; e poi gadget, video, riunioni... Ecco i segreti del nuovo movimento» (31 dicembre 1993).

Loggia P2 era nata per tutelare ingenti interessi affaristico-massonici attraverso il diretto controllo del potere politico, così "Forza Italia" nasce allo scopo di preservare il potere politico-affaristico del gruppo Fininvest e delle "entità" che lo hanno generato (potere non più tutelato dopo il crollo del regime Dc-Psi).

Il "Piano di rinascita" elaborato dalla P2 nasceva all'insegna del più virulento anticomunismo, benché quello di Berlinguer fosse ormai di fatto un partito socialdemocratico e filo-occidentale, nel timore che il Pci accedesse al governo. E il partito berlusconiano nasce sbandierando l'anticomunismo (?!) contro «i nipotini di Stalin» – benché il Pci neppure più esista e in sua vece vi sia il "laburista" Pds – nel timore che la sinistra possa accedere al governo. Nei fatti, come il Venerabile maestro, così Berlusconi teme che il successo elettorale dei progressisti possa contrastare gli interessi economici che la Fininvest (direttamente e indirettamente, in forma esplicita e in forma occulta) rappresenta.

Il "Piano" piduista prevedeva la costituzione di «Club dove siano rappresentati... operatori imprenditoriali, esponenti delle professioni liberali, pubblici amministratori», e solo «pochissimi e selezionati» politici di professione. Il partito berlusconiano si articola in Club, e coinvolgerà «persone che abbiano dato prova di sé nelle imprese, nelle professioni, nelle università», e solo pochi politici di professione (ad esempio, i pochi transfughi della destra Dc [16]).

Il "Piano di rinascita" della P2 prevedeva «Club composti da esponenti della società civile inattaccabili per rigore morale, capacità, onestà»; e il partito di Berlusconi: Club formati da «persone perbene, di buon senso». Il "Piano" piduista: occorre esercitare «un'azione politica pragmatica con rinuncia alle fruste chiavi ideologiche», e il partito berlusconiano: «Occorre un'opzione per il pragmatismo... Parole come Destra e Sinistra hanno fatto il loro tempo».

Il "Piano" gelliano stabiliva la necessità di «definire una strategia che punti sulla restaurazione di valori antichi, come i concetti di Famiglia e Nazione, e sulla libertà di scelta economica», e il partito di Berlusconi: «Costituzione di un polo nel quale si possa riconoscere l'Italia onesta che crede nella libera impresa... Preservare e favorire il ruolo della famiglia... Essere attenti alle esigenze del libero mercato... Un'Italia unita e indivisibile».

Lo stesso Venerabile maestro, del resto, non manca di fornire il

---

[16] Primi fra essi, Pierferdinando Casini (già fidato delfino del plurinquisito Arnaldo Forlani) e Ombretta Fumagalli Carulli (affranta "vedova" di Giulio Andreotti).

suo autorevole avallo pubblico al "progetto politico" concepito dal *tycoon* piduista: «Molti concordano sul fatto che diversi contenuti del "Piano di rinascita" sono stati attuati... Posso citare il potenziamento delle televisioni private», gongola Gelli sibillino, e aggiunge: «Occorrono politici nuovi che abbiano dimostrato creatività, serietà, professionalità e onestà, per formare i quadri della Repubblica presidenziale, per guidare il Paese all'insegna di meritocrazia e gerarchia. Uno potrebbe essere Berlusconi: è quasi un classico. Lui si è fatto da sé. Il suo è un ottimo programma, un tessuto sul quale si può costruire un buon partito. Berlusconi è tra coloro che hanno sempre dimostrato di possedere capacità creative. Mi dicono che si è già messo in movimento per aggregare altre forze intorno a sé: sono sicuro che riuscirà nel suo intento, come del resto gli è accaduto sempre...» [17].

Ma l'ambiguo "progetto politico" targato Fininvest suscita diffuse inquietudini: il pericolo di un possibile regime videocratico è reale. «Berlusconi è davvero un politico? E dove ci porterebbe la sua politica?», scrive il settimanale cattolico "Famiglia Cristiana" nel novembre 1993. «Quale politica potremmo aspettarci da un imprenditore il quale giura sulla bontà dell'economia di mercato e della libera concorrenza, ma che è prosperato sulle alleanze politiche, sull'assenza di leggi di settore e antitrust (anche circa i metodi di raccolta della pubblicità), e su condizioni di favore addirittura rispetto al concorrente pubblico?». E il segretario del Pri Giorgio La Malfa: «Berlusconi è poco credibile perché guarda soprattutto ai suoi interessi, facendo credere che si debba scegliere tra Patto Atlantico e Patto di Varsavia. Ma il Patto di Varsavia non c'è più».

Il 27 dicembre 1993, la Procura di Roma, in base alla legge Antimafia, dispone il sequestro di 16 miliardi in titoli di Stato, unitamente a ingenti somme di denaro, di proprietà del Venerabile maestro Licio Gelli. «Grande alleanza mafia-massoneria», «L'ex capo della P2 torna al centro di un intreccio tra massoneria, mafia e politica», titolano i quotidiani l'indomani. Il presidente della Commissione parlamentare antimafia Luciano Violante dichiara: «La P2 è stata sciolta da una legge, ma può essere sopravvissuto il suo sistema di relazioni politiche, finanziarie e criminali [...].

---

[17] "L'Espresso", 7 novembre 1993. Il Venerabile maestro ribadirà: «Chi crea produce benessere, e chi produce benessere deve essere messo a capo dell'intera comunità. Berlusconi, un uomo che si è fatto da solo, ha capito immediatamente l'importanza dell'immagine nel gioco politico...» ("Gazzetta di Parma", 5 gennaio 1994).

Quanto al dottor Berlusconi, che alla Loggia di Gelli era affiliato e che adesso sostiene di volersi impegnare direttamente, di volere scendere proprio nell'agone della politica: il suo "interventismo" attuale è sintomo della reazione di una parte del vecchio regime che, avendo accumulato ricchezza e potere negli anni Ottanta, pretende di continuare a condizionare la vita politica anche negli anni Novanta».

"Protetto" dai limiti posti dalla estradizione concessa dalle autorità elvetiche, Licio Gelli risulta coinvolto in numerose inchieste della magistratura: «Oltre a quelle condotte dal sostituto procuratore di Roma Elisabetta Cesqui che hanno portato al sequestro dei 16 miliardi, c'è quella sulla morte del banchiere Roberto Calvi, e c'è quella sulla bancarotta della Cgf che ha già portato nel febbraio scorso a numerosi arresti. Sia il ministro dell'Interno che il presidente dell'Antimafia Violante, assieme a giudici e investigatori che lavorano sugli attentati del "terrorismo mafioso", hanno più volte ipotizzato la presenza della P2, a fianco della mafia e dell'eversione nera. Un legame processualmente provato nella sentenza sulla strage del treno 904. L'inchiesta di Arezzo su movimenti di una decina di miliardi compiuti tra la fine del '91 e i primi mesi del '92, che ha individuato conti correnti di Gelli per 25 milioni di dollari in Svizzera e nel Liechtenstein, non risulta avere finora portato ad alcun provvedimento. Oltre a questa, Gelli è implicato in un'inchiesta a Napoli sugli intrecci tra camorra e politica, che ha portato nel marzo scorso a 116 ordini di custodia (fu perquisita allora Villa Wanda e furono accertati i legami tra l'ex Venerabile e alcuni degli arrestati). Gelli, inoltre, è tra i 125 rinviati a giudizio dal procuratore di Palmi, Cordova, nell'inchiesta su mafia e massoneria» [18].

Da anni, il giudice Agostino Cordova indaga sul criminoso intreccio fra massoneria-mafia-politica, una *connection* che, specie nel Sud d'Italia, si è ormai configurata come un Superpotere a delinquere. «Secondo Leonardo Messina», scrive Cordova, «"Cosa Nostra" non è sola, ma è aiutata dalla massoneria, che sarebbe "un punto d'incontro per tutti". Molti "uomini d'onore" appartengono alla massoneria (in rappresentanza delle varie "famiglie") perché è nella massoneria che si possono avere i contatti totali con gli imprenditori, con le istituzioni, con gli uomini che amministrano il potere diverso da quello punitivo di "Cosa Nostra". Uomini politici e mafiosi in Sicilia hanno in comune due cose: gli appalti e la massoneria. La massoneria è il punto d'incontro per tutti: anche

[18] "la Repubblica", 28 dicembre 1993.

alcuni uomini della sua "famiglia" erano massoni. Marino Mannoia riferì che, durante il finto sequestro, Sindona [*affiliato alla Loggia P2, NdA*] avrebbe appoggiato con convinzione la decisione di affiliare esponenti mafiosi alla massoneria. Non v'è dubbio che anche i servizi deviati rientrano nel novero delle società segrete. E sono di poco tempo fa le dichiarazioni di Leonardo Messina sui rapporti tra mafia, massoneria e servizi deviati. Per il resto i fatti recenti ed attuali parlano da soli» [19].

Benché sciolta da un'apposita legge nel 1982, la Loggia piduista guidata dal Venerabile maestro ha continuato a tessere la sua losca tela affaristica, forte degli ingentissimi "tesori" finanziari di cui essa dispone e che sono disseminati nei forzieri delle banche di mezzo mondo – Svizzera, Lussemburgo, Sud America, e nei vari "paradisi fiscali". «La P2 non è mai completamente morta», conferma il giudice Stefano Racheli: «Ora se ne parla perché sono venuti meno gli interessi di quanti hanno coperto indiscriminatamente la massoneria, non ultimo l'ex presidente Cossiga» [20].

Il 29 dicembre 1993, sotto il titolo *Mafia e massoneria – Gelli, caccia al "tesoro" tra i segreti delle banche*, il quotidiano "la Repubblica" informa: «Un dettagliato rapporto della Guardia di Finanza, frutto di mesi di indagini, raggruppa centinaia di operazioni finanziarie, riconducibili all'ex capo della P2, Licio Gelli. Il documento fa parte della nuova inchiesta giudiziaria, affidata al Pm Elisabetta Cesqui. Gli inquirenti hanno scoperto il movimento di ingenti somme di denaro ma è rimasto insoluto l'interrogativo più importante. Quale provenienza hanno quelle decine di miliardi che Gelli ha depositato nelle banche? È un interrogativo inquietante perché, allo stato attuale delle indagini, non viene escluso che si tratti di denaro sporco. C'è da ricordare che Gelli è stato accusato dalla magistratura di Palmi di associazione a delinquere di stampo mafioso. Inoltre, alcuni pentiti delle cosche hanno fatto il suo nome. Finora Gelli, in via informale, ha detto che quelle somme provengono da "prestiti di amici", mentre il suo legale, Raffaello Giorgetti, parla di proventi derivanti dalla vendita di immobili posseduti all'estero».

Il 17 gennaio 1994, nell'ambito del processo alla Loggia P2 in Corte d'assise, a Roma, vengono interrogati Bettino Craxi e il suo ex delfino Claudio Martelli. Entrambi ammettono i loro contatti con il Venerabile maestro. Craxi dichiara: «Lo conobbi all'inizio

---

[19] F. Forgione, P. Mondani, *Oltre la cupola*, Rizzoli, 1994, pag. 246.

[20] Cit. in *Ibidem*, pag. 190.

del 1980... Allora c'era un clima di collaborazione fra massoneria e mondo politico». Martelli dichiara: «Lo incontrai per la prima volta nella primavera del 1980... Lui mi spiegò che la P2 era la crema della massoneria, e che la massoneria è cuore, cervello e portafogli...». Intanto, il sostituto procuratore Gherardo Colombo, del *pool* "Mani pulite", afferma che il potere della Loggia P2 non è mai venuto meno, e si è protratto nel tempo al punto che ancora nel 1993 se ne avverte l'impalpabile presenza.

La perdurante attività della ragnatela piduista quale affaristico crocevia a delinquere fra criminalità organizzata, politica e malaffare, si rivela, nella sua piena articolazione, attraverso una vicenda esemplare.

Il 25 settembre 1992, la polizia di Ginevra arresta tale Winnie Kollbrunner, trovata in possesso di alcuni titoli rubati, provenienti da una stranissima rapina ai danni del Banco di Santo Spirito. L'ambigua Kollbrunner risulta essere una stretta collaboratrice del ministro di Grazia e Giustizia Claudio Martelli (a carico del delfino di Craxi, infatti, la magistratura inoltrerà richiesta di autorizzazione a procedere per il reato di ricettazione); Martelli era entrato in diretto contatto con Licio Gelli nel 1980, ai tempi del "Conto Protezione" e dei maneggi socialisti con il bancarottiere piduista Roberto Calvi. La Kollbrunner risulta avere «trattato, per mesi, operazioni di cambio valuta fra banche per *tranches* di 50 milioni di dollari la settimana. Nel passaggio si fingevano perdite sul cambio intorno al 6 per cento, una parte delle quali (generalmente il 4 per cento) andavano a ingrassare conti in nero della Dc e del Psi. Ma sempre la Kollbrunner ha trattato affari immobiliari e operazioni di cambio con Salvatore Ligresti, Paolo Berlusconi [*fratello di Silvio, NdA*], Gaetano Caltagirone... Esiste forse una connessione tra il traffico di titoli rubati e gli affari immobiliari? [...] L'intreccio non ha niente da invidiare alla vecchia vicenda del Banco Ambrosiano di Roberto Calvi. Molti dei protagonisti sono addirittura gli stessi – basti pensare che Flavio Carboni [*già in affari con Berlusconi, NdA*], condannato a 15 anni per il crack del Banco, è un gran frequentatore dello Studio Pinto» [21].

Lo Studio Pinto, del commercialista massone Patrizio Pinto, è il luogo dove i certificati rubati al Banco di Santo Spirito sono approdati dopo la rapina. Alcuni degli autori della rapina, successivamente identificati e arrestati, fanno parte della Banda della

[21] *Ibidem*, pag. 195.

Magliana (l'associazione criminale romana di cui si sono spesso avvalsi servizi segreti "deviati", Cosa Nostra e massoni piduisti). Lo Studio Pinto è «la centrale» da cui si dipana «una ragnatela finanziaria votata all'illecito», e tra i suoi assidui frequentatori vi è il piduista Eugenio Carbone, ex direttore generale del ministero dell'Industria, anche lui imputato per la vicenda dei titoli rubati.

Nello studio romano di Carbone, la magistratura sequestra fra l'altro copia di due lettere da lui indirizzate «Al caro dottor Berlusconi» – una datata 29 luglio 1992, l'altra 27 novembre 1992. «"Licio e Egidio si erano offerti a farle pervenire una mia lettera-proposta al fine di rendere più probabile che lei, pur col suo e-norme e assorbente lavoro, la leggesse" [scrive Carbone a Silvio Berlusconi]. Il Licio e l'Egidio citati sono il capo della P2, e Egidio Carenini (ex parlamentare Dc, anch'egli affiliato alla P2)» [22]. Nella prima delle due lettere, Carbone chiede un aiuto economico al potente "fratello": «Non avrei mai immaginato di doverla disturbare per questo, ma è solo a un vero amico che è possibile farlo, pensando che egli sia l'unico che possa fronteggiare la cosa, senza ricorso a banche ma ad altri enti finanziari»; in calce alla copia della lettera, Carbone ha aggiunto l'annotazione «Inviata a Licio ed Egidio».

«Nella seconda lettera, Carbone sembra preoccupato innanzitutto di farsi riconoscere dal proprietario della Fininvest, e a questo scopo fa riferimento a Gelli e Carenini. Quindi passa a esporre un progetto [editoriale]» [23]; dopodiché scrive: «Mi interessa poi che la Lupo Moda [un'azienda tessile pugliese, NdA] possa essere esaminata per una entratura alla Standa», e dopo avere rinnovato la richiesta di un aiuto economico attraverso «una operazione bancaria tramite finanziaria», Carbone conclude: «La mia situazione, Licio forse le ha detto, dipende sempre dalla controversia non ancora chiusa, dopo 10 anni, per la... fratellanza [riferimento allo scandalo P2 della primavera 1981, NdA]»; anche in calce alla copia di questa seconda lettera vi è l'indicazione «Postacelere a Licio Gelli ed Egidio Carenini».

«Interrogato sul contenuto delle due lettere il 4 novembre 1992, Carbone ha dichiarato: "Conosco Berlusconi da circa 30 anni, e cioè fin da prima di quando lo conobbe Gelli. Mi sono interessato presso Berlusconi per un mio amico Lupo di cui non ricordo il

---

[22] Cfr. M. Gambino, *Berlusconi e la Loggia P2 – "Caro Silvio, se tu, Gelli e io..."*, in "Avvenimenti", 2 giugno 1993.

[23] *Ibidem*.

nome... Gelli recentemente, circa due mesi fa, si rivolse a Berlusconi per sollecitarlo a prendere in esame la mia richiesta di aiuto alla situazione finanziaria in cui mi sono venuto a trovare" [...]. Se le due lettere sono state effettivamente spedite – come risulta dalla deposizione di Carbone ai magistrati – esse lasciano intuire l'esistenza di rapporti molto recenti tra il proprietario del più potente gruppo editoriale privato italiano e il capo della P2; il quale, dal canto suo, non è mai uscito di scena, come dimostrano le inchieste in corso in varie città italiane» [24].

[24] *Ibidem.*

La setta scende in campo

Lo strumento arruolativo del neo-partito Fininvest è la capillare struttura territoriale della potente concessionaria di pubblicità Publitalia.

«Gli agenti, nella routine del proprio lavoro istituzionale, incontrano quotidianamente commercianti, imprenditori, dirigenti. Scambiano quattro chiacchiere e lasciano in lettura [il programma politico]. Dopo qualche giorno si ripresentano e studiano reazioni e desideri. Se il soggetto in questione entra nella rosa dei candidabili, passa per competenza al capoarea. Il capoarea contatta la persona, ne valuta il profilo e riferisce alla riunione settimanale che si tiene a Milano sotto la guida di Domenico Lo Jucco, già vicedirettore generale di Publitalia e ora supervisore delle selezioni per il movimento. I ventisei sono quasi tutti colonnelli di Publitalia: il Lazio è in mano ad Alberto Dell'Utri, direttore generale della sede romana di Publitalia, gemello dell'amministratore delegato Marcello. Alberto, oggi *trait d'union* fra Berlusconi e i palazzi romani, ebbe qualche disavventura negli anni Settanta e fu coinvolto in un'indagine della Criminalpol sui colletti bianchi della mafia al Nord» [25]. Il settimanale "L'Espresso" del 21 novembre 1993 precisa: «Mentre i lombardi [*di Publitalia, NdA*] hanno violato la consegna del silenzio, altrove la riservatezza è ancora legge. Soprattutto nelle regioni strategiche per il progetto. Nel Lazio, è sceso in pista Alberto Dell'Utri, direttore commerciale della sede romana di Publitalia, gemello del potente direttore generale e amministratore delegato Marcello. Alberto, qualche disavventura negli anni Settanta in seguito al fallimento della società Bresciano (che faceva parte di un gruppo controllato da personaggi molto

[25] "L'Europeo", 22 dicembre 1993.

vicini all'ex sindaco di Palermo, Vito Ciancimino), ora tratta personalmente i cosiddetti "clienti speciali", cioè ministeri e enti pubblici, e viene considerato il vero braccio politico della Fininvest a Roma [...]. Alle dirette dipendenze di Dell'Utri e a contatto coi "clienti speciali" lavora per individuare i candidati Egidio Pardini, nome circolato qualche mese fa, quando fu sentito come testimone dalla Procura di Milano per chiarire i rapporti tra il dirigente Fininvest Aldo Brancher e Giovanni Marone (segretario dell'ex ministro della Sanità, Francesco De Lorenzo). Terzo reclutatore, il capo della sede romana di Publitalia, Fabrizio Menichella, nipote di Donato, negli anni Cinquanta governatore della Banca d'Italia. Fedelissimi di Marcello Dell'Utri sono i due giovani che si occupano dei candidati siciliani: Giuseppe Catania, 32 anni, funzionario di Publitalia a Palermo dal '91, e Gianfranco Miccichè, 39 anni, ben introdotto nella Palermo "bene", dall'84 in Publitalia, prima come capo della sede siciliana, poi di quella bresciana. Ora è uno dei numerosi direttori centrali alla corte di Dell'Utri». A organizzare la setta Forza Italia in Sardegna, Berlusconi ha inviato ovviamente il suo ex prestanome Romano Comincioli...

«Contemporaneamente alla ricerca degli uomini», informa compiaciuto il berlusconiano "Panorama", «nel quartier generale della Fininvest cominciano a riunirsi i sei gruppi di lavoro per preparare il programma politico di Forza Italia. Li coordina Paolo Del Debbio, un giovane intellettuale che viene dalla Fininvest Comunicazioni. Il programma è diviso in una quarantina di schede. Le prime dieci sono dedicate alle "emergenze" del caso Italia: dalla sicurezza privata alla violenza sui minorenni. Le altre trenta alle grosse questioni come l'agricoltura, l'occupazione, la cultura» [26].

Intanto, l'ideologo Berlusconi tratteggia suggestive allegorie: «La politica è come il mercato delle bevande. Da una parte ci sono gli alcolici; all'estremo opposto le bibite dolci; ma in mezzo c'è lo spazio immenso di chi beve Coca Cola e Pepsi. Se Coca e Pepsi non sono disponibili, chi ha sete e detesta sia gli alcolici sia le bibite dolci è disposto ad accettare anche l'acqua semplice». Gli fa eco il *boss* di Publitalia Marcello Dell'Utri: «Il nostro non sarà un partito, ma un movimento... Una *lobby*, sì: ma interessata al progresso e alla crescita del Paese... Con i nostri clienti si parla di tante cose: degli affari, ma anche di donne o del Milan – e di politica, perché no? Sono moltissimi gli imprenditori che si dichiarano entusiasti dell'impegno politico di Berlusconi...».

Sergio Romano commenta: «Berlusconi non si limita a porre la

[26] "Panorama", 11 dicembre 1993.

propria candidatura e a utilizzare la sua impresa come una macchina elettorale: sta trasformando la Fininvest in un partito politico, il partito-azienda. I suoi militanti sono operatori televisivi, annunciatori, segretarie, contabili, venditori, piazzisti, portavoce e soprattutto pubblicitari [...]. Nulla del genere è mai accaduto nella storia di una democrazia» [27]. Ma il vociante cicisbeo della setta berlusconiana Vittorio Sgarbi esulta: «Il partito di Berlusconi è una macchina formidabile, invincibile, diabolica, allestita con criteri così sofisticati che i vecchi partiti tradizionali saranno letteralmente travolti... Berlusconi vuole diventare il successore di Craxi, questa è la sua aspirazione, [ma] un Craxi pulito: quando uno ha i soldi, come Berlusconi, può benissimo fare politica senza arricchirsi...».

Alle redazioni dei giornali pervengono plichi della Fininvest Comunicazioni contenenti decine di foto "ufficiali" «del Dottor Berlusconi»; commenta il "Corriere della Sera": «Non è una novità che i personaggi del mondo del *business* e della finanza seguano l'esempio dei divi e mandino in giro fotoritratti dove sembrano giovani, belli, coi capelli folti. Ma Sua Emittenza ha battuto tutti, il suo *dossier* supera sicuramente quelli delle grandi star hollywoodiane. Vi si vede Lui in pose ufficiali e protocollari: con il Papa, con Gorbaciov, con artisti. Lui in situazione seriosa-confindustriale. Lui trepido primo tifoso che freme allo stadio in un momento difficile del Milan. Lui felice primo tifoso che sorride dopo un goal del Milan. Lui tenero padre con le bambine più piccole per mano. Lui Grande comunicatore che arringa la forza vendita. Lui in veste mondana... e avanti così. Il fotografo ha fatto un eccellente lavoro. Si dice che alla Fininvest ci sia una persona che si occupa quasi esclusivamente delle foto di Sua Emittenza. Ora ci si domanda che cosa farà il nuovo amministratore delegato del gruppo, il famoso tagliacosti Franco Tatò: sarà sensibile a questa piccola vanità?» [28].

«Il nostro Paese ha bisogno di una cura forte e di uomini forti», proclama l'aspirante "Uomo Forte" Berlusconi, assiso ad Arcore sul domestico trono della sua sontuosa villa brianzola, in attesa di spiccare il balzo verso il trono di Palazzo Chigi. Un'attesa confortata dalla petulante compagnia del caricaturale Marco Pannella, il quale non si perita di dichiarare: «Lui è uno che, come nessuno in Italia, è riuscito a costruire un impero cominciando da zero...

---

[27] "La Stampa", 17 dicembre 1993.

[28] "Corriere della Sera", 18 ottobre 1993.

Berlusconi ha scelto di entrare in politica perché le vie del Signore, o del Diavolo, sono infinite» [29].
L'arrembaggio del partito-Fininvest al Palazzo del potere è serrato, grottesco, spettacolare. Dilaga con clamore sulla stampa nazionale e internazionale [30], e arriva a travolgere perfino "il monumento" Indro Montanelli (indotto a lasciare la direzione del "Giornale" perché reo di non voler sostenere "Forza Italia") [31].

[29] L'ormai patetico ex leader radicale è uno dei più entusiasti sostenitori dell'avventura partitica berlusconiana. Nel suo cronico narcisismo smisurato, preda del suo maniacale protagonismo, non pago di come lo Stato abbia foraggiato e foraggi con decine di miliardi il suo personale megafono Radio Radicale, Pannella è subito pronto ad alleare il niente politico di cui è oggi portatore, col partito-Fininvest: così, spera di poter divulgare i suoi vanagloriosi sproloqui anche attraverso i *networks* di "Forza Italia".
Per la verità, indirette "convergenze" Pannella-Berlusconi si erano già avute intorno alla metà degli anni Ottanta, quando il pittoresco leader radicale aveva accarezzato l'idea di candidare nelle liste radicali l'allora latitante Licio Gelli. Dopo aver contribuito all'ingresso in Parlamento di cantanti, teorici della lotta armata, ex agenti segreti piduisti, pornostar, pur di guadagnare la ribalta dei mass media l'incoercibile Giacinto detto Marco ha considerato seriamente l'eventualità di portare in Parlamento perfino il Venerabile maestro della Loggia P2...

[30] Sotto il titolo *Berlusconi visto dall'estero – Opportunista, poco rispettoso del libero mercato, e in politica destinato a perdere*, il settimanale "L'Europeo" del 19 gennaio 1994 raccoglie pareri e commenti della stampa estera.
Dichiara Wolfgang Achtner (corrispondente delle reti televisive Usa "Cnn" e "Abc"): «È ridicolo pensare che Berlusconi si muova perché preoccupato per le sorti del Paese. Secondo me si è buttato in politica per preservare il suo impero economico, o quanto meno per recuperare la forza necessaria per barattare con i partiti politici condizioni e trattamenti a lui favorevoli... Berlusconi è anche parte di un sistema feudale, chiuso, protezionistico, che va avanti per crediti concessi dalle banche, per oscuri motivi o per favoritismi politici... Sarebbe ancora un piccolo impresario edile di Milano, se non avesse incontrato Bettino Craxi...».
Secondo Edward Vulliamy (del quotidiano inglese "Manchester Guardian"), «Berlusconi è il grande opportunista di questo Paese... Da noi una concentrazione editoriale come quella che lui ha realizzato in Italia non sarebbe stata possibile, perché in Inghilterra il Parlamento controlla severamente le concentrazioni, abbiamo leggi antitrust piuttosto forti... Uno come lui era nella P2... I connotati politici che finora conosciamo di lui (Bettino Craxi e la Loggia P2) suggeriscono che come politico probabilmente ha anche interesse a realizzare in Italia una grande Destra».
Tana De Zulueta, del settimanale economico inglese "Economist", dichiara tra l'altro: «Il fatto è che nel campo dell'informazione Berlusconi gode di una posizione dominante, un caso unico in tutto il mondo sviluppato... Non si era mai visto niente di simile, in un Paese democratico... Il suo impero è stato costruito grazie ai forti appoggi politici e alla sintonia con Bettino Craxi...».

[31] Ampio spazio nelle cronache giornalistiche ha avuto il clamoroso allontanamento di Montanelli dal "Giornale", e il meschino ruolo che nella vicenda ha avuto il «servitorello sciocco» Emilio Fede (già noto per le sue frequentazioni di bische

L'apoteosi si registra nei primi giorni del 1994, quando la setta partitica Fininvest schiude al mondo le porte della sua nuovissima sede romana: «Fa le cose in grande, Silvio Berlusconi... Il capo della Fininvest, con l'ambizione di diventare il capo del governo, apre la sfarzosa sede di "Forza Italia" a Roma. Duemilacinquecento metri quadrati in pieno centro, di proprietà di una società immobiliare [...], presi in affitto a oltre cento milioni al mese [...]. Un'inaugurazione molto attesa dai fan, preparata da mesi, curata fin nei minimi dettagli [...]. Tra non molto questo palazzo signorile di quattro piani più superattico, scelto da Berlusconi come suo quartier generale per la vicinanza ai palazzi del potere (Montecitorio, Palazzo Chigi e il Quirinale sono a due passi), finirà sotto i flash dei fotografi e le zoomate delle telecamere al pari di Botteghe Oscure e Piazza del Gesù [...]. Per l'occasione l'edificio è stato completamente ristrutturato. Per mesi le impalcature hanno coperto la facciata in travertino, l'elegante portale, i cornicioni rifiniti. L'immagine è al primo posto, chi può saperlo meglio del Cavaliere? Ma anche gli interni sono tutti da vedere. A Roma, si sa, il traffico è infernale. E allora, per evitare agli ospiti di riguardo il fastidio di cercare un parcheggio, il piano terra è stato adibito a garage: si entra da tre grandi portoni sul retro azionati elettronicamente. [...]. Al quarto piano, infine, la sorpresa: se Bettino Craxi aveva la *suite* nella sede del Psi in Via del Corso, perché "Forza Italia" dev'essere da meno? Da una scala in legno massiccio si sale ad un attico che pare fatto apposta per ospitare due camere da letto e un salottino per gli incontri riservati: ci sono il videocitofono a disposizione, un elegante bagno con una grande vasca, e, per addolcire le fatiche di una giornata stressante, una magnifica vista sui tetti di Roma» [32].

clandestine). Montanelli lascerà "Il Giornale" dichiarando: «Berlusconi si è messo in politica per disperazione... Lui si crede un incrocio fra Churchill e De Gaulle, e ci crede veramente...».
Analoga eco hanno avuto le roboanti sortite del malinconico clown Giuliano Ferrara (inconsolabile orfano craxiano, e guitto delle Tv Fininvest pagato a peso d'oro) contro colleghi delle Tv berlusconiane rei di non essersi allineati al partito politico del padrone. Il cicisbeo Vittorio Sgarbi, da parte sua, definirà il direttore del Tg5, Enrico Mentana, «persona abituata a servire i padroni, e oggi orfano del suo ex padrone Craxi» – invettiva che il cialtronesco deputato (del partito dell'ex ministro Francesco De Lorenzo) non potrà certo estendere al neo-direttore del Tg "Studio aperto" Paolo Liguori (il quale infatti, da buon ex militante "rivoluzionario" negli anni Settanta, era poi passato al diretto servizio di Craxi, quindi di Andreotti, per approdare in tempo utile alla corte di Berlusconi).

[32] "Corriere della Sera", 5 gennaio 1994.

La nuova missione politica non impedisce certo al *lìder maximo* del Biscione di occuparsi anche di affari: come ha dimostrato il Venerabile maestro, le due questioni non sono certo incompatibili. Così, Berlusconi le coniuga mirabilmente con tre alti dirigenti della Banca Commerciale Italiana (uno degli istituti di credito più esposti verso il gruppo Fininvest). I banchieri Luigi Fausti (amministratore delegato), Piefrancesco Saviotti (direttore centrale) e Guido Ainis (direttore filiali di Milano), a metà dicembre 1993 si recano nella villa di Arcore, dove parlano «poco dei gravissimi problemi finanziari della Fininvest», e dove invece ascoltano molti «discorsi politici, esaminano sondaggi, visionano proiezioni», e lasciano Arcore «convinti, a quanto risulta, che Berlusconi può anche vincere la sua scommessa politica». Commenta "L'Espresso": «Come è possibile che in queste condizioni un banchiere valuti serenamente la posizione del debitore? Si può umanamente pretendere che un futuro presidente del Consiglio, anche se i suoi debiti sono ormai oltre il livello di guardia, venga trattato con la stessa mano ferma che si riserva ai comuni clienti? No, non si può. Soprattutto se si tiene a mente che le grandi banche sono quasi tutte pubbliche [il cui *management* è] di nomina politica... E quale solida garanzia può ottenere la Comit, a fronte dei crediti erogati, se non l'ascesa al potere politico dell'imprenditore così lautamente finanziato?» [33].

L'aspirante *premier* Berlusconi affronta la campagna per le elezioni politiche del 27-28 marzo '94 agitando lo spauracchio degli "ex comunisti al governo" e sventolando il tricolore contro le tasse, invocando meno disoccupazione e più lavoro, meno inquinamento e più rispetto per l'ambiente, più solidarietà per i deboli, più efficienza nei servizi, più amore per gli anziani... Il suo programma politico è un compendio di ben 45 "ingredienti" per una ricetta di stucchevole demagogia e di vieto populismo – un frastornante zibaldone di luoghi comuni in forma di spot.

Il carismatico leader-fondatore di "Forza Italia" si è posto anche il problema della criminalità organizzata, per risolvere il quale, a suo dire, «bisogna rafforzare il controllo sulla provenienza dei grandi capitali per individuare quelli illeciti» [34]. Ben detto, Cavaliere: parole sante.

---

[33] "L'Espresso", 14 gennaio 1994.

[34] "Epoca", 1 febbraio 1994.

Appendice

LE 38 HOLDING DEL MISTERO

Le 38 holding del mistero

Alla fine del 1992, l'intricato impero Fininvest si articola ufficialmente in 168 società, delle quali 44 hanno sede all'estero. Nell'elenco che segue, le società sono distinte secondo tre diversi criteri di assunzione a bilancio: consolidate con il metodo dell'integrazione globale (97), valutate con il metodo del patrimonio netto (40), valutate con il metodo del costo (31).

Società consolidate con il metodo dell'integrazione globale

Ragione sociale	Sede legale	Valuta	Capitale sociale (in milioni)	Quota del gruppo
Capogruppo				
Fininvest Spa	Milano	Lit.	400.000	
Divisione cinema e spettacolo				
Reteitalia Spa	Milano	Lit.	100.000	100,00%
Reteitalia Productions Spa	Roma	Lit.	1.000	99,99%
Reteitalia Ltd	Londra	Lst.	1.000	90,00%
Olympia Spa	Segrate (MI)	Lit.	500	99,99%
Il Teatro Manzoni Spa	Milano	Lit.	500	99,99%
G.R.T. - Gestioni Radio Televisive Spa	Milano	Lit.	300	99,99%
Finsimac Spa	Milano	Lit.	500	99,99%
Medusa Distribuzione Spa	Roma	Lit.	500	99,99%
Cinema 5 Spa	Roma	Lit.	5.000	99,98%
Cinema 5 Gestione Spa	Roma	Lit.	1.000	50,99%
Mediolanum Sport Spa	Milano	Lit.	3.000	99,99%
Leopard Communications Ltd	Londra	USA $	1.000*	100,00%
Libra Communications Ltd	Londra	USA $	1.000*	100,00%
Libra UK Communications Ltd	Londra	USA $	1.000*	100,00%
Lion Communications Ltd	Malta	USA $	10.000*	100,00%
News and Sport Television Ltd	Londra	USA $	1.000*	100,00%
News and Sport Time Ltd	Malta	USA $	10.000*	100,00%
Reteinvest Holding S.A.	Lussemburgo	DM	25	100,00%
Reteuropa N.V.	Antille Olandesi	USA $	6.000*	100,00%
Reteuropa B.V.	Amsterdam	HFL	3	100,00%
Scanemore Ltd	Malta	USA $	2.000*	100,00%
Sport Image International Ltd	British Virgin Islands	USA $	50.000*	100,00%
Principal Communications Ltd	British Virgin Islands	USA $	50.000*	100,00%
Silberco Espana S.A.	Madrid	Pts.	25	100,00%

Divisione televisiva				
Reti Televisive Italiane Spa	Roma	Lit.	109.022	99,84%
Rete 10 Srl	Milano	Lit.	100.000	97,72%
Canale 5 Music Srl	Milano	Lit.	20	99,83%
Ediciones Musicales Cinco S.A.	Madrid	Pts.	10	99,87%
R.T.I. Music Srl	Milano	Lit.	30	99,85%
Tele Torino Spa	Torino	Lit.	750	97,15%
Teleuropa Spa	Napoli	Lit.	769	99,46%
Elettronica Industriale Spa	Lissone (MI)	Lit.	10.000	99,84%
Video Time Spa	Milano	Lit.	100.000	85,59%
Finmedia Srl	Milano	Lit.	3.700	85,34%
Divisione pubblicità				
Publitalia '80 Spa	Milano	Lit.	9.500	99,99%
Mediolanum Gmbh	Monaco di Baviera	DM	50.000*	99,99%
Promoservice Italia Srl	Segrate (MI)	Lit.	1.500	99,99%
Publieurope International Ltd	Londra	USA $	1	99,99%
A.ME.R. Srl	Milano	Lit.	30	99,99%
Rete 2000 Spa	Milano	Lit.	3.000	99,79%
Publiespana S.A.	Madrid	Pts.	100	67,00%
Divisione editoria				
Gruppo A.M.E.	Milano	Lit.	95.932	87,72%
Silvio Berlusconi Holding Editoriale Spa	Milano	Lit.	1.000	49,00%
Silvio Berlusconi Editore Spa	Milano	Lit.	30.000	24,01%
SORIT Spa - Soc. Rotocalcografica Italiana Spa	Melzo (MI)	Lit.	500	24,76%
Fied Spa	Milano	Lit.	800	11,74%
Editrice Penta Srl	Milano	Lit.	30	24,76%
Divisione assicurazioni e prodotti finanziari				
Fininvest Italia Spa	Milano	Lit.	100.000	99,99%
Gestioni Estere Spa	Segrate (MI)	Lit.	4.000	50,00%
Gestioni Internazionali Spa	Segrate (MI)	Lit.	5.000	50,00%
Mediolanum Commissionaria Spa	Milano	Lit.	3.300	84,99%
Mediolanum Borsa SIM P.A.	Milano	Lit.	1.800	84,91%
Mediolanum Consulenza SIM P.A.	Milano	Lit.	1.200	84,99%
Vacanze Italia Spa	Milano	Lit.	1.000	50,00%
Brokers Five Srl	Milano	Lit.	200	54,99%
Programma Italia Spa	Segrate (MI)	Lit.	5.000	50,00%
Programma Italia Investimenti SIM P.A.	Segrate (MI)	Lit.	7.000	50,00%
Fininvest Fiduciaria Spa	Segrate (MI)	Lit.	1.000	84,99%
Gestione Fondi Fininvest Spa	Segrate (MI)	Lit.	10.000	84,99%
Mediolanum Assicurazioni Spa	Milano	Lit.	30.000	87,49%
Mediolanum Vita Spa	Milano	Lit.	63.000	87,49%
Aram Spa	Milano	Lit.	10.549	99,99%
Ambrosiana Vita Spa	Milano	Lit.	40.000	87,49%
Divisione grande distribuzione				
Gruppo Standa	Rozzano-Milanofiori	Lit.	55.350	64,77%
Progetto Trade Srl	Milano	Lit.	2.000	75,28%
Divisione servizi di gruppo e diversificate				
Istifi Spa	Milano	Lit.	18.000	99,99%
Five Viaggi Srl	Segrate (MI)	Lit.	90	99,99%
Bonomi e Pagani - BOPA Srl	Milano	Lit.	90	99,99%
Immobiliare Briseide Spa	Milano	Lit.	200	99,98%
Fininvest Servizi Spa	Segrate (MI)	Lit.	9.500	100,00%
Alba Servizi Aerotrasporti Spa	Milano	Lit.	5.000	100,00%
Fininvest Service S.A.	Massagno-Svizzera	Sfr.	1	100,00%
Parking Milano 2 Srl	Milano	Lit.	2.000	100,00%
Isim - Italiana Sviluppo e Investim. Mobiliari Spa	Milano	Lit.	7.000	99,00%
Essetici Srl (Servizi Teatrali e Cinematogr. Srl)	Milano	Lit.	50	99,01%
Five International Srl	Milano	Lit.	1.000	99,01%
Fininvest Comunicazioni Srl	Milano	Lit.	2.000	100,00%
Istifi Espana S.A.	Madrid	Pts.	100	100,00%
Principal Finance Ltd	British Virgin Islands	USA $	10	100,00%

Consorzio Aeromobili Fininvest (CAFIN)	Milano	Lit.	1.000	100,00%
Consorzio Elicotteri Fininvest (CEFIN)	Milano	Lit.	1.000	99,95%
Finedim Italia Spa	Milano	Lit.	10.000	99,99%
Resid. Immobiliari Srl	Milano	Lit.	30	50,00%
Infrastrutture Immobiliari Spa	Milano	Lit.	400	99,98%
Immobiliare Verrocchio II Srl	Segrate (MI)	Lit.	30	99,99%
Immobiliare Perseo Srl	Milano	Lit.	30	99,98%
Alighieri Srl	Milano	Lit.	20	99,99%
Immobiliare Carbonolo Spa	Milano	Lit.	330	99,99%
Immobiliare Coriasco Spa	Milano	Lit.	2.200	99,99%
Immobiliare Buonaparte I Srl	Milano	Lit.	1.000	99,99%
Renoncino Srl	Segrate (MI)	Lit.	70	99,99%
Immobiliare Idra Spa	Milano	Lit.	10.000	100,00%
Anfri Immobiliare Srl	Milano	Lit.	200	100,00%
Egeo '82 Srl	Milano	Lit.	20	100,00%
Jonio '82 Srl	Milano	Lit.	20	100,00%
E.I.S. Srl	Sesto San Giovanni (MI)	Lit.	90	50,00%
Silvio Berlusconi Finanziaria S.A.	Lussemburgo	Lit.	100.000	100,00%

Società valutate con il metodo del patrimonio netto

Divisione cinema e spettacolo				
Dania Film Srl	Roma	Lit.	30	33,00%
Delta Srl	Milano	Lit.	2.000	25,49%
Esercizio Schermi Italiani Srl	Roma	Lit.	40	25,00%
Mach 3 Video Spa	Milano	Lit.	3.000	46,69%
Penta America Communications Inc	Los Angeles-California	USA $	10.000*	50,00%
Penta Entertainment Ltd	Antille Olandesi	USA $	1.100.000 *	50,00%
Penta International Ltd	Malta	USA $	10.000*	50,00%
Penta America Pictures Ltd	Los Angeles-California	USA $	1	50,00%
Penta (UK) International Ltd	Londra	USA $	250.000*	50,00%
Pentadistribuzione Srl	Roma	Lit.	100	50,00%
Pentafilm Spa	Roma	Lit.	20.000	50,00%
Pentavideo Srl	Milano	Lit.	90	50,00%
Quinta Communications S.A.	Nevilly sur Seine	Ffr.	130	50,00%
Safin Cinematografica Spa	Roma	Lit.	1.000	48,99%
Tricom S.A.	Parigi	Ffr.	3	33,33%
Divisione televisiva				
Europe 5 S.A. in liquidazione	Parigi	Ffr.	46	99,98%
France 5 S.A.	Parigi	Ffr.	170	40,00%
Gestevision S.A.	Madrid	Pts.	10	24,96%
KMP Kabel Media Programmgesellschaft mbh	Monaco di Baviera	DM	1	33,50%
Pentafilm Music Srl	Roma	Lit.	90	50,00%
Radio e Reti Srl	Milano	Lit.	20	45,00%
Videotecnica Srl in liquidazione	Milano	Lit.	20	100,00%
Divisione editoria				
Saire Srl	Milano	Lit.	90	6,00%
S.A.G.E. - Seregni Az. Grafica ed Editoriale Spa	Milano	Lit.	250	12,01%
S.E.L. - Società Editrice Lombarda Spa	Milano	Lit.	250	12,01%
S.G.N. - Società Grafica Novarese Spa	Milano	Lit.	800	12,01%
S.I.E.S. - Società Italiana Editrice Stampatrice Spa	Milano	Lit.	1.000	12,01%
Divisione assicurazioni e prodotti finanziari				
Assofin Spa	Milano	Lit.	500	99,99%
Centro Commerciale Milano 3 Srl	Milano	Lit.	90	99,99%
Immobiliare Lurate Caccivio Srl	Milano	Lit.	90	99,99%
Divisione servizi di gruppo e diversificate				
Eis Progetti Srl	Sesto San Giovanni (MI)	Lit.	20	50,00%
Eis Roma Srl	Sesto San Giovanni (MI)	Lit.	20	40,00%
Fingross Srl (Finanziaria Grossisti di Partecipazioni)	Roma	Lit.	4.200	20,00%
G. & G. Electric Srl	Sesto San Giovanni (MI)	Lit.	90	25,50%

H & A Motivation Spa	Milano	Lit.	1.000	20,00%
Industrie Alimentari Riunite Spa	Milano	Lit.	300	50,00%
Mediolanum Factor Spa	Milano	Lit.	2.000	49,00%
Mondadori Factor Spa	Milano	Lit.	2.000	24,99%
Nuove Iniziative Romane Srl in liquidazione	Milano	Lit.	20	50,00%
S.E.L. Srl	Sesto San Giovanni (MI)	Lit.	21	25,50%

Società valutate con il metodo del costo

Divisione cinema e spettacolo				
Amatori Rugby Milano Mediolanum Srl	Milano	Lit.	200	98,44%
Gestione Impianti Milan Srl	Segrate (MI)	Lit.	30	99,99%
Hockey Club Devils Mediolanum Milano Srl	Milano	Lit.	560	99,79%
Hockey Club Diavoli Mediolanum Como Srl	Como	Lit.	70	99,70%
Milan A.C. Spa	Milano	Lit.	48.000	99,91%
Pallavolo Mediolanum Gonzaga Milano Srl	Milano	Lit.	500	99,77%
Principal Network Ltd	Londra	Lst.	50.000*	100,00%
Savoy Pictures Entertainment Inc	New York	USA $	139.000 *	5,00%
Simac S.A. in liquidazione	Parigi	Ffr.	1.500.000 *	92,79%
Divisione televisiva				
Auditel Srl	Milano	Lit.	60	26,49%
Mach 5 Disco Spa	Milano	Lit.	3.000	55,39%
Radio Five Srl	Segrate (MI)	Lit.	30	99,83%
R.T.I. U.S.A. Inc	Delaware-USA	USA $	50.000*	99,84%
Tele Orione I Srl	Milano	Lit.	30	99,83%
Fininvest Ltd	Londra	Lst.	1.000*	100,00%
Silvio Berlusconi Entertainment Ltd	Londra	Lst.	500.000*	100,00%
Divisione editoria				
Società Europea di Edizioni Spa	Milano	Lit.	4.800	6,83%
S.T.S. - Società Tipografica Siciliana Spa	Catania	Lit.	3.000	4,71%
Divisione assicurazioni e prodotti finanziari				
Euromobiliare Spa	Milano	Lit.	35.261	4,29%
Europa Invest S.A.	Lussemburgo	ECU	125.000*	7,00%
Futura Finanziaria Srl	Milano	Lit.	30	99,98%
Divisione servizi di gruppo e diversificate				
Bull Ltd	British Virgin Islands	USA $	1.000*	54,00%
Cantieri Riuniti Milanesi Spa	Milano	Lit.	100.000	18,04%
Consortium Spa	Milano	Lit.	2.000	18,77%
Euroloterie S.A.	Lussemburgo	Fr. Lux.	12	54,00%
Euroloterie Gibiltar Ltd	Gibilterra	Lst.	1.200	54,00%
Europa Agency Ltd	Malta	USA $	1.620	54,00%
Finintel Spa	Milano	Lit.	2.000	49,00%
N.T.S. Srl - Nuove Tecnologie di Sicurezza	Sesto San Giovanni (MI)	Lit.	90	16,47%
Unitel Spa	Milano	Lit.	1.200	36,75%
Divisione pubblicità				
Grandi Eventi Srl	Milano	Lit.	20	99,79%

* = Cifre in valore assoluto

Quello Fininvest è un gruppo caratterizzato da costanti e frenetici mutamenti che di anno in anno contribuiscono a farne un inestricabile e ambiguo rompicapo.

La prima struttura di gruppo – lo si è visto – nasce nell'ormai lontano 1979 con la fusione delle società Fininvest di Roma e di

Milano; essa sembra rispecchiare l'esigenza di riordinare attività diverse, e società di varia storia e provenienza, aventi una comune matrice: il collegamento con le fiduciarie della Bnl Holding. Semplificando, questa prima struttura è interamente targata Bnl, e si articola in nove settori alquanto compositi: progettazione e servizi, costruzioni, immobiliare, trasporti, editoriale e comunicazioni, finanziario, spettacolo, sport-ricreazione e tempo libero, ristorazione – il tutto ha un'evidente connotazione di provvisoria casualità, e tuttavia sembra configurare anche un ambiziosissimo e omnicomprensivo disegno di carattere "politico-sociale".

Nel 1980, il gruppo Fininvest viene ristrutturato seguendo un disegno più razionale nel quale prevalgono le esigenze di gestione. Le diverse attività vengono accentrate per affinità in società capofila che diverranno holding di settore. La Cofint (Compagnia finanziaria televisiva) riunisce sotto di sé tutte le partecipazioni del gruppo nel settore Tv: Reteitalia, Telemilano, Videoprograms, Publitalia 80, Videotecnica. Progettazione edilizia da un lato, e amministrazione e contabilità dall'altro, vengono accentrate rispettivamente nella Edilnord progetti e nella Edilnord servizi – quest'ultima società, di derivazione romana, manterrà a lungo il controllo dei conti dell'intero gruppo.

Nello stesso 1980, la novità di maggior rilievo per la Fininvest è l'entrata in scena della Compagnia fiduciaria nazionale Spa, con sede in Galleria De Cristoforis 3, a Milano. L'operato della Compagnia consente di convogliare nel gruppo società dai trascorsi tutt'altro che limpidi, come Poderada e Su Pinnone (due società delle famose "12 sorelle"), ma anche Gestioni immobiliari romane e Nuove iniziative romane. L'avvento della Compagnia fiduciaria nazionale consente di recuperare al gruppo i terreni di Olbia 2 (estromettendo Carboni), e di costituire nuove società per portare a compimento il progetto di Milano 3 e il centro commerciale "Il Girasole", per un maggiore impegno in campo editoriale, e soprattutto per sostenere il decollo della Tv commerciale.

Queste e altre esigenze condizionano l'assetto del gruppo. L'organigramma delle società Fininvest muta di continuo per la tumultuosa affermazione dell'emittenza Tv e per l'espansione nel settore dell'intermediazione finanziaria. La struttura Fininvest muta ulteriormente, l'assetto non è mai definitivo, ed è soggetto a una frequente rielaborazione.

Il modello di fondo rimane tuttavia quello del 1981. Il gruppo appare articolato in sei divisioni: edilizia, editoriale, televisiva, finanza e servizi, elettronica, attività diversificate. A capo di ogni divisione vi è una holding – una società finanziaria – alla quale fanno capo le società operative. Variazioni e assestamenti ora riducono ora aumentano il numero delle divisioni, e danno luogo a trasferimenti di società da un settore all'altro. In questo modo emergono nuove attività, e arretrano i settori tradizionali: crescono d'importanza la Tv e l'intermediazione finanziaria, mentre l'edilizia e il settore immobiliare arretrano. Un tempo, nella struttura Fininvest l'edilizia era al primo posto, con grandi iniziative residenziali e commerciali; oggi è all'ultimo. In poco più di un decennio, il peso delle attività che costituiscono l'universo Fininvest si è capovolto.

La svolta risale al 1983, quando Berlusconi riesce a imporre la Tv commerciale. Su un utile di gruppo di 89 miliardi, la Cofint (holding della divisione televisiva) ne realizza da sola 6,5, che l'anno dopo diventano oltre 19 miliardi. Il gruppo movimenta partite sempre più cospicue: nel 1986 il volume di affari aggregato è di 6.036 miliardi, e già l'anno dopo passa a 8.437 miliardi. In quel 1987 la concessionaria di pubblicità del gruppo, Publitalia 80, controlla il 30 per cento del mercato italiano dell'*advertising*, e il 62 per cento del settore televisivo.

In una logica imprenditoriale dinamica, il gruppo si dà una dimensione internazionale (da qui lo sbarco in Europa e nei Paesi dell'Est), e nel contempo si espande in settori contigui (ad esempio, nella produzione e distribuzione cinematografica, che oggi occupa insieme con lo spettacolo il primo posto nell'organigramma Fininvest). L'espansione del gruppo si estende al settore alimentare, alla grande distribuzione, allo sport. A prima vista tali attività non sembrano avere alcunché in comune, ma l'affinità consiste nel consumo di massa, nell'alta resa degli investimenti, e soprattutto nella liquidità immediata.

Sul finire degli anni Ottanta, la Cantieri riuniti milanesi viene ricapitalizzata con un aumento da 12 a 100 miliardi (il capitale sociale della Fininvest, intanto, è stato portato a 200 miliardi, e poi salirà ulteriormente a 400 miliardi). Holding di tutte le attività edilizie del gruppo (che vi partecipa col 18 per cento circa), la Cantieri riuniti milanesi di Paolo Berlusconi vara un programma di investimenti per 2.500 miliardi – a Milano si profila il *business* delle cosiddette aree dismesse, ex zone industriali da riconvertire, dei grandi parcheggi sotterranei, dei nuovi impianti di depurazione.

In seguito a questi ulteriori mutamenti, l'ultimo assetto del gruppo vede al vertice la Fininvest spa, dalla quale dipendono otto holding di settore controllate al 100 per cento. Le società estere fanno capo alla Silvio Berlusconi editore finanziaria sa (100 miliardi di capitale) del Lussemburgo, un "paradiso fiscale" nel quale la Loggia P2 aveva parcheggiato il pacchetto di controllo del settimanale "Tv sorrisi e canzoni".

È un esercizio inutile, quello di cercare nell'organigramma delle società Fininvest le misteriose società denominate Holding Italiana Prima, Holding Italiana Seconda, e via enumerando, che detengono l'intero capitale del gruppo: non vi compaiono, sebbene ne siano la vera cassaforte. La segretezza che avvolge le enigmatiche holding è tale da rendere misterioso perfino il loro numero.

Un contributo alla loro conoscenza lo ha fornito il giornalista Marco Cobianchi nel gennaio 1994: «Berlusconi come persona fisica, non controlla l'intero capitale della Fininvest, ma solo il 50,3 per cento (50,35867 per cento, se vogliamo essere precisi). Gli intestatari del restante 49,64133 per cento sono diversi, ma il nome più importante è quello di una fiduciaria, la Servizio Italia società fiduciaria e di servizi spa controllata dalla Bnl»[1]. Premesso che l'intero capitale Fininvest è detenuto da società finanziarie identificate con le misteriose holding, Cobianchi ne individua 22, e attribuisce il controllo a Silvio Berlusconi di quelle che vanno dalla Ottava alla Ventesima, le rimanenti a Servizio Italia e, per piccole quote, a Parmafid, Sodif[2] e Nodit (che insieme con la Videt compravendono diritti televisivi e cinematografici fungendo da intermediari tra le reti Fininvest e soggetti esterni); in questo modo, forte della risicatissima maggioranza del 50,3 per cento detenuta da queste "scatole vuote", «il Cavaliere regge il timone del comando»[3].

---

[1] "Avvenire", 7 gennaio 1994.

[2] Secondo alcune voci, la Sodif apparterrebbe all'ex Gaumont Italia: ipotesi suggestiva poiché conduce ai fratelli Seydoux, primi soci di Berlusconi nella Cinq.

[3] L'inchiesta di Cobianchi – esemplare per la capacità di rendere comprensibile l'ostica materia – viene pubblicata da "Avvenire" accompagnata da un commento di Roberto Bagnoli: «Lo spettacolo di queste ventidue scatole vuote che come le matrioske si contengono una dentro l'altra e che, come dimostra questa inchiesta, hanno spesso compagni di viaggio inspiegabili, dà a Silvio Berlusconi e al gruppo Fininvest un fastidioso alone di scarsa trasparenza e di imbarazzante furbizia». La replica della Fininvest ("Avvenire", 8 gennaio 1994) è tanto supponente quanto vacua: «È da più di un decennio che le autorità e il mondo finanziario conoscono le strutture del capitale Fininvest. Si fanno passare per *scoop* giornalistici cose vecchie a tutti note...» – in realtà, di noto vi è soltanto la segretezza quasi maniacale che ammanta gli aspetti più oscuri del gruppo. Infatti, i dati forniti al Garante per l'editoria riguardano unicamente la Rti-Reti televisive italiane spa: al 2 ottobre 1992,

In realtà, le misteriose holding che detengono l'intero capitale Fininvest non sono ventidue, bensì trentotto – cioè dalla Holding Italiana Prima, fino alla Holding Italiana Trentottesima.

Le ventidue holding già menzionate – lo si è visto – sono state costituite il 19 giugno 1978 in forma di "srl" con 20 milioni di capitale ciascuna, capitale sottoscritto per due decimi dal commercialista Armando Minna e per la parte restante da sua moglie Nicla Crocitto; l'oggetto sociale «assunzione di partecipazioni in altre società, nonché ogni operazione relativa ai titoli ed alle partecipazioni societarie». Tra il 18 aprile e il 29 giugno 1979, le 22 holding srl si trasformano in spa (per le Ventesima, Ventunesima e Ventiduesima ciò avviene il 26 marzo 1980), e deliberano consistenti aumenti di capitale. La loro sede è in via Santa Maria Segreta 7, a Milano, presso la Fintre spa. La Fintre, che ha per oggetto sociale «operazioni finanziarie effettuate direttamente o indirettamente come intermediario», ha l'amministratore unico nella persona dello zio di Berlusconi, Luigi Foscale, il quale è al tempo stesso amministratore anche delle 22 holding originarie.

Ma tra il 1979 e il 1981, alla Holding Italiana Ventiduesima segue la costituzione di altre fino alla Holding Italiana Trentottesima – cioè se ne aggiungono altre sedici, con modalità e caratteristiche analoghe alle precedenti. La Holding Italiana Trentottesima viene costituita il 27 marzo 1981 come "srl", stessa sede milanese, stesso amministratore unico Luigi Foscale; ma in questo caso accanto al commercialista prestanome Armando Minna non figura più sua moglie, bensì tale Vito Cafaro. Il 10 febbraio 1982 la Holding Italiana Trentottesima assume la denominazione di Assofin srl, ed eleva il proprio capitale sociale una prima volta a 90 milioni, e quindi a 500 milioni; in pratica, si trasforma da holding in società finanziaria, e come tale la si ritrova oggi nel comparto assicurazioni e prodotti finanziari della Fininvest, che della Assofin spa detiene il 99,99 per cento del capitale. Già nell'anno successivo alla sua costituzione, cioè nel 1983, la ex Holding Italiana Trentottesima ora Assofin ha concluso contratti di associazione in partecipazione per finanziamenti in favore della Saci (altra controllata del gruppo), denominati "Il Girasole" 1, 2 e 3 serie, per un totale di 30 miliardi, di cui 25 apportati dall'associato; è poi seguito un lungo

il capitale della società (cui fanno capo le emittenti Canale 5, Italia 1 e Rete Quattro) era detenuto per il 90,81 per cento dalla Fininvest, per l'8,27 per cento da Rete 10 srl, e per il restante 0,92 per cento dall'Isim-Italiana sviluppo e investimenti mobiliari spa – queste ultime, entrambe società del gruppo.

periodo (dal 1985 al 1988 e oltre) nel corso del quale la Assofin non ha svolto alcuna attività.

Cosa ne è delle altre arcane Holding Italiana Ventitreesima, Ventiquattresima, eccetera? E quale ruolo hanno rispetto alla effettiva proprietà del capitale Fininvest? Quali interessi rappresentano? Non sarebbero, la chiarezza e la trasparenza, due requisiti necessari e indispensabili per un primario gruppo multimediale? È lecito che un gruppo di tali dimensioni sia strutturato alla maniera di Michele Sindona? È lecito che la reale proprietà di un gruppo multimediale come quello Fininvest rimanga nell'ombra e nella penombra come se su di esso gravasse la torbida sagoma del Venerabile maestro Licio Gelli?

INDICI

INDICE DEI NOMI

289

INDICE GENERALE

Fotocolor copertina Ag. Grazia Neri

AA. VV.
FARE LA PACE
Pacifismo e nonviolenza alle soglie del
terzo millennio.

AA. VV.
**OMICIDIO NELLA PERSONA DI PASOLINI
PIER PAOLO**
L'oscura morte di un intellettuale
scandaloso: estratti degli atti processuali.
Prefazione di Giorgio Galli.

Massimo Consoli
HOMOCAUST
Il nazismo e la persecuzione degli
omosessuali.

Massimo Consoli
KILLER AIDS
Storia dell'aids attraverso le sue vittime.

Dario Fo
FABULAZZO
Il teatro, la cultura, la politica, la società,
i sentimenti: articoli, interviste, testi teatrali,
fogli sparsi, 1960-1991.

Giorgio Galli
AFFARI DI STATO
L'Italia sotterranea 1943-1990: storia
politica, partiti, corruzione, misteri, scandali.

Giorgio Galli
IL PARTITO ARMATO
Gli "anni di piombo" in Italia 1968-1986.

Giorgio Galli
STORIA DEL PCI
Il Partito comunista italiano: Livorno 1921,
Rimini 1991.

Mario Krebs
VITA E MORTE DI ULRIKE MEINHOF
La Germania post-nazista, l'opposizione al
riarmo nucleare, il movimento studentesco,
il Sessantotto, la Raf e la lotta armata,
il "suicidio" nel carcere di Stammheim...

Antonio Lodetti
JAZZ & JAZZMEN
Le radici del jazz (origini, teoria, stili)
e i protagonisti storici della musica
afroamericana.

Karl Marx
**TRA I FIORI NON CE N'E' ALCUNO CHE
SIA NERO**
Frammenti marxiani tra "avere" e "essere"
verso la realizzazione umana.

Kate Millett
IL TRIP DELLA FOLLIA
Un "viaggio" nell'istituzione manicomiale,
narrato in presa diretta da una grande
scrittrice. *Romanzo.*

Kate Millett
SITA
L'amore di una donna per una donna,
attraverso il diario di una passione.
Romanzo.

Nando Minnella
FRECCE SPEZZATE
Gli indiani d'America oggi: voci e immagini
di un popolo in lotta contro l'estinzione.

Elio Modugno
LA MISTIFICAZIONE ETEROSESSUALE
L'eterosessualità istituzionale come
falsificazione dell'eros e dell'uomo.

Giorgio Panizzari
LIBERO PER INTERPOSTO ERGASTOLO
Carcere minorile, riformatorio, manicomio
criminale, carcere speciale: dentro le
gabbie della Repubblica.

Giorgio Panizzari
IL SESSO DEGLI ANGELI
Nei labirinti della sessualità carceraria.

Luigi Pintor
PAROLE AL VENTO
Brevi cronache degli anni Ottanta.

Franca Rame
PARLIAMO DI DONNE
I sentimenti e la solitudine, l'aids e la
droga, la fede e il dolore, in due atti unici:
"L'eroina" e "La donna grassa".

Lorenzo Ruggiero
LAGER SUDAFRICA
Viaggio oltre l'attualità nel Paese
dell'apartheid: storia, dati, testimonianze,
documenti.

Sergio Flamigni
LA TELA DEL RAGNO
Il delitto Moro.

MAFIA CONNECTION
Biblioteca e Centro Documentazione

Berlusconi e la Fininvest
(Ricerca Bibliografica)

La *Biblioteca e Centro Documentazione Mafia Connection* dal gennaio 1982 analizza l'informazione sul crimine, sugli scandali, sui connubi innominabili e sulle loro connessioni con l'economia, la finanza, la politica e la giustizia.

L'analisi approfondisce in modo particolare l'influenza del crimine sulla qualità della vita.

L'obiettivo è estendere alla letteratura e alla ricerca sui crimini i servizi bibliografici già disponibili in altri settori della cultura e della scienza, nella convinzione che conservare la loro memoria rappresenta la miglior forma di prevenzione.

Il materiale informativo analizzato comprende, oltre a quotidiani, periodici e libri, anche documentazione di origine giudiziaria, parlamentare e scientifica.

Ciascuna *Ricerca Bibliografica* corrisponde a una specifica vicenda ed è suddivisa in *Fascicoli Antologici* i quali, a loro volta, analizzano le singole storie che la determinano.

Ogni *Fascicolo Antologico* è corredato da una *Nota d'Archivio* che riassume la storia e il relativo materiale informativo.

Questa pluriennale analisi bibliografica evidenzia come la maggior parte delle storie contribuisce a costruire non una sola, ma numerose vicende. Sono come tessere di un mosaico che si adattano a comporre più mosaici. Spesso i più impensati.

E' disponibile per il pubblico la *Ricerca Bibliografica* dal titolo *"Berlusconi e la Fininvest"*.

Il catalogo dei *Fascicoli Antologici,* che compongono questa *Ricerca*, e le modalità della loro consultazione possono essere richiesti a:

Mafia Connection Biblioteca e Centro Documentazione
Nuova Albertario - 27027 Gropello Cairoli (Pv)
Tel. 0382/814415 - Fax 0382/814414

Finito di stampare nel febbraio 1994
presso Grafica Sipiel Milano
per conto della Kaos Edizioni